马克思主义
研究文库

马克思主义视域中的
福克斯数字劳动思想

谢芳芳　著

SPM 南方出版传媒 广东人民出版社

·广州·

图书在版编目（CIP）数据

马克思主义视域中的福克斯数字劳动思想 / 谢芳芳著 . —广州：广东人民出版社，2021.12

（马克思主义研究文库）

ISBN 978-7-218-14956-1

Ⅰ . ①马… Ⅱ . ①谢… Ⅲ . ①马克思主义—劳动价值论—研究 Ⅳ . ① A811.66

中国版本图书馆 CIP 数据核字（2021）第 033488 号

MAKESI ZHUYI SHIYU ZHONG DE FUKESI SHUZI LAODONG SIXIANG

马克思主义视域中的福克斯数字劳动思想

谢芳芳　著

出 版 人：肖风华

出版统筹：卢雪华
责任编辑：卢雪华　李宜励
装帧设计：书窗设计工作室
责任技编：吴彦斌　周星奎

出版发行：广东人民出版社
地　　址：广州市海珠区新港西路 204 号 2 号楼（邮政编码：510300）
电　　话：（020）85716809（总编室）
传　　真：（020）85716872
网　　址：http://www.gdpph.com
印　　刷：广州市豪威彩色印务有限公司
开　　本：787mm×1092mm　1/16
印　　张：17　字　　数：260千
版　　次：2021年12月第1版
印　　次：2021年12月第1次印刷
定　　价：58.00元

如发现印装质量问题，影响阅读，请与出版社（020-85716849）联系调换。
售书热线：020-85716826

总　序

　　马克思主义深刻揭示了自然界、人类社会、人类思维发展的普遍规律，是科学的理论、人民的理论、实践的理论，为人类社会发展进步指明了方向。这一理论，犹如壮丽的日出，照亮了人类探索历史规律和寻求自身解放的道路。在人类思想史上，还没有哪一种理论像马克思主义那样对人类文明进步产生了如此广泛而巨大的影响。无论时代如何变迁，马克思主义依然显示出科学思想的伟力，依然占据着真理和道义的制高点，人类社会仍然生活在马克思所阐明的发展规律之中。

　　一个民族要走在时代前列，就一刻不能没有理论思维，一刻不能没有思想指引。当今世界正经历百年未有之大变局，我国正处于实现中华民族伟大复兴的关键时期。中华民族要实现伟大复兴，同样一刻也不能没有理论思维和思想指引。马克思主义是我们认识世界、把握规律、追求真理、改造世界的强大思想武器，是党和人民事业不断发展的参天大树之根本，是党和人民不断奋进的万里长河之源泉，是我们党和国家必须始终遵循的指导思想。新时代，我们仍然要学习和实践马克思主义，坚持马克思主义在意识形态领域指导地位的根本制度，确保中华民族伟大复兴的巨轮始终沿着正确航向破浪前行。

理论的生命力在于不断创新。我们党的历史，就是一部不断推进马克思主义中国化的历史，就是一部不断推进理论创新、进行理论创造的历史，推动马克思主义不断发展是中国共产党人的神圣职责。为深入推进马克思主义理论研究、马克思主义经典著作研究、马克思主义中国化研究，特别是当代中国马克思主义、21世纪马克思主义研究，不断赋予马克思主义新的生机和活力，推动马克思主义不断焕发出强大的生命力、创造力、感召力，放射出更加灿烂的真理光芒，引导人们不断深化对共产党执政规律、社会主义建设规律、人类社会发展规律的认识，不断增强"四个意识"、坚定"四个自信"、做到"两个维护"，中共广东省委宣传部理论处组织编写了"马克思主义研究文库"丛书。该套丛书作为一个开放性的文库，将定期集中推出一批有分量、有价值、有影响的马克思主义研究学术著作，通过系列研究成果的出版，解答理论之思，回答实践之问，推进我省马克思主义研究，促进哲学社会科学繁荣发展。

"只要进一步发挥我们的唯物主义论点，并且把它应用于现时代，一个强大的、一切时代中最强大的革命远景就会立即展现在我们面前。"在全面建设社会主义现代化国家新征程中，我们要继续高扬马克思主义伟大旗帜，推动马克思、恩格斯设想的人类社会美好前景不断在广东大地、中国大地生动展现出来。

目 录

绪　论

一、福克斯其人其思

（一）福克斯的"数字风暴"

克里斯蒂安·福克斯（Christian Fuchs），英国威斯敏斯特大学传播与媒体研究机构现任教授，同兼英国《3C：传播，资本主义和批判》期刊编辑，主要研究领域涉及社会批判理论、媒体与传播批判研究，互联网批判研究，传播政治经济学批判等。迄今为止（2020 年 5 月），福克斯就相关研究领域已发表期刊论文 180 余篇，著述 20 余部，代表性成果有《网络与社会：信息时代的社会理论》（*Internet and Society*：*Social Theory in the Information Age*，2008）、《批判媒体与信息研究的基础》（*Foundations of Critical Media and Information Studies*，2011）、《占领媒体！危机资本主义的占领运动与社交媒体》（*Occupy Media! The Occupy Movement and Social Media in Crisis Capitalism*，2014）、《社交媒体：一个批判性导读》（*Social MediA: A Critical Introduction*，2017）等。其数字劳动思想主要体现在《数字劳动与卡尔·马克思》（*Digital Labour and Karl Marx*，2014）、《批判的传播理论：互联网时代的卢卡奇，阿多诺，马尔库塞，霍奈特和哈贝马斯》（*Critical Theory of Communication*：*New Readings of Lukács，Adorno，Marcuse，Honneth and Habermas in the Age of the Internet*，2016）、《社交媒体时代的文化与经济》（*Culture and Economy in the Age of Social Media*，2015）、《信息时代阅读马克思：传媒研究视角下的〈资本论〉（第一卷）》（*Reading Marx in the Information Age*：*A Media and Communication Studies Perspective on Capital Volume 1*，2016）等著作和《信息资本主义与互联网上的劳动》（*Labor in Informational Capitalism and on the Internet*，2010）、《资本主义时间制度语境中社交媒体上的数字产消劳动》（*Digital presumption labour on social media in the context of the capitalist regime of time*，2014）、《全球数字工人联合起来！一个构建批判性数字劳动理论的框架》（*Digital Workers of the World Unite! A*

Framework for Critically Theorising and Analysing Digital Labour，2014）等文章中。

　　在数字劳动研究领域，福克斯可谓是举足轻重，此可见于以下三方面：其一，其理论体系的完整性。着眼于马克思的劳动观和文化唯物主义，福克斯创新性地阐明了数字劳动概念；立足于马克思的劳动价值论和阶级观，福克斯系统性地建构了数字劳动价值论和分析了数字工人阶级；基于法兰克福学派的文化马克思主义视角，福克斯见微性地解读了数字劳动理论。另外，福克斯在"独下帷绝编"时还没有停下与其他学者的数字劳动观点频繁交锋，最终形成了构思较为完整的，具有福克斯特点的数字劳动思想体系。其二，其相关著说的高引用率。比如，被福克斯自称为数字劳动研究系列的两本著作《数字劳动与卡尔·马克思》和《社交媒体时代的文化与经济》，在谷歌上的引用率截至目前（2020年5月）分别为789次和289次。再如，作为数字劳动研究的开山之作《信息资本主义与互联网上的劳动》一文，在谷歌上的引用率截至目前（2020年5月）高达651次。其三，相关学者（支持者和批判者）的高度评价。比如："福克斯最为系统地尝试着用正统马克思主义阐明社交媒体上的剥削。"[1]［马里兰大学的雷伊教授（P. J. Rey）]。"我们必须在数字劳动争辩中认真对待福克斯的观点，他是试图填补马克思政治经济学批判与数字媒体经济新形式之间的差距的代表性学者。"[2]［南京大学的康佳尔教授（Kaan Kangal）]"福克斯在其论著中深入浅出地阐明了数字媒体中的劳动角色，他用马克思主义理论重振文化研究所取得的成就是卓越的。"［加利福尼亚州立大学的佩雷尔曼教授（M Perelman）]等。

---

[1] PJ Rey. Alienation, exploitation, and social media, *American Behavioral Scientist*, Volume 56, 4, 2012, pp.399–420.

[2] Kangal K. The Karl Marx problem in contemporary new media economy: a critique of Christian Fuchs' account, *Television & New Media*, Volume 17, 5, pp.416–428.

　　由上可见，作为"数字劳动"急先锋的福克斯，凭借其丰富而独特的数字劳动思想，已然刮起了一场席卷互联网批判理论界的"数字风暴"。其在一定程度上代表了国外数字劳动研究的深度和进展，不但为我们考察国外学者研究马克思主义与数字劳动的一般水平，还为我们研究数字化时代的劳动新形式提供了丰富的理论资源。

（二）福克斯思想的马克思路径

　　在文化与媒体研究领域，诸多当代学者一致认为马克思主义理论已属明日黄花。比如：鲍德里亚（Jean Baudrillard）认为"马克思的生产理论于文化和媒体已经几乎是不能被拯救了，也不能被一般化了"；麦克卢汉（Marshall McLuhan）认为"马克思及其继承者不理解新传播媒体的活力"；等等。数见不鲜的是，即便是在涉及马克思主义核心范畴"劳动"的数字劳动研究领域之中，采用与马克思的劳动概念相对的非物质劳动作为理论起点也呈风起泉涌之势。然而福克斯不苟同于当前潮流，旗帜鲜明地指出："关于资本主义，剥削和统治的各种研究，一旦脱离马克思的思想，都会显得肤浅。"[①] 换而言之，要想批判性地研究当代传播与媒体领域之种种现象，势必离不开对资本主义、阶级和剥削的深入分析与批判，也就必然离不开对马克思主义理论的研究与解读。因此，探讨马克思对当代资本主义中的传播与媒体的分析具有现实的相关性，自然而然便成为福克斯致力于攻克的研究目标。[②]

　　阅览福克斯的相关著作，不难发现，其研究内容多集中于批判传播理论的理论基础及其体系构建：马克思主义媒体与传播学研究的内涵；马克思主义理论在媒体与传播研究的不同领域、分支和路径中所扮演的角色；

---

　　① Fuchs C. Karl Marx @ internet studies, *new media & society*, Volume 15, 5, pp.782–796.

　　② 克里斯蒂安·福克斯、文森特·莫斯可：《马克思归来》（上册），华东师范大学出版社2016年版，第6页。

马克思的著作中关于媒体、传播与信息的阐述；马克思的著作与理解社交媒体的相关性；充分运用马克思主义的一系列理论，如阶级、阶级斗争、剩余价值、剥削、商品/商品化、异化、意识形态/意识形态批判、拜物教和共产主义，对当代资本主义中的媒体角色、知识生产和传播进行分析、重构和批评等，这些主题勾勒出了福克斯从事批判传播理论研究之蓝图，而"数字劳动"便是其解决上述主题的一个切入点。聚焦于现今之数字劳动研究，福克斯敏锐地察觉到，绝大多数的媒体与数字研究缺乏社会理论根基，它们往往会选择性地运用某个概念，而不是系统性地运用社会理论来阐述传播现象于社会之角色，从而也就难以理解传播与社会是如何以辩证的方式相互作用的。针对于此，福克斯致力于填补社会批判理论[①]与批判传播理论两者联系之空白，对作为传播与媒体现象的数字劳动进行"社会—传播"之研究。换而言之，福克斯将社会批判理论与其他批判性文化和社会理论相结合，以此作为构建数字劳动理论的一种可行性路径。

马克思的思想被福克斯界定为此理论路径之始点，原因在于："马克思的辩证法思想，其对资本主义、劳动、阶级、意识形态、社会斗争和替代性的分析，都是批判性社会与传播理论的最好和最重要的基础。这要归因于马克思不仅是一位批判理论家，而且是一位典型的，鼓舞人心的记者与公知。"[②]就马克思与法兰克福学派之关系层面，福克斯认为："法兰克福学派不能被看作是一种特殊的路径，仅能是对马克思哲学和马克思文化理论的一般基础之阐述。""是受马克思所启发和影响的批判理论，是对权

---

① 这里的社会批判理论，在福克斯看来，不是由理论路径或与法兰克福学派相关的学者所界定，而是根据以下5个维度界定：批判伦理学；对统治、剥削和异化的批判；辩证理性；意识形态批判；斗争与政治实践。

② Fuchs C. *Critical theory of communication as critical sociology of critique in the age of digital capitalism*, Conjunctions, 2016, pp.1-14.

力，剥削和统治现实的探究。"①与此同时，福克斯选择了文化唯物主义理论的代表雷蒙·威廉斯（Raymond Williams），传播政治经济学批判理论肇始人达拉斯·斯迈兹（Dallas Smythe）和法兰克福学派的马尔库塞（Herbert Marcuse）作为批判传播理论的主要来源。福克斯认为上述三者都是真正的辩证唯物主义思想家，尤其是在当代的学术分析与政治实践中，他们的思想有助于避免出现二元论和唯心主义之现象。福克斯进一步指出，他们不仅仅是批判理论家，也属批判文化理论家，这也就导致批判传播理论对其思想兴味盎然，"更重要的是，他们都是社会主义者，是思考资本主义媒体替代性选择的社会主义者"②。

福克斯另辟蹊径地探究了社会批判理论与传播政治经济学相结合之可能性："法兰克福学派与批判的／马克思主义媒体与传播政治经济学的路径应该是相辅相成的，而非相互排斥的。"二者相结合后，其任务是在以下框架内批判与分析资本主义之传播、文化、信息与媒体的作用：资本积累的过程（包括对资本、市场、商品逻辑、竞争、交换价值、生产方式的对抗、生产力、危机、广告等）；阶级关系（集中于工作、劳动、剩余价值的剥削方式等）；一般的控制与控制形式和剥削的关系；意识形态（学术与日常生活中的）的分析和工作参与；对控制秩序的斗争，这包括了对社会运动斗争和社会运动媒体的分析与支持，其目的在于建立一个基于传播公有（commons）的民主—社会主义的社会，作为生产资料共同所有的结构的一部分。显然，福克斯主张将社会批判理论与政治经济学批判相结合，将文化唯物主义与法兰克福学派相结合，以此作为数字劳动和批判传播理论发展之路径，且此路径认为资本主义中的一切支配的形式都是与剥

---

① Fuchs C. *Critical theory of communication: new readings of Lukács, Adorno, Marcuse, Honneth and Habermas in the age of the internet*, University of Westminster Press, 2016, p.6.

② Fuchs C. *Critical theory of communication as critical sociology of critique in the age of digital capitalism*, Conjunctions, 2016，pp.1–14.

削形式相联系的，而在建构这些关系连接时，福克斯着重突出了资本主义与阶级重要性之分析框架。

因此，福克斯的数字劳动思想，在一定程度上既回应了当代学者对马克思劳动思想提出的质疑和挑战，也证明了马克思思想在数字媒体与传播大行其道的当代资本主义中的诠释力。聚焦于福克斯的数字劳动理论，既有利于我们更好地审视马克思主义理论在当代所面临的挑战与发展机遇，又利于我们从中汲取理论启示与实践经验，发展新时代中国特色社会主义之数字经济。

二、研究现状

（一）国外研究现状

国外关于"数字劳动"的研究，随着三次学术会议 ——"数字劳动：作为游乐场兼工厂的互联网"（2009），"数字劳动者：工人，作者，公民"（2009）和"数字劳动：血汗工厂，纠察线，路障"（2014）①在北美的相继召开而被推向高潮。下文主要以文献思辨之形式综述国外数字劳动研究现状。由《传播劳动特刊》（*Special issue on the laboring of communication*，2006）、《数字劳动者：工人、作者、公民》（*Digital labour：Workers，authors，citizens*，2010）、《数字劳动：作为游乐场兼工厂的互联网》（*Digital Labor：The Internet as Playground and Factory*，2013）、《全世界哲学家联合起来！理论化数字劳动与虚拟工作 ——定义，维度和形式》（*Philosophers of the World Unite! Theorising Digital Labour and Virtual Work – Definitions，Dimensions and Forms*，2014）、《数字时代的价值与劳动再思考》

---

① 周延云、闫秀荣：《数字劳动和卡尔·马克思——数字化时代国外马克思劳动价值论研究》，中国社会科学出版社2016年版，第1页。

（*Reconsidering Value and Labour in the Digital Age*，2015）等相关著作，可将蕴含其中之数字劳动研究概述为以下五个方面：

1. 数字劳动之定义

目前，学术界对数字劳动的界定虽众口不一，对数字劳动概念的理论建构莫衷一是，但众中有律，大致可归为两种观点：其一，数字劳动是有别于传统物质劳动之"非物质劳动"。如泰拉诺瓦（Terranova）（最早提及数字劳动者）就戏称数字劳动者为"网奴"，并将数字劳动囊括进了"免费劳动"这一更为广义的概念中，认为数字劳动是普遍存在于发达资本主义社会中的免费劳动的具体表现之一，上述免费劳动特指于数字化时代互联网中知识文化消费时同附的生产性活动，其具有情感引诱和实体剥削的双重特性。再如维基百科对数字劳动的最新阐释："数字劳动作为表达思想图式的一个术语，它集中于探索和理解认知与文化劳动的较高层面，这些劳动将取代日益自动化的工业部门中的岗位，它根植于高技术的全球生产体系和知识经济。"显然，维基百科也视数字劳动为生产信息和文化之非物质劳动。其二，数字劳动属物质劳动范域。数字劳动涵盖数字媒体生产、流通、使用所牵涉的脑力与体力劳动的种种形式，即使是于互联网领域中进行的，表现为脑力劳动的数字劳动也应被归为物质劳动，原因在于此数字劳动是基于物质性大脑上之活动，其实质上并未离开自然与物质。而由《蜉蝣》（*Ephemera*）出版的数字劳动专刊（2010）的编辑社论指出，数字劳动一词并不限于一个固定的研究对象或一种含义，它包括一系列具体形式，它的提出旨在探究正在发生转变的数字资本主义条件的方式以及生活和工作于这个时代的我们如何构成了其现实。

2. 数字劳动之具体形式

当前，学术界普遍认同数字劳动四形式说：互联网专业劳动、无酬数字劳动、受众劳动和玩乐劳动。互联网专业劳动意指互联网技术人员进行的技术性相关工作（如编程、网站设计、应用软件开发等）与非互联网技术人员进行的日常管理工作。对此，研究者着重聚焦于互联网知识工人群体的边界定位、专业劳动与其他文化工人的劳动模式差异、劳动条件与环境分析等问题。无酬数字劳动意指为数字媒介公司生产利润却无报酬的在线用户劳动，其既经纬地区别于有偿专业劳动，又本质地不同于如家务、家庭手工作坊的传统无酬劳动。其特性可以从以下五个方面来阐释：固有的自治权、受剥削的本质、存在对抗与斗争的主体力量、协同合作的内在本质、对主体性建构的生命政治影响。受众劳动意指在线用户于互联网上阅读、浏览、收听时同附进行的消费行为，此消费行为同时又被资本积累所觊觎，成为媒介生产中的一部分。显然，受众劳动属于无酬劳动中一种更为具体的劳动形式，其清晰地区别于彰显了用户生产性与主体性（如个人信息发布、网页创建、资料上传等）的劳动形式。玩乐劳动意指在线用户为获取乐趣于互联网上进行的一系列娱乐性行为，如闲聊、网游、听音乐、观影等，其娱乐自身的同时也为媒介公司生产出了大量的资源和数据。显然，玩乐劳动形式消解了传统中玩与劳动的对立关系，模糊了娱乐与工作的时空边界。区别于从哲学理论层面探讨数字劳动的定义及其相关维度，学者是从实证的角度展开针对数字劳动的不同形式研究。在有的学者看来，"数字劳动"并不仅仅简单地包括数字内容生产的形式，它还囊括了农业、工业、信息等劳动形式，正是此种种劳动形式使数字媒介得以存在和发展。

3. 数字劳动与马克思之研究

在数字劳动研究领域中，学者们奉行的理论路径虽大相径庭（如基于后结构主义理论框架之路径、沿于传播政治经济学之父——达拉斯·斯迈兹之路径、继于意大利自治马克思主义者理论之路径、着眼于文化批判理论视角之路径、站于马克思唯物史观或政治经济学批判理论框架之路径等），但其在本质上与马克思思想都有着千丝万缕的联系。

第一，数字劳动与异化之研究。伊兰·费舍尔（Eran Fisher）在《如何以更少的异化创造更多的剥削？社交网站上的受众劳动》（*How Less Alienation Creates More Exploitation? Audience Labour on Social Network Sites*，2012）一文中，借鉴斯迈兹的受众劳动概念，于马克思的异化与剥削理论框架中入微地对比了传统大众媒体与社交媒体（以脸书为例）对受众劳动的异化与剥削之异同。费舍尔认为，传统大众媒体对受众劳动的剥削虽具有限性，但却呈现出较高的异化程度，相反地，较于传统大众媒体，社交媒体虽膨胀了其剥削范域，但却弱化了其对受众的异化程度，缘由在于受众于社交媒体上能够自我表达和与他人保持联系。费舍尔进一步指出，社交媒体网站之政治经济学根基于剥削与异化的二维辩证关系：脸书用户为"去异化"而必须去参加社交活动，此却无形中加剧了资本对其的剥削，反之，脸书为最大化地剥削其用户而必须不遗余力地为脸书用户"去异化"。[①] 无独有偶，马克·安杰维依克（Mark Andrejevic）于《异化的免费劳动》（*Estranged Free Labor*，2013）一文中同样使用了异化和剥削理论来分析数字劳动。安杰维依克认为，用户信息被网络公司获取后，被包装成为商品来进行销售，脸书将用户信息销售给广告商就是一典型案例。安杰维依克进一步指出，此商业利用中网络公司于占用技术基础上对用户信息价值的无偿攫取，是符合剥削之抽象定义的，而主流的沟通交互资源，连同用户数据信息都已游离于自身的占有和控制，日渐受控于商业组织，此正为异化在数字媒介中之表现。[②]

　　第二，数字劳动与劳动价值论之研究。对马克思劳动价值论持否定说的代表亚当·阿德维森（Adam Arvidsson）和伊拉诺尔·科莱奥尼（Elanor Colleoni）在《信息资本主义与互联网上的价值》（*Value in Informational*

---

　　① Fisher E. *How less alienation creates more exploitation? audience labour on social network sites*, Triple C, 2012, pp.171–183.

　　② Andrejevic M. *Scholz T.Digital labour: the internet as playground and factory*, Routledge, 2013, pp.149–162.

Capitalism and on the Internet，2012）一文中指出，马克思劳动价值论中的价值生产性劳动需标签于一种量化工人剥削之方法，然而数字劳动中几乎不涉及用某种货币支付形式来换取在线用户所耗费之知识，其价值的创造已超出于马克思学说中的所定之规，即意味着马克思劳动价值论已不适用于数字劳动研究之中。关于剩余价值，阿德维森和科莱奥尼认为，当今之剩余价值的实现发生于"公司间合作的复杂网络中"，市场价格不可能直接符合于一件商品生产中所花费的劳动时间，意味着马克思的以确定劳动如何生产价值的实证精确性，已在以情感、品牌名声和其他难以量化属性为特征的无形的关系中日渐消退。对马克思劳动价值论持肯定说的代表科莫尔（Edward Comor）在《重温马克思的价值理论：对数字产消合一分析的批判性回应》（*Revisiting Marx's Value Theory: A Critical Response to Analyses of Digital Prosumption*，2015）一文中指出，当今之数字产消合一现象并非资本主义之新阶段，数字劳动也非一种资本剥削劳动之新形式，虽数字通信与信息处理促使生产、分配、交换和消费于质量和数量上都已发生日新月异之变化，但于缺少超越此种现象之证据下篡改或拒绝马克思的价值理论是毫无意义的。

　　第三，数字劳动与阶级之研究。对无产阶级运动持积极观的代表尼克·戴尔·威则夫特（Nick Dyer-Witheford）于《赛博无产阶级：数字漩涡中的全球劳动》（*Cyber-Proletariat: Global Labour in the Digital Vortex*，2015）一书中详述了信息通信技术（ICTs）重组下的资本主义社会中主导阶级之构成[1]，并认为此主导阶级仍为"无产阶级"，而非哈特（Michael Hardt）与奈格里（Antonio Negri）的"大众"，同时还指出应对无产阶级作广义性理解，勿将在资本结构调整中被排除或驱逐之群体排于其外。威则夫特于书

---

[1] Reichel M. Book review: Nick Dyer-Witheford. Cyber-Proletariat: Global Labour in the Digital Vortex, *Communication and the Public*, 2016, pp.271-272.

中通过对劳动之历史的系统性回顾指出，传统工业时代的工人们作为对生产中心的反应聚集于传统工会组织，赛博控制全球化时代的工人们则分散于全球范围内的、区域迥然的地方，进而导致可用劳动力数量之膨胀，随之而来的是失业者或者马克思的劳动"储备军"之增加。对无产阶级运动持消极观的代表麦肯齐·沃克（McKenzie Wark）在《关于黑客宣言的思考》（Considerations on a Hacker Manifesto，2013）一文中认为，数字资本主义中阶级斗争的主导形式已由资本与劳动之斗争转向为媒介阶级与黑客之斗争。沃克于文中高调宣称互联网时代的资产阶级已"消亡"，取而代之的是具有信息渠道控制权和信息使用权的"媒介阶级"（vectoral class），也可名之为于社会上已取得权力的"一种激进的娱乐复合体"。沃克进一步指出，首先，媒介阶级对生产物质条件漠不关心，其权力不是来自对某物的所有权，而是源于对掌控他们的逻辑能有所控制。接着，媒介阶级的角色定位与其前辈"资产阶级"截然相反，资本家会给雇佣劳动者一定量的工资与福利，但媒介阶级则竭尽所能地将雇佣劳动力价格压低至零域。最后，媒介阶级的对立面是黑客阶级，虽黑客阶级不能"于五一劳动节拉起横幅游行示威"，但它完全有能力围绕网络中立性、知识共享等组织活动，甚至能挑战愚蠢的专利权，其最大成就在于保持着对所有权的质问。①

第四，数字劳动与意识形态之研究。某些学者基于意识形态批判或马克思商品拜物教思想视角来阐释数字资本主义。如费舍尔于《当代技术话语与资本主义的合法性》（Contemporary Technology Discourse and the Legitimation of Capitalism，2010）一文中揭示了当代技术话语或数字话语的核心内容：宣扬网络技术将资本主义带入了更加民主、参与式和个体更具"去异化"的新阶段。费舍尔将数字话语视为是伴随资本主义后福特制

---

① Wark MK. Considerations on a hacker manifesto. *Digital labour: the internet as playground and factory*, edited by Scholz T., New York: Routledge, 2013, pp.69-76.

阶段的出现和资本主义技术合法性发生历史转换的一个标志。费舍尔进一步指出，当代技术话语通过强调技术能够减少劳动的异化程度而使后福特制资本主义具有了合法性，也就使得国家从市场退出、商业的去等级化和去中心化、生产与劳动过程的弹性化具有了合法性。[①]乔迪·迪安（Jodi Dean）于《传播资本主义：政治传播与排斥》（*Communicative Capitalism：Circulation and the Foreclosure of Politics*，2005）和《民主与其他新自由幻想》（*Democracy and Other Neoliberal Fantasies*，2013）等文中将商品拜物教理论应用于"互联网拜物教"[②]，并认为传播资本主义推进了无沟通性之传播，此自然导致在意识形态上蒙蔽了互联网用户，换而言之，互联网的政治民主化并非于毫无抗争情形下自动产生的。

4. 对福克斯数字劳动思想之评价研究

福克斯于《数字劳动和卡尔·马克思》一书中系统地阐述了福克斯数字劳动思想。自此书出版以来，国外相关学者纷纷聚焦于其上，截至目前（2020 年 5 月），已有主题为"评析福克斯数字劳动思想"的两篇书评类文章相继问世。

其中一篇出自福克斯的同僚尼古拉斯·加汗（Nicholas Garnham）。加汗于文中积极地肯定了福克斯理论研究之意义，认为其能提醒世人——在对数字信息革命持温和观与理想观的同时还需承担着其所带来的物质成本。但加汗也指出，福克斯于应用马克思主义理论中呈现出一定的教条性和狭隘性[③]，其一，加汗认为马克思的劳动概念与劳动剥削属资本主义经济初期之产物，其已落后于劳动分工复杂的现代经济社会，但福克斯以回

① Fisher E. Contemporary Technology Discourse and the Legitimation of Capitalism, *European Journal of Social Theory*, 2010, pp.229–252.

② Dean J. Communicative Capitalism: Circulation and the Foreclosure of Politics, *Cultural Politics*, 2005, pp.51–74.

③ Garnham N. Book review: Digital labour and Karl Marx, Media, *Culture & Society*, 2015, pp.1–7.

到马克思文本的教条式研究路径来对数字劳动作理论化定义，这显然是脱节于现实世界的。其二，加汗认为扩大再生产与剩余价值的必要攫取是同等重要的，资本主义应不均衡产生于分配阶段而非生产阶段，相较于福克斯的简单劳动剥削理论视角，剩余价值分配结果将会产生出一个更为复杂的阶级斗争模式。其三，针对福克斯将社交媒体的使用定义为劳动这一观点，加汗指出此虽在一定程度上发展了斯迈兹的受众理论，但其并不能有效地、清晰地阐明资本主义媒介用户之地位。另一篇书评的作者为谢尔曼（Zoe Sherman）。针对福克斯的数字劳动研究，谢尔曼进行了较为系统地评价：在理论来源层面，福克斯积极地采用了马克思主义分析工具，尤其是在以马克思的劳动价值论来分析资本主义的当前阶段上；在研究方法层面，福克斯能够用系统研究法于理论建构上，特别是辩证法的使用促使其于看到当代资本主义某些矛盾解决的同时也能意识到新矛盾之产生；在研究旨趣层面，福克斯的理论与实证研究都服务于其雄心勃勃之政治目的，也即是在为一个迥然不同的，更加美好的世界而斗争。[①]

此外，斯蒂芬逊（Jan Løhmann Stephensen）、康佳尔（Kaan Kangal）、阿德维森（Adam Arvidsson）、罗宾逊（Bruce Robinson）、科莫尔（Edward Comor）等学者也都于各自文章中评析了福克斯的数字劳动研究。斯蒂芬逊认为福克斯过于受早期马克思人本主义思想之影响，主要表现在其于数字劳动理论中重启了"马克思的异化理论"，并阐述了与"异化"截然不同之理想——创造性。斯蒂芬逊进一步指出，这种将人类作为创造性的类存在物的定义，实质上是基于空想的（或者说哲学的）年轻马克思的思想。[②]康佳尔认为，在数字劳动研究中，福克斯作为试图弥合马克思政治

---

① Zoe Sherman. Cognitive Capitalism, by Yann Moulier Boutang Digital Labor and Karl Marx, by Christian Fuchs, *Rethinking Marxism*, Volume 27, 4, 2015, pp.611–613.

② Jan Løhmann S.Towards a dialectical materialism. review essay on Christian Fuchs（2015）, *Culture and Economy in the Age of Social Media*, London: Routledge, Volume 2, 2, 2015, pp.154–171.

经济学和新数字媒体经济形式之间差别的少数学者代表，我们必须给予充分地重视，但他同时也指出了福克斯思想的缺陷，并将之归为福克斯曲解了马克思的一些相关理论。阿德维森认为，福克斯在大幅推进马克思劳动价值论于信息资本主义中的理论影响力的同时也不可避免成为众矢之的。罗宾逊和科莫尔则都基于自身对马克思价值思想的理解之下批判了福克斯和阿德维森的劳动价值论。

综上所述，国外学者于数字劳动研究向度上基本呈现出"百花齐放"之情形，也取得了较为丰富的研究成果。在研究目的上，学者们多以数字劳动为起点来批判当代资本主义，其中尤喜借用马克思思想来对数字劳动展开剖析研究。在研究内容上，有学者于微观层面上对数字劳动的某一类型作批判性思考与分析；有学者于宏观视角下将数字劳动置于资本主义历史演变之中，以凸显劳动新变化与阶级斗争新规律（威则夫特）；有学者聚焦于数字劳动与马克思某一理论维度间的关系探讨，如于政治经济学批判层面分析数字劳动与资本间的关系（阿德维森等），再如从意识形态批判层面揭示数字化时代的商品拜物教（费舍尔），等等。上述研究成果为我们研究福克斯数字劳动思想与马克思思想之关系，福克斯数字劳动思想与当代理论之碰撞交融无疑具有积极的启发意义。

（二）国内研究现状

相较于国外数字劳动研究之"百花齐放"情形，国内相关研究路径及对应研究成果则略显单薄，其大致可归纳为以下三个方面：

第一，对福克斯数字劳动思想之引介和评析，相应地涉及福克斯数字劳动思想的成果主要有两种。一是译文或译著。如陈婉琳与黄炎宁合译的《信息资本主义及互联网的劳工》（*Labor in Informational Capitalism and on the Internet*，2014）为国内首篇引介福克斯数字劳动思想的译文，再如资深传播政治经济学专家赵月枝与吕新雨合译的《马克思归来》（*Marx in the*

Age of Capitalism，2016）一书系统地呈现了福克斯及其他论者关于马克思主义理论与批判传播学间关系的丰富见解。二是介绍与评析。如周延云与闫秀荣合著的《数字劳动和卡尔·马克思 —— 数字化时代国外马克思劳动价值论研究》（2016）为国内首部介译和评价福克斯数字劳动思想的著作。该著作在基于对福克斯数字劳动著述作系统翻译之基础上探讨了数字劳动思想的发端，指出国外马克思"数字劳动"之研究是经由"非物质劳动"到"数字劳动"的历程，数字劳动是"非物质劳动"在当今最为凸显和本真的表现形式[①]，同时详细阐述了此历程中的三部代表性作品：《赛博 —— 马克思：高科技资本主义斗争的周期和循环》（威则夫特）、《帝国》（奈格里）和《数字劳动与卡尔·马克思》（福克斯）。

第二，具有传播学理论背景的学者对中国数字劳动者现象之分析。香港学者邱林川的《新型网络社会的劳工问题》（2009）可视为国内最早提及类同数字劳动剥削现象的文章，该文在基于对整个信息产业中的劳工现象展开分析之基础上指出，信息产业的网络化进程开始越来越多地依靠"民兵"、"志愿队"乃至"义工"来达到资本积累之目的。随后，邱林川于《告别 i 奴：富士康、数字资本主义与网络劳工抵抗》（2014）一文中通过回顾 17 世纪"大西洋三角贸易"的奴隶制世界体系，深入地讨论了以富士康为代表的数码产品工厂中的劳工问题，并在此基础上勾勒出了劳工网络化抵抗与新三角团结关系。文章最后指出，除了关注生产过程之外，还须重视消费，特别是虚拟空间里的生产性消费行为。由此可见，邱林川笔下的"数码劳工"（i 奴）实质上包括两种类型：一是制造企业中的生产工人，二是于电子产品中不能自拔的"微博控"和互联网上的"数码劳工"。石义彬与吴鼎铭于《"大数据"的传播政治经济学解读 —— 以"数

---

① 周延云、闫秀荣：《数字劳动和卡尔·马克思——数字化时代国外马克思劳动价值论研究》，中国社会科学出版社2016年版，第17页。

字劳工"① 理论为研究视角》（2014）一文中给出了数字劳工概念源于斯迈兹的受众商品理论这一观点，认为"数字劳工"是对"受众商品"理论的批判性延伸。石义彬与吴鼎铭于文中高调地宣称福克斯为"互联网政治经济学研究领域极具代表性的学者"，并基于福克斯之"数字劳工"概念概括出了数字劳工及其劳动产品商品化主要集中的几个领域，同时入微地分析了这些领域上之中国"数字劳工"所生产的大数据是如何被互联网公司商品化的，从而最终实现互联网产业之资本增值与积累的本质。由此，愈多的传播政治经济学者聚焦于"受众商品论"来研究数字劳动的相关议题，如万翩翩于《"受众商品论"视野中的众包理论评析》（2015）一文中提出了众包理论之议题，文中将众包视为一种大众生产方式，包含"用户内容生产"和"消费者承担价值链环节"两种基本模式，同时文中还梳理了国内对于众包负面效应的相关研究，并指出在专门研究众包的文献中，仅有彭必源、钟鹏于分析众包对社会经济生活的影响时简要地提及了剥削劳动力之问题。②

第三，马克思主义理论学者关于当代数字资本主义之思考。蓝江于《数字异化与一般数据：数字资本主义批判序曲》（2017）一文中集中讨论了数字政治经济学批判之必要性，蓝江于文中指出，随着信息技术的深入发展，大数据、社会网络和云计算等新数字技术的广泛渗透，我们面对的资本主义已经不纯粹仍然依附于行政体系和货币交换体系，而是依靠剥除了纸币这一物质外衣的数字交换关系。当今的资本主义，已经由奈格里等人眼中的以一般智力为基础的认知资本主义，发展成为由数字资本形成的

---

① 石义彬与吴鼎铭将"digital labour"翻译成"数字劳工"，本书翻译为"数字劳动"。
② 万翩翩：《"受众商品论"视野中的众包理论评析》，《广播电视大学学报》（哲学社会科学版）2015年第2期。

以数字平台和一般数据为基础的新型资本主义[1]，也即数字资本主义。因此，我们必须更新理论工具来理解与批判今天的资本主义和社会生存状态。夏莹于《论共享经济的"资本主义"属性及其内在矛盾》（2017）一文中着力分析了于数字资本主义运行中产生的共享经济，夏莹于文中揭示了共享资本对劳动的剥削："共享资本一直标榜的是对'过剩'（剩余）资源的再利用，内在却隐含着更为彻底的结构性剥削：它对剩余劳动力的再整合，是将原本溢出资本逻辑的力量重新纳入资本体系当中。"而"劳动者的灵活性参与，例如在共享资本中，劳动者劳动身份的不断转变（例如私家车主向出租车司机的转变），意味着人们在自己的非生产性时间当中再一次遭到资本逻辑的剥削"。总而言之，共享经济是资本主义经济发展模式的新阶段，从未改变的是资本的剥削逻辑与剥削体系。[2] 孙亮于《重审认知资本主义语境中的阶级概念》（2017）一文中将福克斯（该文将其翻译为"富斯"）纳入认知资本主义理论体系之中，在基于福克斯对数字化时代的认知劳动和阶级划分的论述基础上，指出情感性的非物质劳动之所以在福克斯等那里构成了一个正常社会的基础设施，并且"颠倒"了马克思关于生产决定生活的关系，在于认知资本主义观念的持有者否认了马克思物质生产的劳动价值论，否定了劳动力创造剩余价值，转而抬高"认知劳动"为剩余价值的来源。[3]

第四，数字劳动与中国之研究。夏冰青于《中国网络空间中的马克思：关于中国互联网产业劳工问题的思考》（*Marx in Chinese Online Space: Some Thoughts on the Labour Problem in Chinese Internet Industries*，2015）一

---

① 蓝江：《数字异化与一般数据：数字资本主义批判序曲》，《山东社会科学》2017年第8期。

② 夏莹：《论共享经济的"资本主义"属性及其内在矛盾》，《山东社会科学》2017年第8期。

③ 孙亮：《重审认知资本主义语境中的阶级概念》，《山东社会科学》2017年第8期。

文中基于马克思、新马克思主义和韦伯之阶级分析路径探讨了中国互联网产业中的劳工问题。夏通过新马克思主义路径将互联网工人定位为低中产阶级地位者，并认为其遭受着两个方面的剥夺：资本主义市场中生产资料的所有权和国家资本主义权力结构中的政治权力。邱林川（Linchuan Qiu）于其专著《网络社会工人阶级：传播技术与中国城市中的信息中下阶层》（*Working-Class Network Society*: *Communication Technology and the Information Have-Less in Urban China*，2009）中借用马克斯·韦伯之阶级分析理论探讨了新媒体与中国社会阶级形成的关系。邱林川的最大贡献在于创新性地提出了"中下阶层"（have-less）范畴，并指出于中国出现了数百万计的"中下阶层"群体，他们虽不能购买和使用高端媒体设备，但并没有完全被屏蔽于新媒体之外，他们于新媒体中退而求其次地使用廉价性手机或盗版性软件，这一方面保证他们能够力行找工串友等日常行为，另一方面也迫使他们被束缚于电子设备上的工作淹没于商业主义之中。

综上所述，相较于国外数字劳动研究"百家争鸣"之情形，近两年来，国内数字劳动研究已呈方兴未艾之势态。如果说赵月枝、石义彬等学者是基于由外向内之致思路径，即通过引介福克斯著作来呈现国外数字劳动研究的具体进展，以此来推进国内数字劳动研究之发展，那么无论是传播理论学者邱林川等，还是马克思主义理论学者蓝江等，则都是由内而外地基于中国数字资本或数字劳动现状来思考（或批判性地讨论）国外数字劳动理论之相关性。

（三）存在的主要问题

"研究现状"板块虽不能穷举国内外之相关研究，但管中窥豹地可勾勒出当前学界对数字劳动的研究蓝图，基于此，笔者分析出目前数字劳动研究中存在的几个需要进一步思考的问题：

第一，数字劳动概念界定。目前，学者们大都以偏概全地论述着数字劳动的概念界定，似乎只要和数字技术相交的劳动都归属于数字劳动，导致数字劳动概念体系颇呈错落无致之势，如泰拉诺瓦（Terranova）聚焦于网民的无酬劳动，而海伦·肯尼迪（Helen Kennedy）则着眼于网络上知识型的自由职业者等，然而这些不同类型劳动者所进行的活动或工作是否具有互通性或者说于何种意义上具有共同指向，至今尚不明确。归根结底，这都要追因于他们缺乏对数字劳动概念的理论建构。

第二，数字劳动理论内涵。学者们于马克思主义层面上采取了多维之视角来探讨数字劳动，如异化、剥削、劳动价值论、阶级、意识形态、共产主义等，此也就促成了现有数字劳动理论之丰富内涵。但令人忧心的是，学者们常常于各自视角下任性地、不加论证地拿马克思的某些东西来阐述自我之观点。比如有的学者在对数字经济进行批判性阐述时就频繁地、不加阐释地引用马克思的剥削概念，泰拉诺瓦就是其中一典型代表，其于谈论用户生成内容生产力和社交商业网站的盈利性等问题时，草率地认为网奴的数字劳动是受到剥削的，然而对马克思的剥削概念于工厂型场所之外的虚拟空间是否适用则毫不加以论证。类似的还有瑞泽尔（Ritzer）和斯泰恩森（Jurgenson），他们高调地宣称网络价值的攫取表明资本逻辑已然进入新的时空："资本家已经找到除工人（生产者）之外的其他人群来作为剥削的新对象和剩余价值的新来源。"① 然而关于数字劳动群体之劳动是否是"剩余"的或者剥削于这些看似享乐的数字劳动中是否真的存在等问题，他们则选择性地抛置于脑后。

通过对福克斯数字劳动思想研究现状的总结，不难发现，国外相关研究大多是选择性地摘取福克斯的片言只语来作借鉴或展开批判，而在国内，尽管有学者较整体性地引介过福克斯之著作，然而一是呈现出照本宣

---

① George R, JurgensonN. Production, consumption, prosumption: the nature of capitalism in the age of the digital "prosumer", *Journal of Consumer Culture*, Volume 10, 1, 2010, pp.13–36.

科之形式，缺乏有机的梳理、归纳与把握，二是仅仅局限于福克斯某一典著之引介，导致解读之深刻性、全面性等不足。

第三，福克斯数字劳动思想评析。在对主题为"福克斯数字劳动思想之评价"类文献思辨的基础上，我们不难发现，在国外，学者们于福克斯数字劳动思想之评析中常常带有浓厚的批判性色彩。具体而言，他们并非在对福克斯数字劳动思想产生兴趣之前提下务实地评析着福克斯数字劳动思想，而是要借助福克斯于数字劳动讨论中之影响力，在自我否定福克斯的基础上高调地宣讲着自己之见解。这些各怀目的的评价方式自然地会导致出评价结论的不统一性，甚至出现相互矛盾性，比如就福克斯是不是马克思主义者这一热点问题，有学者坚称福克斯为"正统"的马克思主义者（orthodox Marxists），有学者认为福克斯是"早期"的马克思主义者，还有学者指出福克斯并非是"真正"的马克思主义者[①]。在国内，学者们大都在忙于引用福克斯之数字劳动思想，鲜有评析之行为，偶有也为辅证自我之观点，此必然导致出评价结论的零散性和片面性。

三、本研究的思路、方法及理论基础

（一）研究思路

福克斯洞察于数字资本主义劳动范式的新特点，剥削形式的新变化及资本积累领域的新拓展，以对马克思相关思想的自我解读为理论前提，阐释了数字劳动概念，建构起数字劳动价值论，并分析了数字劳动形式和探索了数字劳动阶级的解放，从而给我们呈现出了一个较为完整的数字劳动思想体系。本研究立足于马克思历史唯物主义理论视域，针对福克斯数字

---

① Fuchs C. *Critical theory of communication as critical sociology of critique in the age of digital capitalism*, Conjunctions, 2016, pp.1–14.

劳动思想作全面且入微性地解析，既批判性地审视福克斯数字劳动思想内在的缺陷与矛盾，以期增强马克思思想于数字劳动问题中的诠释力，又积极地评价福克斯数字劳动思想的理论意义，并从中汲取有利于发展马克思主义理论和构筑社会主义数字劳动关系的启示。基于上述研究设想，具体研究思路如下：

第一，批判性解读福克斯数字劳动概念（第一章——福克斯数字劳动概念"二分论"）。

首先，基于受众劳动观、非物质劳动论和产消合一说追溯作为数字媒体用户的数字劳动概念出场的缘由。接着，从狭义与广义两个角度提炼福克斯的数字劳动概念并评析其理论意义。最后，聚焦于马克思主义的立场，揭示受资产阶级思想影响下的福克斯提出的是一种狭隘的作为手段的数字劳动概念，同时立足于作为目的的马克思劳动概念，重新界定数字劳动概念，并从物质性与精神性、现实性与虚拟性的交互统一过程，主客体高度统一的对象性活动过程，人的本质力量不断外化与丰富的过程三个方面阐释数字劳动概念的三层含义。

第二，批判性研究福克斯数字劳动思想内涵（第二、三、四、五章）。

福克斯以数字劳动概念为理论起点，在马克思劳动价值论语境中探讨了狭义数字劳动创造价值与剩余价值的过程，又基于马克思生产方式理论分析了广义数字劳动概念所涵盖的各种数字劳动形式，试图全面地揭示出一切数字劳动都在共同书写着一部资本剥削劳动的血泪史，最终是为了阐明数字经济生产领域中的阶级对立论及建构推翻跨国信息资本主义的数字工人阶级。与此同时，福克斯还借鉴、运用、批判了一些社会批判理论学者的观点，形成了对数字劳动的某些特性与要素的独特理解。概而言之，数字劳动价值论、数字劳动形式论、数字劳动的阶级与解放、福克斯数字劳动思想与社会批判理论之交汇等几个方面共同构筑成了福克斯数字劳动思想的内涵体系。

在第二章"福克斯数字劳动价值论"中，首先，梳理福克斯数字劳动价值论的理论基础，即梳理福克斯对马克思劳动价值论、马克思生产劳动思想及受众商品论的解读。接着，论述福克斯数字劳动价值论的内涵，具体包括两部分内容：一是福克斯对数字劳动价值论的正面阐述，二是福克斯在数字劳动价值辩论场上与其他学者交锋的论点。三是，批判福克斯数字劳动价值论的谬误所在，立足于马克思的商业资本思想、生产劳动思想及剥削观，并基于数字媒体资本利润来源的不同路径，将数字劳动具体划分为四种类型，以及考察每一种数字劳动类型与价值、剩余价值生产的关系。

在第三章"福克斯数字劳动形式分析论"中，首先，梳理数字劳动形式分析的理论基础，即梳理福克斯对马克思生产方式理论的解读。接着，论述福克斯对跨国信息资本主义的界定及其在此背景下对各种生产方式中数字劳动形式的分析。最后，指出数字劳动形式分析论是对信息社会理论所蕴含的单一技术社会形态观及对马克思生产方式理论作机械式解读的回应。

在第四章"福克斯数字劳动与工人阶级解放论"（第一章到第三章一系列论证之后的最终落脚点）中，主要阐明福克斯对数字时代阶级状况的分析，以及福克斯对数字工人阶级的斗争目标和斗争策略的探讨，同时指出，福克斯的数字工人阶级思想在一定程度上是对马克思阶级分析法的坚持和对后马克思主义主体危机论的拒斥。

在第五章"福克斯数字劳动思想与社会批判理论的交汇"中，主要分析福克斯对马尔库塞游戏观、霍耐特物化理论与哈贝马斯交往观在数字劳动思想中的运用、发展与批判，同时相应地运用马克思的闲暇观、理性观对福克斯的观点作出评析。

第三，论述福克斯数字劳动思想的内在矛盾及积极意义（第六章——福克斯数字劳动思想的内在矛盾与积极意义）。

　　首先，从整体上把握福克斯数字劳动价值论及其阶级思想之间的关系及内含的矛盾。接着，从混淆具体劳动与抽象劳动的区别，消解生产劳动与非生产劳动的区别及削弱阶级划分的意义三个方面揭示福克斯数字劳动思想的问题所在。最后，从理论层面和实践层面提炼福克斯对马克思主义理论的发展和中国数字劳动关系的构筑的启示。

（二）研究方法

　　首先，历史考察与逻辑分析相统一的方法。历史和逻辑相一致是马克思主义方法论的核心，也是本研究所采用的第一个方法。历史的起点，也就是逻辑的起点。逻辑的展开必须在本质上符合历史的发展过程。历史过程也只有在逻辑的展开中才能再现出来。本研究从数字劳动概念与已有劳动概念的关系入手，考察了不同劳动概念的内涵演化过程，揭示了数字劳动的内涵和性质。梳理福克斯数字劳动思想与马克思的相关思想、传播政治经济学理论的理论渊源，阐明福克斯数字劳动思想对已有理论的继承与发展。其次，文本解读法。深入解读福克斯数字劳动思想的相关著作，马克思主义经典著作，以及与数字劳动研究相关的文献，在此基础上把握与评析福克斯数字劳动思想内涵，找到理论增生的缺口。再次，比较研究法。本研究将福克斯数字劳动价值论与其他价值论作比较，全面阐释了数字劳动价值论的内涵；将福克斯的思想与马尔库塞游戏观、霍耐特物化理论与哈贝马斯交往观作比较，更加深入地阐释了数字劳动的内涵。最后，理论联系实际的方法。把抽象的理论探讨与现实相结合，虽然不必如田野调查般一切以实际材料说话，但尽量做到每发议论则有所依傍。本研究结合数字媒体的实际利润来源，立足马克思相关理论，对各种数字劳动类型加以划分，阐明了它们与数字媒体资本价值增殖的关系。

（三）理论基础

马克思的劳动价值论及以其为基础的剩余价值论是本研究评析福克斯数字劳动思想不可或缺的理论基础。劳动价值论主要是对资本主义社会中最抽象最一般的关系，即商品关系的揭示。其逻辑起点是商品二因素，即使用价值与价值的对立统一。在商品交换中，使用价值是交换价值的物质承担者，价值是交换价值的真实基础，生产商品的劳动相应地呈现为两类劳动，即具体劳动与抽象劳动的对立统一。使用价值的交换只是商品交换的表象，而隐藏其后的实质是使用价值还原为价值的价值交换，是具体劳动还原为抽象劳动的劳动交换关系。价值实体是抽象的人类的一般劳动。商品的价值量是由社会必要劳动时间所决定的，其与社会劳动生产力成反比。随着商品交换的发展，价值形式从简单的或偶然的价值形式发展到了最终的完成形式，即货币形式。货币成为固定地充当一般等价物的特殊商品；商品拜物教是为了阐明商品价值关系的本质特征是生产资料私有制下人与人的生产关系，从而揭示劳动形成价值这种关系的历史性质，也揭示了以商品生产为支配生产形式的资本主义制度的历史性质。

以劳动价值论为基础的剩余价值理论则是关于雇佣劳动与资本关系本身的学说，本研究主要以剩余价值论的以下几个方面内容作为理论依据：首先，劳动力成为商品是剩余价值产生的基本条件。当资本家在商品市场中购买劳动力商品，生产商品的劳动就有了必要劳动与剩余劳动之分，必要劳动用于弥补劳动力的价值，剩余劳动生产了超出自身价值的剩余价值。剩余价值被资本家无偿占有，体现了资本家对工人的剥削关系。其次，资本是一种能带来剩余的价值。货币转化为资本是劳动力转化为商品和资本家剥削雇佣工人的剩余劳动所创造的剩余价值的结果。根据资本在剩余价值生产中所起的不同作用，资本分为可变资本与不可变资本。最后，剩余价值生产的两种基本方法是绝对剩余价值与相对剩余价值。绝对剩余价值是指在必要劳动时间不变的条件下，通过绝对延长工作日，从而绝对延长剩余劳动时间而生产出来的剩余价值。相对剩余价值是在工作日长度不变的情况下，由于缩短必要劳动时间，相对的延长剩余劳动时间而产生的剩余价值。

第一章

福克斯数字劳动概念"二分论"

　　"数字劳动"一词源于互联网批判理论者对数字化时代劳动形式内蕴的新特性的反思与总结。福克斯以"数字劳动"一词为继往开来的垫脚石，基于自我的劳动观和文化唯物主义框架之中，系统地探讨了作为互联网用户劳动的数字劳动概念和作为数字媒体技术、内容的生产、流通与使用所牵涉的一切脑力与体力劳动的数字劳动概念。笔者对应地将它们提炼为狭义的和广义的数字劳动概念，并认为其虽然在一定程度上应用了马克思的劳动观点和深化了数字劳动的理论研究，但仍然局限于资本主义语境之中，深嵌着资产阶级思想的烙印。因此，要进一步推进马克思主义视域下的数字劳动研究，重新界定一个基于马克思主义立场的数字劳动概念显得尤为重要。

微信扫码，立即获取

☆ PPT总结分享
☆ 更多延伸阅读资源

第一节　狭义论之发轫

　　"数字劳动"（digital labour）概念肇创于《免费劳动：为数字经济生产文化》（*Free Labor*：*Producing Culture for the Digital Economy*）（2000）一文。在文章中，意大利学者蒂齐亚纳·泰拉诺瓦（Tiziana Terranova）将"数字劳动"囊括进了"免费劳动"（在互联网中，"免费劳动"被定义为一种由知识文化消费而转化出的额外的生产性活动，此种活动被愉快地接纳的同时却又被无情地剥削。）这一更为广泛的概念之中，认为"数字劳动"是普遍存在于发达资本主义社会中的免费劳动的一种具体表现形式，并以此戏称数字劳动者为网奴（Net Slaves）。可谓一石激起千层浪，互联网政治经济学批判者纷纷聚焦于论述这种新兴的劳动形式，研究中，他们虽赋予其不同的名称，如"消费性工作"（consumption work）[1]，"玩劳动"（playbour：play labour）[2]，"产用劳动"（produser：producer and user）[3]，"互联网与社交媒体的产消劳动"（internet-and social media-prosumer labour）[4]，"非物质劳

---

　　[1] Huws U.The making of a cybertariat: virtual work in a real world. *Socialist Register*, Volume 37, 2001, pp.1–23.

　　[2] Kucklich J.Precarious playbour: modders and the digital games industry. *Fibreculture*, Volume 5, 2005, pp.1–8.

　　[3] Bruns A. *Blogs, Wikipedia, second life and beyond*: *from production to produsage*, New York: Peter Lang, 2008, p.2.

　　[4] Fuchs C.Labor in informational capitalism and on the internet. *The Information Society*, Volume 26, 3, 2010, pp.179–196.

动 2.0"（immaterial labour2.0）[1] 等，但事实上都与"数字劳动"异名同谓，都是为了说明占据数字化媒体特别是互联网领域利润生产核心的网民活动。追根溯源，"数字劳动"概念的提出及其备受热议的原因，在于它既契合了国外马克思主义（或左翼思潮）所更新过的劳动内涵，却又溢出了它们各自的含蕴。这些概念包括：传播政治经济学批判的受众劳动，意大利自治主义马克思主义者的非物质劳动，产消资本主义研究中的产消合一（prosumption）。

一、受众劳动论

20 世纪 70 年代，传播政治经济学的创始人达拉斯·斯迈兹在其撰写的《传播：西方马克思主义的盲点》（*Communications*：*Blindspot of Western Marxism*，1977）中表明"西方马克思主义分析"仅是单一地探讨了大众传播体系为资本发挥了什么样的意识形态作用，忽略了该体系"为资本发挥什么样的经济作用"[2] 这一重要问题。基于对这一"重要问题"的深入探究，斯迈兹进一步叩问现在的"门槛问题"："什么是由大众生产的和由广告支撑的传播系统的商品形式？"[3] 与此同时，斯迈兹给出了自己的答案："受众商品"（audience commodity）——指受众劳动力（audience labour-power）或受众群体的"注意"能力。[4] 换而言之，广告商从传统媒体公司（电视台、

[1] CotéM, Pybus J. Learning to immaterial labour 2.0: MySpace and social networks. *Ephemera*, Volume 7, 1, 2007, pp.88–106.

[2] Smythe D. Communications: blindspot of western marxism, *Canadian Journal of Political and Social Theory*, Volume 1, 3, 1977, pp.1–27.

[3] Smythe D. Communications: blindspot of western marxism, *Canadian Journal of Political and Social Theory*, Volume 1, 3, 1977, pp.1–27.

[4] Smythe D. Communications: blindspot of western marxism, *Canadian Journal of Political and Social Theory*, Volume 1, 3, 1977, pp.1–27.

广播台等）购买了受众劳动力，受众群体为广告商进行了免费的劳动：通过学会"购买特别的消费商品品牌，并相应地花费掉他们的收入"，即"学会创造需求"。① 斯迈兹试图采用马克思政治经济学批判的方法，将传播政治经济学转向关于受众商品（而非其他媒体或文化商品）的思考，同时将传播理论转向关于受众劳动或受众劳动者（而非作为消费群体的受众）的思考。

21世纪，互联网平台对用户免费开放，并由用户主导生成内容等鲜活特征标志着以数字技术创新为支撑的互联网欣然跨入2.0时代。已有数据表明，网络媒体公司的利润主要来源于广告②，其资本积累的策略是：通过监视收集用户在互联网上创造的信息，整理后将其作为商品出售给广告商。传播政治经济学批判的研究者发现，这与斯迈兹所分析的传统大众媒体的资本积累策略相当类似，因此，受众商品思想非常适合用于诠释互联网平台对用户活动的商品化行为。③ 然而，数字化媒体时代的受众劳动已经悄然地发生了以下转换，受众劳动在数字化媒体时代理应且必然发展成为一种新的理论形态 —— 数字劳动。

第一，劳动主体从静态的、可测控的集体到动态的、可监视的身体。斯迈兹创造性地把受众界定为一个集体，它不属于一个阶级、性别或种族的范畴。用斯迈兹的马克思主义术语，这一集体实质上是一个市场，基于其上，媒体或公司可以出售文化（如电视节目）或其他商品。同时，该集体身处于一个等级化井然的媒体系统中，其组织形式是一个由中心网络控

① Smythe D. Communications: blindspot of western marxism, *Canadian Journal of Political and Social Theory*, Volume 1, 3, 1977, pp.1–27.

② Christian Fuchs: Digital Prosumption Labour on Social Media, *Time & Society*, Volume 23, 2014, pp.97–123.

③ Fuchs C.Dallas Smythe today–the audience commodity, the digital labour debate, Marxist political economy and critical theory. prolegomena to a digital labour theory of value, *TripleC*, Volume 10, 2, 2012, pp.692–740.

制着的，处于终端的受众群体，群体中的个体元素因面对同样的文化类商品而相互关联着，这就决定了受众群体是静态的、可测控的（评级产业通过测算受众的收视率而制定受众商品的价格）。而在数字劳动视域中，劳动主体通过在互联网络上生成个人信息（包括语言、图像、影音等），树立起自身独有的、鲜活的公共形象，借此在个人主页或社交网站上积聚更多的人气，进而延伸自身与外界的交互关系，因此，劳动主体需与时俱进地塑造自身形象，使自己成为一个适应"大千数字世界"的"数字身体"（Digital Body）[1]，此时的劳动主体是动态的，其言行举止在媒体资本家的监视中暴露无遗。

第二，劳动力从"注意"能力到"情、智"能力。斯迈兹认为，大众传媒内容的根本性目的在于招募有忠实关注力的受众群体："通过提供给受众群体'免费的'某些文化类商品这一诱饵，来招募广大潜在的受众群体，并保持他们忠诚的关注度。"在这里，斯迈兹将大众传媒内容类比为酒吧里赠送的免费午餐（能够强化食客的"食欲"），都是为了："吸引并让他们一直参与到节目中；培养受众群体对广告商们的商品信息的喜爱情绪。"[2] 由此可见，受众群体在传统媒体中所付出的劳动力，实质上就是在诱导之下持续付出注意力。而在数字劳动视域中，由于劳动主体是一个个受七情六欲驱动的，能创造性地生成内容的和自由构筑社交网络关系的"身体"，因此，劳动主体除了耗费对在线广告的注意力之外，更多的是使用自身的情感能力和聪明才智，从而使其劳动过程被注入了情感与智力维度。相应地，处于资本一方的传播媒体，则通过不间断地为劳动主体提供新潮的且多样的设备资源，以"帮助"劳动主体永不间歇地发挥其主体性，

---

[1] Boyd D.Why youth heart social network sites: the role of Networked Publics in Teenage Social Life, *Research Publication*, Volume 16, 2007, pp.118-142.

[2] Smythe D. Communications: blindspot of western marxism, *Canadian Journal of Political and Social Theory*, Volume 1, 3, 1977, pp.1-27.

拓展其以情、智为基本的社交关系。

第三，劳动力所生产的使用价值从单向性到双重性。斯迈兹曾惊世骇俗地指出："现代资本主义社会中的所有非睡眠时间都属工作时间。"①原因在于，受众群体身处再生产劳动力的闲暇之时，由于其不可避免要面对大众传播媒体，导致他们无意识地且无偿地为资本主义大众媒体创造了注意力商品，同时也为广告商们创造了购买需求（有别于资源稀缺的初级资本主义阶段，在发达资本主义阶段，社会需求是被有意识地创造出来的），进而不自觉地协助资本家完成了商品生产的关键环节，并为他们提供了销售服务。一语道破其实质即是：受众劳动所创造的使用价值单向地被资本家所占有。而在数字劳动视域中，受众群体，即社交网络用户会同时创造出两种不同的使用价值：一方面，由于用户有意识地创造出了一种自身与公众能见度之间的社会关系，因此，他们为自己和社会其他群体生产了作为社交需求的使用价值；另一方面，用户也不自觉地为广告产业创造出了目标广告空间这一使用价值。对于媒体资本家来说，上述两种使用价值都可演化成交换价值，即出售广告空间和用户信息。

总之，在数字化（Web2.0）时代，用户主体地位更具能动性，劳动力生产更具多维性，使用价值创造更具双重性，意味着数字化时代的劳动过程更具复杂性。这也使得资本家从数字劳动中攫取价值的方式变得更具隐秘性，进而促使受众劳动论所研究的重点"受众劳动力如何被商品化的问题"转换为"数字劳动过程如何进行"与"数字劳动力如何被商品化的问题"，这也成为当今数字劳动理论研究的核心问题。

---

① Smythe D. Communications: blindspot of western marxism, *Canadian Journal of Political and Social Theory*, Volume 1, 3, 1977, pp.1-27.

二、非物质劳动观

"非物质劳动"概念的首创者毛里齐奥·拉扎拉托（Maurizio Lazzarato）将其界定为：生产商品的信息与文化内容的劳动。一方面，商品的信息内容，意指工业与第三产业大型公司工人在劳动过程中所发生的变化，也即是在参与直接劳动的技能中，涉及控制论与计算机控制（还有横向与纵向沟通）的技能日渐增多。另一方面，作为生产商品文化内容的非物质劳动，意指制定文化、艺术、时尚、品位、消费等标准，或者是执行更具战略性的公众舆论等活动形式，此类活动通常被人们认为是具有非工作属性的。对非物质劳动作更深层诠释并使其声名远播的是奈格里与哈特，他们认为非物质劳动意指创造非物质性产品，如知识、信息、交往、人际关系或者情绪反应的劳动形式。具体包含三种类型：第一种是大脑或思维的工作，其生产平台从工厂的物质领域转向了思想的符号维度。该工作形式的典型代表是文化产业中的技术部门，如公共关系、媒介生产、网站设计等。第二种特指情感的生产，也就是指创造出一种轻松的、健康的、存在的、满足的、兴奋的或是激情的感觉的劳动过程。[1] 在历史上，此劳动通常被认为是"妇女的工作"且是无酬的。该工作领域的典型代表是利用身体提供服务或照料。第三种是指在通信技术与原始工业生产相互融合，并转变了原始工业生产方式的背景下，具有机械化和计算机化特征的劳动形式。不难看出，相对于拉扎拉托，奈格里突出了非物质劳动中情感劳动因素的地位。

从一些"数字劳动"研究中可以看出，数字劳动契合了非物质劳动的定义，但它不仅是非物质劳动在数字化媒体上的一种表现，更是一种延伸，一种发展，属非物质劳动的一种崭新类型。一方面，数字劳动是生产商品信息与文化内容的劳动，生成的信息内容详细上讲，数字劳动者（用

---

[1] Hardt M, Negri A. *Multitude: War and Democracy in the Age of Empire*. London: Penguin, 2004, p.108.

户）在自主生成互联网内容（如上传图片，视频，个人资料等）的过程中，实际上也就是在为媒体资本生产个人的形象、品位、偏好等信息内容，这些信息商品不但构成了用户的社交网络关系，而且吸引着其他用户的访问、评价与持续关注。基于此，数字劳动恰是拉扎拉托所阐述的非物质劳动的一种表现，但比起非物质劳动者必须按标准或规则进行上传下达的信息交流[1]，显得更加不规则、琐碎而微妙。它所生产出的并不是看得见的、具体的实物商品，而是以社会关系呈现的、抽象的形式商品，并且只有这种抽象的社会关系的呈现才能体现数字劳动的真正价值。

另一方面，数字劳动虽然是活跃的、持续的虚拟主体性建构的过程，却仍然受数字资本的支配，并非受自治主义马克思主义所言的一般智力的支配。数字劳动者依据自身的意志、兴趣加入各种互联网社区，并根据所处的归属关系，选择编写及上传个人的信息资料，充分构造、凸显自己的在线主体性，扮演恰当的虚拟公共角色，这样的主体性总是处在不断更新、重塑的过程中。然而在这种"热情洋溢"的主体性背后，却形成了一个冷冰冰的被媒体资本家商品化，可供销售并获得利润的数据库。所以说，用户要成为的主体实质上需符合当代资本主义再生产的要求，后福特制的资本宣扬"成为主体"（become subjects），本质上是资本对劳动的"实质吸纳"的过程，也就是说，数字劳动过程（包括数字劳动主体的身体、意识）在劳动形式和劳动方式上都从属于资本的支配。

三、产消合一说

"产消合一者"概念源于阿尔文·托夫勒（Alvin Toffler）于 20 世纪 80

---

[1] Lazzarato, M. Immaterial labor. *Radical thought in italy: apotential politicse*, edited by Hardt M, Virno P, Minnesota: University of Minnesota Press, 2006: pp,132–147.

年代出版的《第三次浪潮》一书，意指信息经济主导下生成的新劳动主体，其彰显了于工业时代生产者角色与消费者角色融为一体的可能性。然而，相较于托夫勒的其他思想（如"未来冲击"），"产消合一者"概念自问世的几十年来，在学术界上一直犹如道旁苦李。直至 21 世纪互联网的诞生及社交媒体网站的普及，"产消合一者"概念才得以声名鹊起，也进而衍生出了关于数字时代产消合一资本主义（prosumer capitalism）的政治经济学相关问题之研究。

产消合一资本主义理论认为，在"资本主义"概念初创之时，马克思主义理论范畴中的资本主义研究主要聚焦于生产者（工人、无产阶级）与资本家间的辩证关系，其间马克思虽未严格否定过生产与消费间的相互联系，但其却明确了生产的决定性地位和消费的从属性角色。[1]20 世纪 70 年代，法国哲学家鲍德里亚敏锐地察觉到了西方社会之转型（由生产为主导的社会转向以消费为主导的社会），由此创作出惊世之作《消费社会》，书中对消费社会进行了全面而系统的审视与诊断，这也直接促使资本主义政治经济学的研究重心由生产域转向消费域。然而，乔治·瑞泽尔（George Ritzer）指出，以马克思为代表的生产理论和以鲍德里亚为代表的消费理论都过于强调各自生产或消费之重要性，产消合一（prosumption）毋庸置疑地应是研究资本主义特别是当代资本主义社会的重点视角。

瑞泽尔进一步强调，产消合一并非一种呈间断性现象的单个过程（或现象），而应是呈连续性特征的系列过程，其中"作为生产的产消合一"（prosumption-as-production，p-a-p）和"作为消费的产消合一"（prosumption-as-consumption，p-a-c）是息息相关的。这意味着，消费与生产从未脱离产消合一而成为一种独立的单一形式，其二者间的联结点便

---

① George R, JurgensonN. Production, consumption, prosumption: the nature of capitalism in the age of the digital "prosumer", *Journal of Consumer Culture*, Volume 10, 1, 2010, pp.13-36.

是趋近产消合一之平衡处。① 众所周知，产消合一并非一空降新物，就如托夫勒所言，其思想源头可追溯至自给自足的自然经济社会时期，如从狩猎者于狩猎活动中消费掉猎物的过程中便可见一斑。虽然近代工业革命在一定程度上促使了生产与消费之分离，但即便是在工业时代的顶峰期，生产与消费也从未被真正地隔离开。时间来到 20 世纪 50 年代的资本主义社会期，快餐产业的横空出世无形中促使并加剧了消费者参与消费物生产之趋势，如麦当劳自助取食、汽油站自助加油、使用自助取款机、使用自助购票机等，导致了传统产消合一者群体的大幅增加，瑞泽尔将这一传统产消合一现象冠名为"社会的麦当劳化"（McDonaldization of Society）。

现今，随着数字化时代（互联网 2.0）的日新月异式发展，自然而然地孕育出产消合一之新范式。一方面，产消合一者依旧保留着扮演于资本主义控制下生产者与消费者之角色，即可视为是传统资本主义中产消合一形式的一种延续。另一方面，就与资本主义的关系而言，传统产消合一者与数字化时代产消合一者有着天壤之别：其一，由于数字化时代产消合一者对资本主义入侵之抵抗力的空前强大，资本对其已无法如对传统产消合一者一样进行肆无忌惮地直接控制；其二，由于数字化时代产消合一者于数字媒体上通常表现出享受乐趣、乐于付出之状态，与传统产消合一者相比，其受资本剥削之事实具有较强的隐蔽性；其三，由于资本主义掩盖了商品与服务的货币交换过程，即利润产生之过程，数字化时代产消合一者与数字媒体资本家间没有任何形式之货币交换，换而言之，数字媒体资本家在不愿为数字化时代产消合一者支付工资的同时，数字化时代产消合一者也正乐此失彼于互联网上之免费服务（新闻、博客、社交网站等）。综

---

① Ritzer G. The "new" world of prosumption: evolution, "return of the same," or revolution? *Sociological Forum*, Volume 30, 1, 2015, pp.1–17.

上可知，数字化时代产消合一者与传统劳动者、消费者乃至产消合一者有着截然不同之属性，数字产消合一者（digital prosumer）概念也就顺其自然地跃然纸上，其与数字劳动者可谓是异名同实，或者说其诞生开创了数字劳动研究之新航向。

第二节　狭义论之形成

福克斯指出："在数字劳动争论中存在一个未被关注的问题，即如何最为恰当地定义数字劳动。"[①] 在福克斯看来，以马克思劳动观重释为基础来探讨数字劳动概念，才能够真正揭示数字经济背后劳动异化的本质。

一、从"劳动"到"工作"

（一）词源学视角下的工作与劳动概念

从词源学视角厘清和区分劳动与工作这两个概念，是福克斯对马克思劳动观开展阐释的起点。福克斯首先指出：虽然马克思的德文原著中有一个涵盖工作（work）和劳动（labour）的词汇——Arbeit（有时也用Werktätigkeit 一词表述，但该词语义更为广泛，且在德文中也属冷僻词汇）。[②] 但"劳动"（labour）一词出自法语，初次在英语中出现的时间为约公元 1300 年，且其使用语境与艰苦的工作、痛苦、烦恼等紧紧相连。"工作"（work）一词则由中世纪时期英语词汇 weorc 演化而来，是古英语单词wyrcan（创造）和 wircan（影响某物）的融合体，其语义泛指凭借已创造的某物改变社会。由上可见，与"劳动"（labour）一词相比，"工作"（work）一词更早地出现在英语语言中，其在资本主义社会阶段的使用过程中不仅

---

① Fuchs C. *Digital labour and Karl Marx*, New York: Routledge, 2014, p.22.

② Fuchs C. *Digital labour and Karl Marx*, New York: Routledge, 2014, p.26.

获得了劳动的含义——薪酬工作，而且还保留了其原初的、更为宽泛的语义。[1]福克斯更进一步地指出：在英语语境中，Arbeit一词时而被译为"工作"（work），时而被译为"劳动"（labour），也就是说，在翻译马克思的著作时，学者们没有根据原著本意有所区别地使用这两个词汇。事实上，恩格斯在马克思《资本论》的脚注中早已指出："英语能够对Arbeit一词作出语义差异上的区分，例如，在创造使用价值并且在质上得到规定的劳动层面称为'work'，在创造价值并且只在量上被计算的劳动层面称为'labour'。"[2]

　　词源学上的考察表明：对工作（work）与劳动（labour）做出语义区分是切实可行的。基于此，福克斯立足于马克思的德文原著，厘清了马克思眼中的工作与劳动这两个概念：工作具有人类学和历史学两个认知维度，从人类学维度上看，工作意指人类（所有社会中的）通过有意识地改造和组织自然，来满足自身基本需求的生产活动；从历史学维度上看，工作词义（阶级社会形态中的）内蕴历史性特征，如奴隶工作、家务工作、工薪工作等。而劳动，与其说它是工作在阶级社会中的代名词，毋宁说它是工作在阶级社会中的必然体现形式——异化形式（意指劳动者不能控制和占有生产工具与结果）。简而言之，工作是人类社会生成与发展的普遍本质，而劳动是工作在人类社会某一历史发展阶段的特殊描述。显然，当人类社会发展到共产主义阶段，劳动将得到扬弃，工作自然而然成为人类自由自觉的活动。完成对马克思视野中的劳动与工作概念的区分，福克斯认为，相比只认识和使用其中一者，能够帮助我们更加清楚地认识两者之间的辩证关系，从而避免混淆和曲解马克思的工作/劳动思想［如无政府主义者安德烈·高兹（Andre Gorz）和自治主义者奈格里等都将马克思论著中的工作一词误解为一个资本主义概念］。

---

① Fuchs C. *Digital labour and Karl Marx*, New York: Routledge, 2014, p.27.

② 马克思：《资本论》（第1卷），人民出版社2004年版，第61页。

（二）三重语境中的马克思工作与劳动概念

福克斯指出，马克思深受黑格尔的影响，并用其辩证法思维系统地阐释了资本主义本体论的层层面面，其中也包含对工作和劳动概念的入木诠释。黑格尔的主体客体辩证统一思想可以简要地概括为：生产主体的存在是基于赋予和限制人类生存（比如条件）的外部客观环境。人类活动能够改变外部（社会、文化、经济、政治、自然）的环境。在主客的相互作用下，新的现实产生出来——黑格尔将这种相互作用的结果称为主体—客体（绝对精神）。在同源与递进思维之下，福克斯借用黑格尔的主客体辩证法思想，区分了马克思著作的三重语境，贯穿性地解释了马克思的工作及劳动思想：

在一般人类社会的生产力体系（不涉及生产关系部分）语境中，当劳动被抽去了形成商品价值的历史属性，就与工作的人类学属性取得了一致——创造使用价值。这个劳动过程包括三个要素：有目的的活动或劳动本身，劳动对象和劳动资料。[①] 其中，劳动是劳动力的使用："劳动力的使用就是劳动本身……劳动首先是人和自然之间的过程，是人以自身的活动来中介、调整和控制人和自然之间的物质变换的过程。"[②] 劳动对象是劳动力作用的对象，"土地是人类劳动的一般对象""一切原料都是劳动对象""劳动对象只有在它已经通过劳动而发生变化的情况下，才是原料"[③]。"劳动资料是劳动者置于自己和劳动对象之间，用来把自己的活动传导到劳动对象上去的物或物的综合体。劳动者利用物的机械的、物理的和化学的属性，以便把这些物当作发挥力量的手段，依照自己的目的作用于其他的物"[④]。劳动过程的结果是劳动产品："在劳动过程中，人的活动借助劳动

---

① Fuchs C. *Digital labour and Karl Marx*, New York: Routledge, 2014, pp.207–208.

② 马克思：《资本论》（第1卷），人民出版社2004年版，第207–208页。

③ 马克思：《资本论》（第1卷），人民出版社2004年版，第209页。

④ 马克思：《资本论》（第1卷），人民出版社2004年版，第209页。

资料使劳动对象发生预定的变化。过程消失在产品中。它的产品是使用价值，是经过形式变化而适合人的需要的自然物质。劳动与劳动对象结合在一起。劳动对象化了，而对象被加工了。"① 福克斯借助黑格尔的主客体辩证思想描述三者关系为：在劳动过程中，主体（人类）借助劳动资料（工具、技术等）并利用他们的劳动力改造客体（劳动对象，包括自然资源，原材料等），结果使得劳动本身在劳动过程中被对象化，客体被改造为满足主体（人类）需要的使用价值（主体—客体）。

在资本主义社会（阶级社会）语境中，工作仅指异化形式的工作，意同劳动。之所以谓之异化，因为劳动者的劳动产品和剩余劳动被由剥削者构成的统治阶级所占有。关于异化概念，福克斯提到，"对于阿尔都塞来说，马克思异化的概念仅是其早期作品中的一个意识形态的概念……相反地，我们将提出马克思始终没有放弃'异化'概念"②，并认为它是一个内存于马克思论著中的重要概念，也是理解资本主义社会劳动本质的基础。福克斯进一步指出，马克思在《1844年经济学哲学手稿》中就已初次使用了异化这一概念，不过其关注点仅限于异化的人类学结果。相比之下，后来的《政治经济学批判大纲》（1844，简称《大纲》）和《资本论》（1867—1894）对异化概念的阐述更为全面、系统，尤其更加注重异化概念的经济学基础，例如，在《大纲》文本中，马克思指出了资本主义社会中异化的要素，劳动者异化于：他本身，因为劳动由资本控制；劳动材料；劳动对象；劳动产品。也就是说，异化是指主体与它自身（资本控制下的劳动力）、主体与对象（劳动对象和劳动工具）、主体—客体（劳动产品）的异化。导致劳动异化的直接原因是生产工具和暴力工具由统治阶级控制和支配，而劳动者除了劳动力一无所有，仅能靠出卖劳动力以获得生存。

---

① 马克思：《资本论》（第1卷），人民出版社2004年版，第211页。

② Fuchs C. *Digital labour and Karl Marx*, New York: Routledge, 2014, p.32.

"生产劳动只是生产资本的劳动……劳动只有在它生产了自己的对立面时才是生产劳动。"① "只有为资本家生产剩余价值或者为资本的自行增殖服务的工人，才是生产工人。"② 显然，马克思在《大纲》中清晰地区分了生产劳动和非生产劳动。因此，福克斯强调，在解读阶级社会中的劳动时，需要澄清一个关乎"数字劳动"在马克思主义意义上是否合法的问题：生产劳动仅指雇佣劳动（wage labour），还是它同时包括非雇佣劳动？针对上述问题，福克斯认为，马克思在《大纲》中确实侧重于对雇佣劳动的讨论，但马克思有时也将劳动视为公共的或结合的、联合的劳动③，劳动主体是集体的工人。该观点在《资本论》中也有所体现，其中也称集体的工人为"总体工人即结合劳动人员"④，并认为联合的劳动派生下的劳动必是生产的。这都意味着在资本主义社会中，联合的工人是创造价值、剩余价值、资本的生产工人。联合的工人概念的出场证明了马克思并非以雇佣劳动为中心来论述生产劳动的，原因是作为联合劳动力的联合工作者也进行着无酬的，却直接或间接服务于资本需要的劳动行为，也就是人们常说的无酬劳动，从中我们可以很清晰地看到另一种劳动形式——非雇佣劳动，其意指在生活或生产中耗费的劳动，也可称之为再生产劳动，它保证了劳动力和生产条件的再生产。

在共产主义社会语境中，异化的劳动形式将不复存在，取而代之的是真正意义上的工作——创造性工作。福克斯结合了 19 世纪社会主义思想家威廉·莫里斯（William Morris）和西方马克思主义先驱马尔库塞的思想，将创造性工作界定为人类在快乐中构想和设计世界的面貌、结构、变化的行为，如建筑、编曲、绘画、写作、园艺等。其应有两大前提条件：其一是生产力的高度发展克服了劳动的分工。生产力的提高使得社会劳动时间

① 《马克思恩格斯全集》（第30卷），人民出版社1995年版，第264页。
② 马克思：《资本论》（第1卷），人民出版社2004年版，第582页。
③ 《马克思恩格斯全集》（第30卷），人民出版社1995年版，第526页。
④ 马克思：《资本论》（第1卷），人民出版社2004年版，第582页。

缩减到最低限度，这为"所有的人腾出了时间和创造了手段"①，进而保证了每个人得到全面的发展。这时"社会调节着整个生产"，"任何人都没有特定的活动范围"②，自然而然，劳动分工将被扬弃。其二是生产资料的共同所有。私人占有生产资料的现象将被废除，人们共同控制生产过程，集体地拥有劳动工具和劳动产品。此时的工作具有一般性并表现为各式各样的创造性活动，它们不再是主要满足人类生活需要，而是满足了超越必然性并且对稀缺现象全然不知的人类快乐。创造性工作的显著特征与莫里斯所设想的那般，是合理而快乐的，是对艺术之美的追求。"人们像为自己生产那样去为邻居们的需要进行生产，而不是为一个他们所不知道的，而且无法控制的抽象市场去制造商品。……所以制造出来的东西总是好的，总是完全适合需要的。"③通过普遍教育和技能类教育，人们必将拥有对艺术的热爱，审美的意识和生活的乐趣，这些反过来又激励人们创造更多能够满足自身最大幸福的艺术作品的欲望。

二、福克斯"数字工作"

在对马克思"劳动"与"工作"观辨析的基础上，福克斯进一步地在三重语境中阐释了"数字工作"的内涵。

（一）一般人类社会中的信息工作

恩格斯在《劳动在从猿到人转变中的作用》（1876）一书中深刻地剖析了工作和语言之间的辩证关系：工作是语言与交流的存在论前提，语言与交流又反过来作用于工作，促使工作的进一步发展。基于恩格斯的理论

①《马克思恩格斯全集》（第31卷），人民出版社1998年版，第101页。
②《马克思恩格斯全集》（第3卷），人民出版社1956年版，第37页。
③ 莫里斯：《乌有乡消息》，商务印书馆1981年版，第122页。

基础和马克思主义方法论，一些心理学家和语言学家都强调了工作的交流特性，如俄罗斯语言学家瓦伦汀·沃洛斯诺夫（Volosinov）其著作《马克思主义与语言哲学》（1986）中，就指出了交往是生产的一种形式，是人类交互作用的产物，但他没有真正地探讨交往、符号与工作（劳动）是如何相互关联的，"劳动"一词在该书中也是鲜有提及。与沃洛斯诺夫一样，维高茨基（Wygotski）、雷蒙德（Raymond Williams）等其他马克思主义理论家都不约而同地忽略了"交流是否是工作"这一关键问题。福克斯对该问题的论证思路是：只要证明活动（具体指：认知、交流、合作）和作为改造自然的工作之间存在着同构关系，再如果所有这些活动都能回溯到改造自然的基础活动，那么认知、交流、合作这些活动也可能创造出任何形式的社会剩余，而且也像传统工作一样要受到剥削。

但这里存在一个前提性问题，工作对象是否必须取自自然？马克思提到过："劳动材料，即为了某种特殊需要而通过劳动去占有的对象可能未经人类劳动的加工天然就存在着，例如在水中捕获的鱼，在原始森林中砍伐的树木，从矿藏中开采的矿石，所以，只有劳动资料本身才是过去人类劳动的产物。在一切可以被称为采掘工业的部门都有这个特点，在农业中只有开垦处女地时才是这样。"[①] 由此可见，马克思认为自然只是农业和矿业工作的可能性对象，这也意味着被改造过的自然也能成为工作的对象。因此，福克斯说："农业和采掘业工作将自然作为对象，工业工作将被改造过的自然作为对象，信息工作则将思想和人类主体性作为对象。马克思在《大纲》的'机器论片段'中对后者的可能性表述为资本主义技术进步的结果。"[②]

在福克斯看来，信息工作过程具体包含三个要素：认知、交流和合作。表2-1说明了这三个要素及其维度。

---

① 《马克思恩格斯全集》（第32卷），人民出版社1998年版，第61页。
② Fuchs C. *Digital labour and Karl Marx*, New York: Routledge, 2014, p.247.

表 2-1　认知、交流与合作的工作及其主体、客体、主体—客体 [①]

要素	主体	工作对象	工作工具	工作产品
认知 = 大脑工作	人	经历	大脑	思想，认知形式，思维
交流 = 群组工作	群组	思想	大脑、嘴巴、耳朵	意义
合作 = 联合的群组工作	群组	意义	大脑、嘴巴、耳朵、身体	具有分享与共同创造意义的信息产品

　　认知是人脑的工作，交流是群组的工作，合作是联合的群组工作。交流在认知基础之上使用了认知成果 —— 思想作为它的工作对象。合作则在交流基础上使用了交流的结果 —— 意义（meaning）作为工作的对象。信息是一个工作过程，认知在这个过程中创造思想，交流工作创造意义，而合作性工作共同创造信息产品，即具有分享和创造性意义的产品。可以看出，认知、交流和合作是各自独立又相互作用的三个工作过程，这三者共同构成了信息工作的辩证过程。

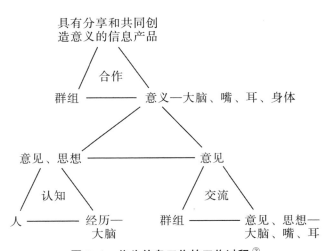

图 2-1　作为信息工作的工作过程 [②]

---

① Fuchs C. *Digital labour and Karl Marx*, New York: Routledge, 2014, p.248.

② Fuchs C. *Digital labour and Karl Marx*, New York: Routledge, 2014, p.249.

　　作为信息工作的工作过程可以用黑格尔式马克思的工作过程三角模型得到阐释（见图 2-1）。从图中可以看出，每一个有群组合作的辩证工作三角形的客体都来自前一个三角关系的主体—客体，以此类推。它可以用以下形式表达：S（主体）–O（客体）>SO…SSO>SSO…S–SSO>SSSO 等。①

　　数字工作作为信息工作的一种具体形式，是人们凭借以数字技术为终端的社交媒介和大脑等工作工具，组织自身及他人的经历，从而生成了符号表征、社会关系、人工制品和共同体等新的使用价值。② 它同样包括认知、交流、合作三要素。福克斯以脸书（facebook）这一网络社交媒介为实例，分析了数字工作的具体过程。首先，脸书是一个认知、交流和合作活动的领域，在其中存在着劳动力、劳动对象和劳动工具之间的相互作用。在脸书的认知数字工作层面，人们使用大脑、嘴巴、话语、耳朵、手、互联网和平台（如脸书）作为工具，将他们的部分经历作为对象组织起来，使之转变为网络领域里的经验表现形式，如博客、用户信息或视频等。在交流数字工作层面，网络媒介和大脑，促成了符号的互动，它转化了由至少两个主体的经历（或者是以网络形式被对象化，或者是在人脑中被对象化）所形成的对象，从而形成了相关主体的新经历，世界的新意义，同时也建立了社会关系。在合作的数字工作层面，人们的经历以思想、在线信息或联合的意义和现有的社会关系等形式得到呈现，同时被加以组织，最终产生了新的人工制品、共同体或社会体系（见表 2-2）。这些也就是整个数字工作过程所生产出的使用价值，它们满足了人类建立友谊，维持有归属感的人际关系等需要。

---

① Fuchs C. *Digital labour and Karl Marx*, New York: Routledge, 2014, p.249.
② Fuchs C. *Digital labour and Karl Marx*, New York: Routledge, 2014, p.254.

表 2-2　数字工作的三种形式 [1]

形式	工作对象	工作工具	产品、使用价值
认知的数字工作	经历	大脑、手、嘴、耳、言语、互联网、平台	在线信息、个人资料
交流的数字工作	经历、在线信息	大脑、手、嘴、耳、言语、互联网、平台	建基于社会关系的新意义
合作的数字工作	经历、在线信息、在线社会关系	大脑、手、嘴、耳、言语、互联网、平台	人工制品、共同体和社会体系

（二）数字劳动——异化的数字工作

数字劳动是以人类的四重异化为基础的数字工作，其中的四重异化具体指：异化于自己（劳动力）、异化于劳动客体（工具和劳动对象）及其所创造的产品。

第一，劳动力的异化。在马克思的眼中，劳动力被异化存在一个动力因，那就是劳动者除了劳动力之外一无所有，他们为了维持基本的生存需要，被迫向资本家出卖自身的劳动力。如今的数字劳动似乎并没有存在强迫性，人们参与社交媒体平台的互动似乎是自愿和愉快的。然而，人不仅具有自然属性，更具有社会属性。福克斯指出："人们为了生存不仅需要饮食，而且需要参与社会关系、交往和友谊。与交流性社交网络隔离，将最终导致个体动物般的存在或毁灭。" [2] 在当今信息化社会中，数字媒体已悄然成为重要的交往手段，人们更多的是倾向于借助社交媒体开展沟通与交流。这在年轻人群体中表现尤为明显，他们是社交媒体中的活跃一族，常常通过社交媒体安排每一天的活动（如聚会、出行、闲聊、消遣等）。因此说，脸书加以用户上的强制，与其说它促使用户（像未得到报酬的工

---

[1] Fuchs C. *Digital labour and Karl Marx*, New York: Routledge, 2014, p.252.

[2] Fuchs C. *Digital labour and Karl Marx*, New York: Routledge, 2014, p.255.

人一样）面临身体上的消亡，不如说它是一种社会强制形式——让用户在社交中遭遇孤立无援的境地。总的来说，人们为了维持自身的社会性，必须为数字媒体公司发挥自身的沟通力（即劳动力），尽管这一交流性的劳动过程并未形成雇佣关系，即属无酬劳动，但他们仍然要受资本家的压迫与剥削。

第二，劳动工具的异化。社交媒体中的劳动工具主要是指用户的大脑和网络平台本身。劳动工具异化的一方面是指用户大脑的异化，这意味着在脸书等社交平台中存在着各种意识形态，一部分是社交平台自己设置的，它将自己片面地描绘成完全积极的、正面的（如免费、自由与分享），其中明显掩盖了自身的负面影响（如商品化、所有权与利润等问题），从而让用户在脸书上花费更多的时间。另一部分是与社交媒体有合作关系的广告商们设置的，通过夸大其词的目标式广告，无节制地塑造着用户的需要和欲望，迫使他们不断地感到必须购买和拥有某些商品。这些意识形态悄然地异化着用户的大脑乃至手、嘴、耳等身体部分，使用户"甘愿"为媒体资本家们的资本积累服务。劳动工具异化的另一方面是指用户实际上并不拥有和控制数字媒体平台。他们不占有媒体平台的所有权，也不拥有影响社交平台行为规则（如使用条款、隐私政策和广告的使用等）的决定权，但其创造出的财富却被媒体股东们控制和拥有。总之，他们是经济上和政治上的贫困者。

第三，劳动对象的异化。数字社交媒体上的劳动对象为用户经历。用户经历本属私人范畴，原应相互隔离，但实际上，它们犹如晴空骄阳，呈现出公共的、相互连通的形态。原因在于用户进入社交平台的前提是他们必须同意平台上的隐私政策和使用条款，这实质上是赋予了媒体资本家们为达经济目的而控制、使用用户经历及其私人数据的权利，同时又禁止了用户对他们所分享的经历的控制权。也就是说，用户的所有活动都处于社交媒体的监控中，并不自觉地在经济上为媒体资本家们所用。因此福克斯说，用户的劳动对象在所谓的"法律约束力的协议"中被异化了。

第四，数字劳动产品的产生过程。社交媒体劳动工具（社交平台和人的大脑）用数据的形式梳理用户的经历，这些数据描述了个体和社会的经历，它们归属于某一特定社会群体，甚至是社会全体，自然而然地演变为具有使用价值的产品，满足了用户通过向他人分享隐私而进行社会交流、合作的需要。此外，它们以共享用户经历的身份被他人转摘或转发，即满足了他人获得信息和社会交流的需要。比如用户更新个人资料，上传视频图像，和他人聊天等，它们都属数字劳动过程中的具体行为，也都生产出了满足人类交往需要的数据产品。然而，考虑到资本主义劳动同时具有抽象与具体双重维度，也即创造价值与使用价值。这意味着媒体用户创造出的产品并非仅仅用于满足自身及他人的人类需要，还要同时满足媒体资本家们的利益需求。媒体公司从社交网站的海量数据中析出用户个人资料和用户行为脚印等数据，并将之转化为带有用户个人背景特征的和满足特定用户群体利益需求的数据商品。显然，媒体资本家们控制了具有使用价值的数据商品，但其兴趣仅限于它的交换价值，于是，他们将数据商品出售给广告商们，广告商们通过购买行为获得了数据商品的另一种使用价值，也即是有了将目标式广告信息呈现给确定用户群体的可能性。在此交易过程中，媒体资本家们通过出卖数据商品的使用价值获得货币，广告商们通过支付货币获得数据商品的使用价值。

由上可见，在同一数字劳动过程中，用户既为自身及其社交对象，也为资本家生产了两种不同的使用价值，前者是作为社会关系的使用价值，后者是作为目标广告空间的使用价值。对于数字媒体资本家而言，上述两种使用价值都可转化为交换价值，即转化成广告产业所需要的广告空间和用户所生产的信息。这一数字劳动产品使用价值的双重性源于数字产品的信息特性：信息产品在转化过程中，其使用价值不会被破坏或消耗，因以商品交换，它表面上看似脱离了用户，但实质上又未能真正地脱离用户的控制。也就是说，用户仍可利用劳动产品的一面掩盖了其实际上已异化于用户的另一面。

除了应用马克思的劳动异化思想阐明数字劳动客观上的异化，福克斯还试图通过雷蒙·威廉斯的"感觉结构"概念来揭示数字劳动异化的主观维度。人的感觉结构被界定为"一种特定的生命意识"，"一种特定的经验共同体"，它是"某个时期的文化"，是对特定社会条件和历史时期的生活经验的表达，假如每一个时期有其客观存在的阶级结构和社会冲突，那么它就必然有相对应的感觉冲突结构。而依威廉斯所言，"隔离，异化和自我放逐的经验是当代感觉结构的一个重要部分"①。在如今的数字劳动中，数字劳动者的感觉结构表现为用户特有的价值观模式，使用感觉和情感，其中某些感觉往往由劳动的客观条件——社交媒体上的垄断、所有权结构、数据处理、使用与隐私条款等所决定，因而它们在媒体资本的操纵下具有异化倾向，但劳动主体的感觉体验却是非异化的，这通常表达为：某社交平台"并没有剥削我，它使我能够与其他用户取得联系"。不过，用户的感觉结构并不是单一的，而是多元的，各种感觉体验无时无刻不处于相互冲突相互抵抗的状态，随着时间的推移，感觉结构中的主导性感觉也会发生改变，并且将对客观条件也会起反作用。所以，一旦用户强烈地反对自己被侵犯隐私和剥削劳动成果，必将怒而离开资本主义性质的平台而加入其他替代性平台，从而也会改变数字劳动的客观条件。

（三）数字共产主义中的数字工作

在当今资本主义互联网中，人们创建的信息内容，由于不会因消费而被损耗，不具有消费上的排他性（可同时被众人使用），容易被无限地

---

① Fuchs C. *Digital labour and Karl Marx*, New York: Routledge, 2014, p.262.

复制，这些特性使得它往往被视为共同财产，恰恰在这种"共同"的迷雾之下，却存在着信息被商品化的真相，这种商品化并不必然导致信息内容与生产者的完全分离，而是导致用户与信息经济使用权以及随之而来的货币利润的分离。而如 Diaspora 等具有共有性质的数字媒体平台，虽然以数字劳动者控制着平台的所有权为标志，但仍然处于资本主义逻辑之中而摆脱不了商品形式和货币的支配。因此，福克斯构想了共产主义社会中的互联网。他认为，在共产主义社会中，必须以信息的去商品化为前提，实现以共有物为基础的互联网。何为"共有物"？自治主义马克思主义代表哈特认为共有物有两种类型，一种是自然的共有物，包括地球、土地、森林、水、空气、矿物等，另一种是人工的共有物，包括思想、语言、情感、信息、图像、知识、社交关系、编码等。齐泽克（Slavoj Zizek）则区分了文化共有物（语言、交往工具、教育、基础设施），外部性共有物（自然环境）和内在性共有物（人类本身）。哈特认为，共有物是"共产主义计划的武器"，它逃脱了所有权的边界，齐泽克认为，共有物证明了"共产主义观念的复苏"。然而，福克斯却认为，两者的共有物定义恐怕会给人们造成这样的印象：共有物是基于物品特殊的内在属性，也就是说，它们不是由单个个体创造，并且在一定程度上排斥商品化。但这些基于属性区分的定义及在其之上的讨论，政治上可能意味着只有特定的商品才必须在公有社会被集体所有和控制，这些商品包括自然、文化、知识和一般基础设施。因此，其他商品的私有制状态会自然而然地不受质疑。

事实上，对于马克思和恩格斯，共产主义不仅仅意味着公共所有权和某些生产资料与商品的控制，而且是所有社会必要物品的共同控制。恩格斯在《共产主义原理》（1847）中指出，共产主义是"共同使用全部生产工具和按照共同的协议来分配全部产品，即所谓财产共有"。在共产主义社会中，"所有这些生产部门由整个社会来经营，就是说，为了共同的利益、按照共同的计划、在社会全体成员的参加下来经营"①。所以说，"共产"不仅指共有财产，同时也是指全体劳动者共同拥有生产资料，共同进行生产劳动。

基于此，福克斯认为，从整个劳动（工作）过程来看，共产主义社会中的一切共有之物应该具备以下维度：

劳动主体：劳动力不是商品，相反地，生产力高度发达，全面发展的个体没有遭遇稀缺和必然性，他们自由选择自己的活动。

生产资料：劳动对象共同所有和控制。

生产工具：劳动工具共同所有和控制。

主体—客体（劳动结果）：全体社会成员共同控制和免费获取劳动产品。

总之，共产主义社会的整个工作过程是被共同控制的。据此，共产主义社会中的共产主义互联网必须遵循以上这种"共同的逻辑"②，即整个互联网是一个不受资本逻辑和私人牟利控制的互联网；一个受所有用户控制和为所有用户谋利益的互联网；一个植根于取之不尽的信息馈赠逻辑的互联网；一个所有人都可以免费使用的互联网；一个基于技术与知识共有逻辑的互联网；一个共同生产，共同所有，共同控制，拥有超越阶级的共同利益，实现人类共同福利的互联网。

同样地，基于共产主义／共有物的社交网络平台具有以下维度：

主体：大脑和平台的使用不再是工具性的，它不创造任何商品，只有满足社会需要的使用价值。

生产对象：经历被视为是值得与他人分享的东西。人们认为没有必要使自己的经历成为私人秘密。将知识隐藏起来并视为己有的思想显得无足

---

① 《马克思恩格斯选集》（第1卷），人民出版社1995年版，第237页。

② Fuchs C. *Digital labour and Karl Marx*, New York: Routledge, 2014, p.281.

轻重。隐私的现实和概念并不会消失，但担任了不同的角色。公共交往的思想成为社会重要的因素。

生产工具：共产主义社交媒介是非商业、非营利的组织，它由全体用户经营和所有。

主体—客体：网络工作产品没有商品属性，它们纯粹地服务于社会需要：人们获取自己所需的信息，实现与他人的交流与合作。[①]

在共产主义社会，数字劳动将成为数字工作。它不再是单调而枯燥的劳动，而是具有和创造性工作一样的性质，是人们在真正拥有的闲暇时间中，快乐地创造满足需要的信息性的使用价值，即创造了共享的认知，交往（社会关系）和合作（共同体、协同工作）。

三、马克思劳动观的回响

福克斯在建构狭义数字劳动概念之中，通过对马克思"工作"思想的阐明，对数字工作之交往性的凸显以及对异化数字劳动的诠释，一定程度上应用和发展了马克思的劳动观，并回应了"反工作"概念、哈贝马斯交往范式和自治主义劳资对抗论等挑战马克思劳动观的观点。

（一）对"反工作"概念的回应

随着信息社会、数字经济和后工业时代的到来，一些西方学者对马克思劳动/工作概念的基本内涵提出了诸多质疑，各种反工作（anti-work）、反劳动的观点风起泉涌，给马克思劳动学说的核心地位带来了一定的挑战。如安德烈·高兹认为马克思思想中的工作同时产生了资本家和无产者，工作只是为他人的工作，于自己仅是为了索取工资；奈格里认为马克

---

① Fuchs C. *Digital labour and Karl Marx*, New York: Routledge, 2014, p.301.

思所论及的工作是一个明确的资本主义概念；威克斯（Kathi Weeks）则认为马克思的工作概念前后不一：《1844 年经济学哲学手稿》和《德意志意识形态》（1932）中的工作需要扬弃异化，《大纲》中的工作则须由闲暇取代；等等。在误读马克思劳动 / 工作概念的前因下，他们继而提出了自我确证活动（ self-determined activity ）、自我限定（ self-valorization ）、玩（ play ）、反工作或后工作（ anti-work/postwork ）等概念，并以此来替代马克思思想中的工作概念。对于上述不同观点，再结合前文的讨论，笔者提出以下思考：首先，马克思思想中的工作概念具有整体性内涵。工作是人类活动的实践层面，不随人类社会形态转变而转移，为人类的一切社会形态所共有。同时，其工作概念亦具有多维性内涵：它在普遍的人类社会中泛指制造使用价值的、有目的的活动；在资本主义社会中特指强制的、异化的劳动；在共产主义社会中意指人类的自由创造性活动，与生产力、技术、必要劳动时间的减少和自由全面发展的个体等紧密相关。其次，马克思思想中的工作概念不仅体现了一个主体与对象互动的过程，实现了人的实践性本质，还描述了一个主体与主体交往的过程，形成了人的社会性本质。然而，无论是高兹的自我确证活动，抑或奈格里的自我限定，都属于一种脱离对象和脱离关系的绝缘性主体活动，都不能科学地、清晰地说明人类及人类社会的本质特性。总之，马克思思想中的工作概念是一般与具体的辩证统一，用其他反工作类术语欲以代之都是不可取的。

（二）对哈贝马斯交往范式的回应

人类的认知、交流和合作真的是一种工作吗？哈贝马斯（Jurgen Habermas）曾质疑过这个问题。在他看来，马克思思想中的工作概念限指使用技术对自然的控制，涉猎的仅仅是工具性、战略性和目的性行动。哈贝马斯进一步指责马克思没有正确地、清晰地区分开工作与相互作用这两个概念，而是将相互作用的向度置之不理或消融于工作概念之中，并用工作生产范式解释人与人之间的相互关系，使得生活世界和系统夹杂一起，导致在资本自我运动中工人主体间性的残缺。基于此，哈贝马斯区分了面向成功的工具性行动和面向达成理解的交往行动，促使社会批判理论由作为生产的工作范式向以语言为媒体的相互作用的交往范式转型。不难发现，哈贝马斯武断地将人类的社会生活一割为二，毫无意义地迫使信息与工作成为两个相互隔离的领域。正如福克斯所论述的，一方面，马克思的工作概念并非仅侧重于工具性，还具有人类学和历史的维度。特别是在类存在物和感性存在物的概念中，马克思就已将人理解为一种生产的和交往的存在，其中的类存在物意指一种经济生产着的，即工作的存在："正是在改造对象世界中，人才真正地证明自己是类存在物。这种生产是人的能动的类生活。"① 而感性存在物指一种对话与交流的存在物："思维本身的要素，思想的生命表现的要素，即语言，是感性的自然界。自然界的社会的现实和人的自然科学或关于人的自然科学，是同一个说法。"② 更为关键的是，马克思并不认为这两者是相互孤立的，它们在社会关系这唯一形态中共体存在："因为他自己的感性，只有通过别人，才对他本身来说是人的感性。"③ 另一方面，信息交流也确属工作范畴。如前所述，信息是一个辩证的工作过程，在该过程中，认知、沟通和合作三者辩证地相互关联着。福克斯的点睛之论在于采用了辩证关系的三角模型，恰使交流工作的每一个环节中的客体都源于前一个三角关系的结果，这样一来，就确保了信息对象（主体—客体）及其自然属性不会在理论演绎中完全消失，进而避免了主体与客体（也即沟通和工作）的二元论存在。总之，在信息资本主义社会，工作（劳动）理应拥有更广泛的人类社会范畴，即应包含多种具体类型：农业、工业、信息、情感等，这不仅全面地体现了人与自然之间的

---

① 马克思：《1844年经济学哲学手稿》，人民出版社2000年版，第68页。
② 马克思：《1844年经济学哲学手稿》，人民出版社2000年版，第90页。
③ 马克思：《1844年经济学哲学手稿》，人民出版社2000年版，第90页。

关系，更深刻地彰显了人与人之间的关系。

（三）对数字化时代劳资对抗问题的回应

自治主义马克思理论者哈特与奈格里在其建构的非物质劳动理论的基础之上，继续探讨了当代资本主义剥削方式的新特征。他们认为在生产机器全面社会化的条件下，非物质劳动产品的价值根本无法用劳动时间这一尺度来衡量，因而，劳动时间这一概念变得无足轻重，价值规律与剩余价值剥削理论也亦时过境迁。基于此，他们断言非物质劳动已经超出了劳资界域，不再受资本的控制，他们还试图将马克思基于劳动价值论的经济危机理论转向为基于生命剥削的生命政治危机理论，以此来探寻人类真正、彻底解放的必然路径。另外，当代认知资本主义理论家高度关注数字信息技术领域中的劳资关系，在他们眼中，"认知资本主义的生产方式……是基于计算机网络中相结合的人类大脑的合作劳动"，认知资本主义的剥削构成相异于工业资本主义，因为"积累对象主要包括知识——它成为价值的基本来源，是价值增殖过程的主要场所"。[①] 显然，他们的结论与哈特、奈格里的断言如出一辙，认为认知资本主义中的劳动的社会合作，不同于传统工厂那样由资本统筹组织，是构成于工厂之外的，并彰显出脱离于资本直接控制的形态。因此，他们将资本主义对劳动的实质吸纳等同于资本主义社会的历史新纪元——认知资本主义形成或一般智力的新纪元。然而，福克斯的论述表明，在当今资本主义互联网中，数字工作仍然不可或缺地扮演着其历史性的角色——异化的数字劳动，即数字劳动者的劳动不可避免地要受到资本的控制，资本与劳动的对抗关系依旧存在。

---

① Boutang YM. *Cognitive capitalism*, Cambridge: Polity, 2011, p.57.

第三节 广义论之形成

福克斯认为，数字劳动概念不应仅指涉互联网用户劳动或仅局限于某一职业，而应是涵盖信息通信产业（即数字经济的基础部分）中数字媒体技术，内容的生产、流通与使用所牵涉的一切脑力与体力劳动，具体形式如装配工人劳动、软件工程师编程劳动、电话服务劳动等。由此，广义的数字劳动概念应运而生。然而，如何能够在理论上链接这些横亘着"劳心"与"劳力"鸿沟，形式迥然相异的劳动？在福克斯看来，雷蒙·威廉斯的文化唯物主义对上层建筑与经济基础统一性的强调，恰好能够进一步地为这些不同形式的劳动提供共同的理论基础。

一、文化对经济的辩证扬弃

福克斯于《社交媒体时代的文化与经济》一书中入微地梳理和分析了威廉斯之文化唯物主义思想，此为其进一步论述文化劳动与数字劳动概念提供了理论支撑。福克斯于书中指出，文化唯物主义是应现实需求而生的。详细上讲，威廉斯于马克思主义理论之发展演变中发现，经济基础与上层建筑这一理论公式于文化研究中常常被僵化式地加以理解，文化通常被机械地、简单地界定为是高悬于经济基础之上的意识、信仰、艺术与风俗。此现象可见于马克思主义理论中的诸多概念之上，如决定、反映、再生产、中介、同构等，这些概念中的经济与文化间于不同程度上有着因果决定或互为因果之关系，但又不约而同地假设了文化是分离于物质社会生活之外的。对此，威廉斯果断地指出，出此理论研究性问题的缘由显然不在于概念提出的太过于经济主义和唯物主义，恰恰相反是在于其"不够唯物主义"，是唯心主义的。[①] 威廉斯进一步认为，要于辨析关键性概念之基础上来理解马克思的文化观，如生产与消费、分配、交换以及社会关系是相互区别的，生产力应是"现实生活的生产和再生产的一切与任何手段"[②]，即包括了社会知识与合作之生产，"基础"则更多地指向于生产活动，而非仅限于经济活动。这些关键词表明出了各种马克思主义理论之源头，也即意味着马克思思想本身是反对将文化（思想）与基础（活动）领域截然分离的。这就使得威廉斯能够站于马克思主义之立场上去发展一种历史唯物主义的文化观——文化唯物主义。

福克斯眼中的文化唯物主义实指强调文化于社会存在中之基础性作用及其物质生产形态。就文化作为社会存在之基础层面上讲，如城堡、宫殿、教堂、监狱、济贫院、学校、战争机器及受控制的出版业等，任何一统治阶级都要采取各自不同之方式来生产这些社会政治体制秩序，它们从来都不只是上层建筑之活动。也就是说，城堡、宫殿等建筑物并不仅仅是机械地、静止地矗立于地面上之文化载体，还是渗透并活跃于社会生活各个方面中之文化因子，显然，文化并非浮于"基础"之上，而是含于"基础"之中。就文化活动过程本身而言，其作为一种"整体的生活方式"连接着文化存在所需要的一切物质与观念之生产过程，如思想、制度、结构、分配、技术、传播与诠释方式、受众以及世界观等，该过程涵盖了生产文化之社会关系、体系制度以及其作为文化技术之作用，这些物质与观念活动相互交织着构成了文化存在之共同基础。因此说，文化及其相关联

① Fuchs C. *Culture and economy in the age of social media*, New York: Routledge, 2015, p.12.

② Fuchs C. *Culture and economy in the age of social media*, New York: Routledge, 2015, p.12.

之活动本身就构成了物质生产领域中的一部分。

威廉斯于提出文化唯物主义后还暗示了信息经济的出现。威廉斯认为，信息、传播和受众于信息经济中是被作为商品出售的，此启示我们需重新审视经济与文化间已有之鸿沟，并思辨文化之物质属性。"信息过程……已成为经济组织的定性部分"。"因此，整个现代劳动过程之主要部分必须以这样的方式来界定——它不会轻易地在理论上脱离于传统'文化'活动……越来越多的工人参与到了这些新系统的直接运作之中，导致此些系统中充满了新的社会及社会阶级的复杂性"。① 因而，正如信息在当今信息社会中扮演于经济生产之重要角色，福克斯强调，文化不应只局限于大众文化、娱乐、艺术品以及商品消费中的意义生产，而应延伸至经济生产与价值创造领域。基于此，文化劳动这一概念之重要性愈加得以凸显。

福克斯总结道："威廉斯一方面否定将文化与经济区分为上层建筑与基础，一方面又肯定地将文化视为一意义的系统，一特殊的社会系统。"② 也就是说，文化是物质的和经济的，与此同时又是区别于经济的。这看似相互矛盾，其实则充满了辩证思维之味道。文化区别于经济，原因在于文化不仅仅等价于各种劳动之总和，其还内含着新的特性——它传播着社会的意义，而此绝不单存于经济领域之中。与此同时，文化又蕴含着经济，原因在于文化是离不开劳动、生产与物质性的，其实质上是这三者的有机组合。简而言之，文化是对经济的辩证扬弃。

---

① Fuchs C. *Culture and economy in the age of social media*, New York: Routledge, 2015, p.14.

② Fuchs C. *Digital labour and Karl Marx*, New York: Routledge, 2014, p.262.

二、广义数字工作模型

福克斯于威廉斯文化唯物主义启发下别出心裁地提出了文化工作（cultural work）这一术语，意在着重突出文化是作为物质生产的活动过程，此也促使其基文化工作于数字时代之发展脉络中提出了广义数字工作这一概念。福克斯的"文化工作"涵盖了两种不同维度上的工作组织层面，其一是于农业与工业工作过程中创造出文化技术（信息与交流技术）的体力文化工作，其二是使文化区别于其他活动的、创造出信息与交流的并内蕴文化工作新兴特性的信息工作，二者既相互区别又相互联系着。在此认知上，福克斯构建出了一个辩证的文化工作模型（见图 2-2）。我们可清晰地看到，意义、社会规范、道德的生产及交流都属于工作过程，也都同样地创造出了文化使用价值。具体上讲，文化需要人类于运用创造智慧创造文化内容的同时，也须制造出存储和传播这些内容之具体形式和媒介。前者是通过语言创造信息与交流之工作，是于文化系统中所独有和特有的工作，而后者是人们使用技术（如计算机、电视、报纸、书籍、电影、音乐、语言等）对信息进行储存、处理、发布与分析之工作，也是使信息与传播能够产生社会影响之必要工作，属于体力文化工作范畴。显然，该模型着重强调了体力工作是被包含于文化工作之中的，同时又发生于文化的内外：即在创造出信息技术及其组成部分（文化体力工作）的同时，也创造出其他产品（非文化的体力工作）。这些其他产品（如汽车、牙刷、杯等）产生之初即便于社会中不具有符号功能——它们不具备告知他人或促成人们交往之作用，但其能够帮助人们实现运输、清洁、滋养等目的，导致它们最终也离不开文化与信息工作为其提供反馈，并赋予自身以符号意义，进而能够被顺利地售卖出去。概而言之，文化工作是体力文化工作和信息工作的统一体，它们相互作用、相互联系又相互区别着，最终相辅相成地生产与再生产出了文化。福克斯的这一文化工作观表明，如果依循文化唯心派之思想，文化仅是呈符号性的，即理智、精神、非物质、上层建筑、信息、思想等的世界，那么行于文化之上的文化劳动必然会将具体的生产媒介技术之体力工作（如采矿、硬件装配等）排除在外。这将与威廉斯的文化唯物主义观矛盾：文化工作包括了有形产品与无形信息产品（数字技术之生产与使用所需要的）的创造。

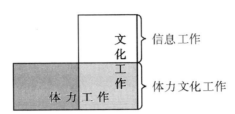

图 2-2 辩证的文化工作模型[①]

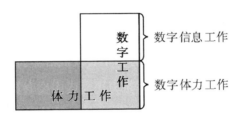

图 2-3 辩证的数字工作模型[②]

如果说文化工作是涉及文化产业中技术与内容的生产、流通与消费之体力与脑力劳动，再加上当今之数字媒体领域是文化产业的一个分支，那么数字工作就是隶属于文化工作的一种具体形式，即涉及数字媒体生产与消费的体力与脑力劳动（见图 2-3）。福克斯于文化工作与数字工作间关系上进一步补充到，文化工作还包括其他的非数字（non-digital）工作形式，如一场古典音乐会或摇滚音乐会上的表演等。类似此现场表演的文化工作

---

① Fuchs C, Sandoval M.Digital workers of the world unite! A framework for critically theorising and analysing digital labour, *tripleC*, Volume 12, 2, 2014, pp.486–563.

② Fuchs C, Sandoval M.Digital workers of the world unite! A framework for critically theorising and analysing digital labour, *tripleC*, Volume 12, 2, 2014, pp.486–563.

虽是属于非数字工作形式，但其与数字领域息息相关：艺术家于网络平台（如 iTunes）上发布数字格式音像作品的同时，乐迷们在社交平台上分享着演唱会之视听盛宴。因此，当今之文化工作极少能完全独立于数字领域外存在的，数字工作和数字劳动概念的提出，就是为了更加深刻地、具体地说明这一创生数字技术与内容的文化工作（劳动）形式。

事实上，这种唯物主义的文化工作思想在马克思论著中也是有迹可查的。马克思于《1857—1858 经济学手稿》中就曾经阐明过关于制作与演奏钢琴的劳动是否属生产劳动之问题："生产劳动只是生产资本的劳动……钢琴制造者再生产了资本；但钢琴演奏者生产了音乐，满足了我们的音乐感，不是也在某种意义上生产了音乐感吗？事实上他是这样做了：他的劳动是生产了某种东西；但他的劳动并不因此就是经济意义上的生产劳动；就像生产了幻觉的疯子的劳动不是生产劳动一样。劳动只有在它生产了它自己的对立面时才是生产劳动。因此，其他经济学家就把所谓非生产劳动者说成是间接生产劳动者。"[①] 显然，如果我们想当然地认为马克思的经济与文化是两个截然分开的领域，那么钢琴制造应是属于经济领域中的劳动，而钢琴演奏则是属于文化领域中的一种活动而已。但在马克思论著中我们可清晰地看到，演奏钢琴的同时也是在生产着使用价值，它满足了观众的视听需求，因此，钢琴演奏也如钢琴制造一样，是一种经济劳动。福克斯进一步认为，除钢琴制造和钢琴演奏外，音乐作曲也是钢琴音乐存在所必需之劳动，此三种劳动形式构成了不可分割的文化统一整体，武断地偏执一方或忽视其他形式都会是对文化的凝固化和范畴化界定。而伴随这种各执一端的分离观，是对孤立实体的政治评价。比如文化精英主义者的惯常做法就是将钢琴制作者排斥于文化活动之外，只认同作曲者和演奏者是真正的文化创造者，而庸俗唯物主义者则主张钢琴制造者才是生产者。

---

① 《马克思恩格斯全集》（第46卷）（上），人民出版社1979年版，第264页。

这两者实质上都将导致在政治上犯孤立主义的错误。类比于马克思钢琴音乐例子中的钢琴制作、音乐作曲和钢琴演奏，福克斯指出于数字劳动领域中也有着相对应之劳动形式，如硬件生产（类似钢琴制作）、数字内容与软件生产（类似音乐作曲）和生产用户（类似钢琴演奏）。同样地，在数字劳动领域中的一切实践活动本质上都是具有社会性和物质性的生产劳动。

综上所述，并结合前文中的福克斯对马克思劳动与工作观之阐释，我们可以从数字工作过程与工作结果两个角度来理解广义数字工作之内涵。从数字工作过程的角度看，广义数字工作是指人们借助于身体、思想、机器或者此三者结合体等劳动工具，通过组织自然、物质资源、文化或经验所进行的生产与使用数字媒体之具体劳动形式，其创造出了一切具体化的并于数字媒体技术、内容与产品（应用数字媒体产生出的）之中的使用价值，这些使用价值（亦即产品）依工作类型而定，包括矿物质、零部件、数字媒体工具或数字中介的符号表征、社会关系、艺术品、社会系统与社区等等。数字劳动则是异化的数字工作：它异化于自身（主体），异化于劳动工具、劳动对象（客体）和劳动产品（主体—客体）。简而言之，在福克斯看来，数字工作与数字劳动是囊括于数字媒体技术与内容生产过程中的一切活动之广义范畴。从数字工作结果的角度看，广义数字工作也可以理解为是集多种劳动形式于自身的一件信息通信技术（ICTs）产品，其蕴含了一幅当代国际劳动分工之壮阔画卷。比如一部移动手机必须得经过原材料提炼、零部件制造、装配制造、软件设计等多道工序，才能最终被组装成一套计算系统并销售给终端用户，而这些工序无疑是于时空交错之全球化劳动分工中进行的。简而言之，全球资本主义媒体产业中有着不同异化形式与剥削形式的劳动。比如采矿业中的采矿工，再如制造业中的泰勒制硬件装配工、软件工程师、专业在线内容创作者（如网络新闻记者）和社交媒体产消者等，正是这些身处不同工作条件下的劳动，于不同时间、不同地点生产出不同的使用价值，最终有机地组合在一起，对象化为一件单一的数字媒体设备。但这些劳动并不是绝缘式地相互独立着，而是作为社会关系与经济组织方式中的一部分，相互交织、共存并举。

三、文化唯物主义可能性的阐释

作为英国第一代新左派的典型代表，威廉斯将历史唯物主义与文化研究相结合，创新性地提出了文化唯物主义理论，开启了英国本土化马克思主义研究之文化转向，为英国第二代新左派及其后的理论发展奠定了文化研究之方向。事与愿违的是，其后继者们不仅对威廉斯之文化唯物主义理论进行了质疑与批判，还另辟蹊径地力图使"文化研究"继续推向深入。比如第二代新左派的核心代表斯图亚特·霍尔（Stuart Hall）和特里·伊格尔顿（Terry Eagleton）就都站在结构主义的立场，批判文化唯物主义既不"唯物的"也非"马克思主义的"。霍尔认为："不是物质世界传达了意义，而是我们所使用的语言体系在表达我们的观点"，"意义不依赖于符号的物质性，而是依赖于它的符号功能"。① 伊格尔顿则将矛头直接指向于威廉斯，批评其将马克思的逻辑推向了极端，还取消了"基础与上层建筑"之区分，不是真正的马克思主义者。

那么，福克斯为什么要回到并驻足于威廉斯之文化唯物主义理论，用其作为广义数字劳动理论体系之基石呢？基于理论发展之历史视角，我们或许可从马克思主义理论与传播学批判理论发展史之间的关系演化中管窥一二。立足于历史唯物主义和剩余价值论，马克思科学地阐明了经济基础与上层建筑间之辩证关系，并批判性地揭示出了资本主义社会生产关系之本质。马克思此批判性理论有意无意间成为同属传播学批判阵营的法兰克

---

① Fuchs C. *Culture and economy in the age of social media*, New York: Routledge, 2015, p.63.

福学派、英美文化研究与传播政治经济学之思想源头。然此三者却在不同的发展道路上渐行渐远，使得原本辩证统一的经济基础与上层建筑于各自不同的批判路数上相背而行。其一，以文化工业批判为标签的法兰克福学派虽承继了经济基础／上层建筑之批判思路，却热衷于揭示上层建筑中所渗透之工业逻辑，偏爱于意识形态批判之形式，无心于对资本主义经济生产逻辑之考察，从而也就无法真正地厘清资本主义传播体系发展之动力与矛盾。其二，对于英美文化研究，当代美国传播政治经济学家丹·席勒（Dan Schiller）指出，从欧陆思想家福柯、鲍德里亚到英国霍尔，再到美国杜威、米尔士等现、当代思想家都不约而同地选择了漠视人类之物质生产及其关系，一致地奉"言说之外别无社会实践"[1]为圭臬，将媒体组织涉及技术的劳动及劳动阶级排除于文化、传播研究对象之外。无独有偶，福克斯也批判道："霍尔在结构主义分析框架中认为文化与经济或物质'基础'同样重要。此观点意味着物质与符号、经济尽管于同样重要之角色下相互联系着，但它们归根结底是相互分离的。"[2]其三，以斯迈兹、苏特·加利（Sut Jhally）为代表的传播政治经济学批判学派，尽管侧重于从大众传播媒体生产关系之角度来揭示资本对人的操控，但其视域却仅仅限于大众传播于消费领域中是如何将受众商品化并进行资本积累的，缺失对"媒体资本家如何在受众劳动生产过程中攫取价值"这一问题之思考，因此，在受众商品的政治经济学建构中，斯迈兹等本能地舍弃了对受众劳动过程及其特征之研究，遗憾地导致出受众劳动之剥削问题未能得以深入发展。综上，如果说法兰克福学派与英美文化研究的问题意识都停留在文化作为上层建筑之层面，那么传播政治经济学派则偏执异方地进入了文化被纳入资本主义生产体系之层面，然而三者的理论逻辑起点都源于经济基础与上层建筑

---

[1] 冯建三：《从〈传播理论史：回归劳动〉看文化与劳动的关系》，《山西大学学报》2011年第4期。

[2] Fuchs C. *Culture and economy in the age of social media*, New York: Routledge, 2015, p.63.

之二分论，这就造成他们始终未能铺陈出文化与劳动之关系，更未能说明劳心（脑力劳动）与劳力（体力劳动）何以能够同时为"文化劳动"之构成要素。

劳心与劳力之统分战火延烧至当今的欧美媒体与传播批判领域。以传播政治经济学家文森·莫斯可（Vincent Mosco）为代表的一方主张创造思想内容的劳动和发布、管理思想内容的劳动都属于传播工作的范畴，比如图书出版行业中的工作性劳动既包括作者创作图书内容的劳动，还包括印刷工人和图书管理员的相应劳动。以大卫·赫斯蒙德夫（David Hesmondhalgh）为代表的另一方则认定文化产业和文化劳动只应该包括生产内容的劳动，并将数字媒体，数字媒体硬件、软件，社交媒体和搜索引擎等相关互联网劳动排除其外。赫斯蒙德夫竭力反对莫斯可之文化劳动广义说，且指出任何带有工具性目的的工作活动（如软件硬件设计等）本身并没有创生承载意义之文本，如将其归入文化劳动范畴，必会弱化文化、媒介传播以及传播产品内容的特殊重要性。基于前文所述，福克斯显然是站于莫斯可一方立场上的。

而威廉斯的文化唯物主义路径，既不是于离开经济基础下单一地去批判文化如何被工业逻辑所渗透，也不是基于结构功能主义上将文化与经济解析为两同等重要之实体，而是在经济基础与上层建筑的辩证统一前提下，强调两者是一彼此相互包含又相互区别的总体，而非相互独立的两个个体。更进一步上讲，威廉斯之所以要修正"基础"与"上层建筑"之公式，进而力图确立文化的基础性地位，不仅是为了反对旧左派的经济基础性作用至上的观点，还缘于其在 20 世纪的电视传媒技术所带来的消费文化里，在以流行音乐为代表的青年文化里看到了文化活动作为一种微观政治的重要意义①，看到了以追求愉悦为目的的大众文化所蕴藏着

---

① 欧阳谦：《"文化唯物主义"的理论建构及其意义》，《教学与研究》2010年第12期。

的抵抗力量。同样地，福克斯之所以于文化唯物主义上来阐论广义数字劳动，并力图延续这种致思路径，正是缘于他在 21 世纪数字传媒技术所带来的产消文化爆炸性增长中，看到了随其而来的社会政治效应，在跨国信息资本主义所席卷的数字劳动形式中，看到了抵抗数字资本逻辑的一切现实力量。

第四节 小结：对福克斯数字劳动概念的批判与重构

毋庸置疑，福克斯是基于马克思的某些劳动观点之上构建起了理论化的数字劳动 ① 概念体系，然探本溯源，这一概念体系本质上孕育于资本主义社会语境之中，也就会本能地反映着资产阶级的思想与主张，该现象尤其浓墨体现于狭义数字劳动概念之中。因此，我们有必要从马克思主义劳动观的立场出发来重新界定与阐释数字劳动概念，为马克思主义视野中的数字劳动的进一步探讨奠定基础，也为社会主义语境中的数字劳动现象提供理论依据。

一、福克斯数字劳动概念的局限性

表面上，福克斯的数字劳动概念基础于马克思劳动观理论，但事实上，其深囿于西方资产阶级思想家们的劳动学说。第一，福克斯高唱的"数字劳动只能是物质劳动"实质上是一机械唯物主义思想观。16 世纪末至 17 世纪，以霍布斯（Thomas Hobbes）、笛卡尔（René Descartes）为代表的英法哲学家们一致认为，物体是不依赖于人们思想的，是世界上一切变化的基础，是存在和认识的唯一根据。世界上除了具有广延的物体之外，

---

① 在本节中，除非是在引述福克斯的观点时会分别用"数字劳动"与"数字工作"术语，其他情况下都用"数字劳动"术语作相关论述。

不存在其他任何东西。而人的思想必经由人本身的物质性运动而产生。如笛卡尔派的卡巴尼斯（Georges Cabanis）曾指出，从脑中产生思想，就像从肝脏分泌出胆汁一样，人的意识、半意识状态和无意识本能都是大脑活动的产物，以此来解释肉体与思想之间的关系。福克斯继以"在物质性世界中提非物质是不确切的"[1]的观点来批判自治主义马克思主义者，显然，福克斯坚持一切劳动都是物质劳动，反对提出非物质或精神劳动的范畴，这实际上已游离于马克思主义哲学的总体框架之外，另外，其对物质生产作片面、抽象的理解，从而非辩证地割裂了物质劳动与其他各种精神劳动的相互联系，此显然近亲于机械唯物主义思想观。而这种旧的唯物主义体系（古代朴素唯物主义与近代机械唯物主义）正为马克思主义所射之靶。

第二，福克斯单一地从作为手段的劳动的层面考察数字劳动，促使数字劳动概念始终停留在资本主义社会的语境之中。福克斯指出，数字劳动能够为人们带来数字媒体技术、内容与产品的使用价值。事实上，如果对数字劳动的理解仅仅停留在其对满足主体（交往、认知等）需求的方面上，只把数字劳动看成是在资本主义社会中维持人类社会性生存的必要手段，而这种观点恰恰是资产阶级政治经济学家们所一直推崇的。古典政治经济学家们认为，劳动创造财富，是满足人的经济需求的财富的一切源泉。无独有偶，现代资产阶级经济学认为，人是经济的动物，是最大限度地追求满足自身需求的存在物。对此，鲍德里亚已指出，物的使用价值既有自然属性又有社会属性，而在消费型社会之中，人的需求和物的使用价值很大程度上是受强制性的社会制度所规定的。因而，尽管人们在资本主义社会中已获得了丰富的物质条件，但仍然在资本家不断制造"匮乏"的诱惑之下心甘情愿投入到资本对自身劳动的奴役之中。如果像福克斯一样，仅仅

---

[1] Fuchs C. *Digital labour and Karl Marx*, New York: Routledge, 2014, p.362.

是探讨数字劳动作为满足人的需要的手段，那么数字劳动就永远摆脱不了资本主义套于其身之枷锁。

二、作为手段与目的的劳动

马克思视域下的劳动概念内蕴着以下两个基本内涵：第一，从劳动作为人之生存手段而言，劳动是物质生产活动与精神生产活动的有机统一。马克思认为，人作为一种"自然存在物"，首先必须进行从自然界获取生活资料、维持自身肉体生存的生命活动。在这个活动过程中，人表现出了与其他动物的本质性区别：动物无意识地依附于自然，而人能够使自己的生命活动本身变成自己意志的和自己意识的对象。这种有意识参与的，维持自身生存的生命活动即为劳动，亦是直接生活的物质生产活动。它是永恒的人类生存条件，是人类一切历史的第一个现实前提。这一对劳动的界定，一方面强调了劳动是人类历史发展的现实物质基础，以此来反对唯心主义历史观，另一方面也表明了劳动是物质生产与精神生产的内在统一：有意识的精神活动始终存在于人类劳动过程之中。换而言之，不论是何种形式或类型的人类劳动，都是一个将原材料转化为最终产品的、脱离不开精神活动的过程。而即使是不具直接物质生产形式的精神生产劳动（如作家著书和画家作画），其也是"人的脑、神经、肌肉、感官等等的耗费"①。进一步地，从唯物历史观层面看，一切与社会历史相关的条件、因素和关系决定着精神生产的全过程，精神生产无法脱离于物质生产特定的、具体的、历史的形式。

第二，从劳动作为人之生活目的而言，劳动是自由自觉的活动。此劳动第一要义是人的本质力量的对象性活动，其中人的本质力量是人的本质

---

① 马克思：《资本论》（第1卷），人民出版社2004年版，第88页。

的具体体现。马克思主义认为，人的本质包括自由的、有意识的类本质，发展的本质和社会本质。类本质表现为人在满足生命需求活动的性质和方式上与动物不同，发展的本质表现为人在满足生命需求基础上产生的新的需要①，社会本质表现为人是一切社会关系的总和。对象性活动是现实的人将自己的本质对象化于现实的感性对象之中。"劳动的对象是人的类生活的对象化：人不仅像在意识中那样在精神上使自己二重化，而且能动地、现实地使自己二重化，从而在他所创造的世界中直观自身。"②人与劳动是互为本质规定的关系：一方面，人规定了劳动的属人性。人在"强烈追求自己的对象的本质力量"③之下展开对象性活动，对象性活动是人的本质的不断外化。另一方面，劳动规定了人的本质。对象性活动促使与之相关的外在关系不断内化，凝结成人的本质力量。在此过程中，劳动就是人的生命活动本身，就是把人的生命本身作为对象进行生产，人最终是自己的劳动的结果，而劳动的产物则证实了人的活动是对象性活动。因此，也可以说，对象性活动是内在本质外在化、外在关系内在化的过程。最终，作为人的生命活动的劳动必然是自由自觉的劳动。这里的"自由自觉"不是抽象的思想道德层面的自由自觉，而是现实的劳动既摆脱了动物般地对自然的依附关系，又摆脱了历史条件下的外在强制性，从而真正地成为人类生活的目的，成为自由生命的表现，成为生活乐趣的源泉。

　　"自由的劳动"是马克思主义批判资本主义的基本理论前提。在资本主义生产方式之中，劳动的自由性质被全盘否定了，劳动仅仅变成人们维持肉体生存的手段，成为异化劳动。要想从现实的异化劳动中解放出来，就必须通过全世界无产者"阶级联合"，建立起"自由人的联合体"，进行以消灭资本主义私有制为目的的共产主义革命实践，而这一革命实践的主

---

① 张奎良：《马克思人的本质思想的全景展示》，《天津社会科学》2014年第1期。
② 马克思：《1844年经济学哲学手稿》，人民出版社2000年版，第54页。
③ 《马克思恩格斯全集》（第3卷），人民出版社2002年版，第326页。

体力量当属无产阶级："只有完全失去了整个自主活动的现代无产者，才能够获得自己的充分的、不再受限制的自主活动，这种自主活动就是对生产力总和的占有以及由此而来的才能总和的发挥。"

马克思劳动概念的两个基本内涵，即作为人之生存手段的劳动与作为人之生活目的的劳动之间紧密关联，前者是贯穿人类社会历史发展始终的活动，其在不同的历史条件下表现出来不同的活动形式（如奴隶劳动、徭役劳动、雇佣劳动），后者是前者在剥除了一切历史形式之后的本真状态。

三、作为目的的"数字劳动"

基于马克思主义劳动观，笔者认为，囿于劳动作为人之生存手段的层面来定义数字劳动概念则有失偏颇，而更应立足于劳动作为人之生活目的层面来界定数字劳动概念，赋予数字劳动以内在目的性，进而可从本体论的高度来思考数字劳动之于人的生命活动的意义所在。

信息技术及其所支撑与支配的数字化空间 [1] 是数字劳动这一劳动新形式诞生的根源，内蕴的虚拟性和人—机交互性彰显了数字劳动区别于传统劳动范式的显著特征。虽数字劳动仍是人的本质力量的对象性活动，但其中"对象"已非"自然存在物"，而是意指一切数字化的信息。人类针对信息的具体活动方式包括信息处理、创制与传播。[2] 综上所述，依循属加

---

[1] 蔡曙山教授在《论数字化》（载《中国社会科学》2001年第4期，第33—42页。）一文中提到"赛博空间"，是指数字化技术和计算机网络提供的信息存储、加工和传输的方式，从而也是一种新的物质存在方式。本研究的"数字化空间"是指由数字技术构造出的不同于现实三维空间的存储、加工和传输信息的电子空间。

[2] 邬焜：《论人类信息活动方式与文明形态、价值观念变革的一致性》，《重庆邮电大学学报》2007年第1期。

种差定义法，可将"数字劳动"①定义为：在由信息技术所支撑与支配的数字化空间中，人们对数字化信息进行处理、创制与传播等，并呈现出虚拟性与人—机交互性等特征的对象性活动。

作为目的的数字劳动概念涵盖以下几层含义：第一，数字劳动是物质性与精神性、现实性与虚拟性的交互统一过程。一方面，数字劳动的劳动资料（如数字化网络世界，一切数字化、符号化的信息）以及产物（如软件、文本、图片、影像）等，是由电磁场、交流电等物理现象所形成的，其本质上属电子样式的物质形态；数字劳动虽不直接地创造物质财富，但其对物质生产所起的推动作用却远远超过了传统物质生产本身。另一方面，依信息哲学所言，世界是由物质、能量和信息构成的，信息与物质不同：物质守恒，信息不守恒，人的精神是信息的高级形态。②因而，从本质上讲，数字化符号空间已超越了物质世界的界限，是一个以物质为载体，以能量为动力的精神世界。而数字劳动是劳动者运用自身的言语、逻辑思维来获取、加工、分析、整合各种信息的过程，凸显人的认识与思维能力，亦实属以精神劳动为主导的劳动过程。与此同时，数字劳动既具有现实性又具有虚拟性。劳动主体一方面是生活于现实社会中实体人；另一方面，又是具有流动性、多变性、匿名性等特点的，可用文字、图像等符号信息来描述身份的虚拟劳动者。随着人工智能技术的飞速发展，劳动主

---

①　"虚拟实践"是国内外学者引入哲学研究领域的一个新术语。此处所阐释的数字劳动，虽与虚拟实践有相同之处，都是使用数字化符号为中介所进行的活动（虚拟实践是指在虚拟空间使用数字化符号为中介所进行的感性活动），都强调其虚拟性。但两个术语有着明显的区别，表现为：其一，"劳动"与"实践"在马克思主义语境中的区分，但对此作出具体区分已超出本研究的范围。其二，出场方式的不同。虚拟实践概念是在哲学语境中提出来的，强调新型实践形式虚拟性的一面。而数字劳动概念是西方学者在对数字资本主义作政治经济学批判的语境中提出来的。其三，本研究尝试在马克思主义劳动哲学语境中阐发数字劳动，认同其具有虚拟性的一面，但认为仍然应该将其视为现实性与虚拟性相统一的劳动。

②　邬焜：《信息哲学对哲学的根本变革》，《中国人民大学学报》2016年第6期。

体甚至可被模拟其身份特征的数字"代理"人所替代。在劳动过程中，劳动者既能够通过模拟性虚拟的方式，以现在或过去的实际存在的事物为原型，通过数字化方式对它们加以反映、再现，也能够采用非模仿性虚拟方式，凭借自己的主观意愿，利用虚拟技术创设出实际存在可能性或不具实际存在可能性的内容。并且，虚拟劳动成果的存在在一定条件下是完全依赖于劳动者的，当劳动者终止数字劳动过程时，对应的虚拟劳动成果亦将荡然无存。

第二，数字劳动是人—机交互[1][2]系统下主客体高度统一的对象性活动。在福克斯的数字劳动概念体系中，我们只看到了主体对主体自身意识的产物（如经验、知识、情感等）的作用，主体与主体之间的交流，而不见于数字劳动中的客体反作用。此为一种典型的只见主体不见客体的主观主义倾向，同时也极大地模糊了数字劳动的内涵特征。与其相反，关于虚拟实践的观点认为，在数字化空间中，"主体是人—机系统"，"没有单纯的主体或客体"。[3]这显然是对劳动者的对象性活动的主体地位的一种极端遮蔽。在数字劳动过程中，劳动者与计算机构成了人—机系统，劳动者在这个系统中处于主导性的主体地位，计算机（属于劳动资料，是劳动工具亦是劳动对象）和经过数字化处理后的信息（属于劳动资料，主要作为劳动对象）则一并构成了客体对象。主体运用其独有的思维方式（逻辑思维、形象思维和灵感思维）和计算机操作性语言，将自己内在的尺度施于客体对象之上。在这一过程中，主体可以根据自己的主观意志主动地、自由地

---

① 张凤军、戴国忠、彭晓兰：《虚拟现实的人机交互综述》，《中国科学：信息科学》2016年第12期。

② 人—机交互是实现用户与计算机之间进行信息交换的通路，用户界面则是这一通路传递和交换信息的桥梁。人—机交互的界面已从传统计算机系统提供的二维图形界面发展到虚拟现实系统提供的三维界面。人—机交互方式已从二维人机对话方式发展到三维交互方式。

③ 赵建军、代峰、邬晓燕：《虚拟实践中的主体性境遇》，《自然辩证法研究》2002年第5期。

作用于客体对象（如相对简单的是主体删减文字或删减程序编码等，相对复杂的是改造三维工业设计、科学实验建模等）。反观现实世界中，主体的主观能动性在一定程度上受制于时空以及客体材质、属性等自然因素而无法最大限度地得以发挥，具有一定的被动性与约束性。然而计算机作为人—机系统中的客体或中介，具备了能够读取、运算主体输入的信息，并能通过界面将结果转换为主体能够理解、操作的语言形式反馈给主体等功能。随着人工智能和虚拟技术的飞速发展，计算机被加载了更为高端的技术（如智能芯片、人工神经网络、专家系统等），甚至能在与人的交互中把人的大脑思维与人的身体全部投射到自己身上，并通过"望闻问切"的方式使主体沉浸于数字化空间之中，实现人—机的无障碍交流与互动。综上，在数字劳动过程中，主体一方面能够在自己创设的空间中认识与改造信息客体，摆脱了传统劳动过程中所受到的自然因素的限制，另一方面赋予了客体对象更多的主动性，使其在摆脱了于自然空间中的"消极的"、"受动的"、毫无能动性的被支配地位之时，又能在与主体不断对话、反馈、调整的过程中充分渗透主体的意识与愿望，彰显了主体改造对象世界的能力，因此说，主体与客体在数字劳动这一对象性活动中达到了高度的统一。

第三，数字劳动是人的本质力量不断外化与丰富的过程。数字劳动是劳动者不断外化自身本质力量的需要：人的自由的、有意识的类本质促使人类不断人化自然，不断超越自然的行为过程，但同时又需以与自然保持共生共存的关系为前提，否则无异于自掘坟墓。以往劳动与技术生产力的每一次进步，都使人在与自然相处时展示出更为强大的本质力量，就如在传统工业技术发展中，人们在超越自然之时又时时地掠夺着自然，实际上是在展开类本质力量的同时又一步步地逼近本质的毁灭。而数字劳动作为人的类本质力量的进一步展示，其劳动者与自然一并转化为信息数据并作为劳动资料存储于虚拟空间之中，这些劳动资料不会被折损或消耗掉，而是能够被反复利用并不断地体现着自身价值，促使人类摆脱了劳动生产力发展与自然资源有限性的两难困境。因此可说，数字劳动中的人与自然达成了高度融合，是类本质力量的真正外化。人具有超越自然与超越现实的双重本质需要，就如马克思所言："人不是在某一种规定性上再生产自己，而是生产出他的全面性；不是力求停留在某种已经变成的东西上，而是处在变易的绝对运动之中。"①超越现实就是人的发展本质力量的具体一面，而数字劳动的不断拓展和创造虚拟性空间正是人超越现实本质的具体展现。最终，人的类本质与发展的本质都归结到"人是一切社会关系的总和"的本质上。类本质与发展的本质力量的展示需基础于人的社会性，社会关系则是这些本质力量不断展示的产物。数字劳动者所搭建出的网络社会关系是人的类本质与发展本质合力驱动下的结果，反过来，只有在数字劳动者构筑和拓展新的社会联系和社会关系的范围内，才能有进一步的信息数据的生产，才能使充斥着抽象符号的虚拟空间发展成为承载人类命运共同体的虚拟社会。

然而在资本主义社会中，数字劳动进入了资本对劳动的支配关系之中，表现为自身的对立面——异化的数字劳动。如前所述，自由劳动的异化不在于思想的异化，其核心在于劳动本身的异化，在于劳动各要素统一体的相互分离。异化的数字劳动意味着劳动者的劳动过程没有展现自身超越自然、超越现实、发展人类共同体的本质力量，而是成为实现数字资本家思想和本质的过程，同时意味着劳动者与劳动资料的数字化空间、信息符号系统等，作为劳动产物的信息产品和劳动者个人数据资料（同一个劳动过程所产生的不同产品）相互分离，丧失了对劳动资料和劳动产品的支配权。异化数字劳动的最典型具体表现为：在精神上与技术上，人们被占有数字技术与数字化空间的资本家所奴役——简易的"搜索"替代了复杂

①《马克思恩格斯全集》（第30卷），人民出版社1995年版，第480页。

的思辨，信手拈来的信息资源取之不尽，削弱了人的批判与超越精神；数字技术成了资本家与少数精英的垄断，普通大众成了技术所需要的实施手段本身，丧失了人所独有的创造能力。与此同时，在经济上，在使用数字化媒体平台、系统和应用程序之时，也无偿地为数字资本家生产了作为其信息资产的关于自身描述类、行为类和关联类等数字信息产品。这些数字信息产品实际上归属于"大数据"的一部分。

马克思曾指出，只有当现实的个人"成为类存在物的时候"，"只有当人认识到自己的'原有力量'并把这种力量组织成为社会力量"[①]的时候，才能摆脱异己力量的统治而实现自由且全面的发展。因此，数字劳动者只有意识到自己劳动所蕴藏的解放力量，充分发挥自己在数字化世界中的思辨能力与创造能力，并将个体力量汇聚成社会力量，构建当代劳动者的"自由联合体"，即相互依存，相互赋能和义利共赢的数字化空间"人类命运共同体"[②]，才能真正地行以自由自觉的、展示人的本质力量的数字劳动，即促使异化的数字劳动彻底摆脱资本主义的束缚与奴役，获得自身的大解放。

---

① 《马克思恩格斯全集》（第3卷），人民出版社2002年版，第189页。

② 党的十九大报告辅导读本编写组：《党的十九大报告辅导读本》，人民出版社2017年版，第25页。

第二章

福克斯数字劳动价值论

    基于自我解读的马克思劳动与工作观，福克斯阐明并论证了以数字技术为终端的社交媒体领域内的用户活动是一种资本主义社会中的异化劳动。但由于马克思政治经济学批判思想中的劳动并非都是创造价值与剩余价值的，福克斯进而认为，"对于马克思而言，生产劳动是于资本主义社会中创造剩余价值的劳动"①。"剥削剩余价值观点是马克思思想的核心部分，马克思借此表明资本主义本质上是一彻头彻尾的阶级社会。'剩余价值理论实质上等同于剥削理论'，也可称之为阶级理论，其终极政治诉求是一无阶级社会。"②显而易见，狭义数字劳动概念是福克斯数字劳动思想的理论起点，而其理论归旨在于细致全面地揭露出社交媒体上的数字劳动是受资本剥削，为资本家生产剩余价值的生产劳动，进而挖掘并激发互联网阶级对抗的潜能，最终实现阶级斗争的政治目标。为此，福克斯在阐明数字劳动价值论（A digital labour theory of value）的同时，置身于当代数字劳动的纷争之中，形成了一系列回应其他价值论挑战的观点。

---

① Fuchs C. *Culture and economy in the age of social media*, New York: Routledge, 2015, p.119.

② Fuchs C. *Digital labour and Karl Marx*, New York: Routledge, 2014, p.55.

第一节　数字劳动价值论的理论基础

福克斯在传播政治经济学的受众商品论发展出了"互联网产消者"①商品论，并运用马克思的劳动价值论与生产劳动思想力图揭示数字劳动者作为商品过程中被数字资本剥削剩余价值的现实。因此，受众商品论、马克思劳动价值论以及生产劳动思想共同构成了数字劳动价值论的理论基础。

一、马克思劳动价值论的再解读

福克斯辩证地解读了马克思劳动价值论的基本范畴（如使用价值与价值、交换价值、剩余价值、劳动力价格），并着重于从阶级斗争的视角阐释价值与相关范畴之间的关系。

马克思于《资本论》中深刻地揭示了商品的使用价值与价值这一双重属性。马克思在论述使用价值中指出，"使用价值总是构成财富的物质的内容"②，"物的有用性使物成为使用价值"③，"使用价值就是能满足人的某

---

① 互联网产消者商品这一概念是福克斯研究互联网劳动的早期提出来的。产消者由托勒夫提出的，是指"生产者与消费者的界限日益模糊"，福克斯认为这一术语表明了受众活动的重要变化——既是互联网内容的生产者又是消费者。因此，福克斯对此加以改造为互联网产消者商品以发展斯迈兹的受众商品概念。这里的"互联网产消者"实际上是狭义数字劳动者的异名同谓。

② 马克思：《资本论》（第1卷），人民出版社2004年版，第49页。

③ 马克思：《资本论》（第1卷），人民出版社2004年版，第48页。

种需要的东西。这种需要可以由胃产生，也可以由幻想产生"①，等等。由此可见，使用价值不仅仅意指我们日常生活中可以触摸感觉到的实体，还涵盖了无形的人类思想的产品，也就是能够满足人们理解世界和他人需要的信息（如互联网网站、移动手机应用程序、在线社区、软件等信息产品），显然，此类信息不仅具有物质属性，也隶属于人类财富的物质集合。在福克斯看来，这里的"使用价值"可以用黑格尔的"质"，也就是"作为直接的或存在着的规定性"来理解。在商品交换中，一种使用价值与另一种使用价值相交换的量的关系是交换价值。交换价值就是黑格尔所说的"度"，就是定量，是具有特定存在或质的定量。价值是商品被抽象掉使用价值，对象化或物化于其里面的无差别人类劳动，价值是由商品所包含的"形成价值的实体"（也即劳动的量）来计量。因此，价值既有质量又有数量，它们与人类劳动和劳动时间相联系。价值、使用价值与交换价值就是质、量与度的辩证统一关系。劳动本身的量是用劳动的持续时间来计量②，这表明，每件商品都有其自身的个体价值（生产时间），但在大经济领域中，个体商品的价值是由社会必要劳动时间来决定的，也就是说，在平均技能和平均生产力水平的条件下，由生产此商品所需要的平均劳动时间来决定。商品的二因素是由生产它的劳动具有二重性决定的。具体劳动是创造使用价值的劳动（工作），而抽象劳动是创造价值的劳动，是价值的实体。价值形式是价值实体的表现形式，货币形式则是价值实体充分体现自己本性的必然结果。资本是带来货币的货币。资本这种自行增殖的秘密在于资本对别人的一定数量的无酬劳动的支配权。也就是说，资本通过购买劳动者的劳动力，无偿地占有了超过劳动者维持生命力的直接需要的剩余劳动。剩余价值是剩余劳动时间的化身。

---

① 马克思：《资本论》（第1卷），人民出版社2004年版，第47页。
② 马克思：《资本论》（第1卷），人民出版社2004年版，第51页。

着眼于价值生成场域，福克斯强调价值产生于劳动过程之中，并以交换为目的，反之，交换则不能决定价值及其对应抽象劳动的现实存在性。福克斯指出，马克思将价值与劳动看作是具有三重含义的社会范畴。其一，个别劳动所生产的价值，亦等同于社会中一切经济生产者创造的价值："在商品价值形式中，一切劳动都表现为等同的人类劳动。"①因此，不同个体的劳动是相等的。其二，劳动时间是社会中一切商品和一切生产过程的特征："个人的劳动时间直接表现为一般劳动时间。""个人的劳动时间，是他的劳动时间，但只是作为大家共同的劳动时间。"②其三，产品是社会价值生产劳动的结果，它在一般等价物交换（如资本主义的货币）的基础上被买卖："作为一般劳动时间，它在一个一般产品、一般等价物、一定量的对象化劳动时间中表现出来，这个一定量的对象化劳动时间同它直接表现为某一个人的产品时所具有的一定的使用价值形式无关。"③福克斯进一步指出，人类劳动于现代社会中更多情况下不是个人型过程而是社会型过程——许多工人一起行动而组成为一联合型工人。这就是当今劳动与价值生产性往往体现于社会型过程的另一个原因。因此说，所有商品及价值都有相同的一般特性，即是社会中有组织的人类劳动的产品，其在交换发生之前就具有社会的和社交的（societal and social）性质。

整合资本与劳动之间的阶级关系以进一步地理解价值。福克斯认为应于阶级斗争语境之中对价值与其他范畴间的关系作政治化解读。其一，使用价值与价值。工人视角下的商品是一种使用价值，即将商品（即食物或能量）首先地看作是占有和消费的对象，是被用于满足需要的东西。资本视角下的商品却被视为是交换价值——它仅仅是以自我增殖为目的，以

---

① 马克思：《资本论》（第1卷），人民出版社2004年版，第75页。

② 《马克思恩格斯全集》（第31卷），人民出版社1998年版，第424页。

③ 《马克思恩格斯全集》（第31卷），人民出版社1998年版，第424页。

及借由剩余价值与利润的实现进行社会调控的手段。① 也就是说，劳动对商品的兴趣在于其性质方面，而资本对商品的兴趣则在于其数量方面。然而，在资本主义社会，为了实现这些目的，每一方必须转化为另一方——劳动者为了获得使用价值以维持生存，必须出卖自己的劳动力，因而不得不去关注交换价值，而资本家为了获得利润则需要劳动力的使用价值。其二，商品价值与货币价格。"价格是对象化在商品内的劳动的货币名称。"② 商品用货币价格来表现其价值。货币是商品价值的尺度，是最成熟的价值形式，是"在商品世界中起一般等价物的作用就成了它特有的社会职能，从而成了它的社会独占权"③。福克斯高度赞同自治主义马克思主义者哈里·克里弗（Harry Cleaver）的下述观点，即应该用劳动与资本之间的阶级冲突来理解货币：资本的目的在于降低雇佣劳动的价格（工资），并通过提供商品的价格以获得更多的利润。工人却可以以罢工的方式拒绝工作，来冲击工资的调节作用和货币利润。他们也可以通过获得低于市场价格甚至是免费的使用价值（比如通过拒绝购买某商品并联合其他人生产这种商品）来拒绝价格或降低价格。④ 因此，货币不仅是流通的中介，也是"阶级之间的中介"，还是阶级斗争的对象。其三，劳动力价格与劳动力价值。马克思曾阐述关于劳动力价格与劳动力价值的实际案例："在反雅各宾战争时期……仁慈的英国农场主（我们在先前某次会议上曾好意地谈过他们），竟把农业工人的工资甚至降低到这种纯粹生理上的最低界限以下；而对于为保持工人的肉体生存并延续其种族所必需的生活资料方面的缺额；他们则根据济贫法用救济金来填补。这是把雇佣工人变成奴隶，把莎

---

① Harry C. *Reading capital politically*, Leeds, Edinburgh：AK Press, 2000, p.99.

② 马克思：《资本论》（第1卷），人民出版社2004年版，第122页。

③ 马克思：《资本论》（第1卷），人民出版社2004年版，第86页。

④ Fuchs C. *Digital labour and Karl Marx*, New York: Routledge, 2014, pp.156–157.

士比亚的骄傲自由民变成贫民的一种高明手法。"① 福克斯认为，抽象劳动的价值实质上是与资产阶级对工人劳动力支出所施压的"社会强制"并辔而行的：资本必须保持其对劳动的控制，这是一项政治任务。劳动可以试图反抗这种控制，这将是对这种控制的政治回应。在此基础上，福克斯进一步指出，劳动力价格（工资）取决于工作条件的政治设定，它是资本与劳动之间的阶级斗争所带来的现实的、暂时的、不断变化的结果。正如马克思所言："如果你们把各个不同国家内或同一国家各个不同历史时代内的工资水平或劳动的价值水平比较一下，你们就会发现，劳动的价值本身不是一个常数，而是一个变数，它甚至在其他一切商品的价值仍旧不变的条件下也是一个变数。"②

二、马克思生产劳动的三层含义说

马克思眼中的生产劳动是于资本主义社会中创造剩余价值的劳动，因此也是理解资本剥削对象的一核心概念。但福克斯却指出，马克思中的生产劳动实质上是一个多向度的复杂概念，只有全面性地分析涉及生产劳动的多种文本语境，才能正确地把握住其内涵。于是，福克斯深入耕犁马克思著作，归结出生产劳动的三层含义：生产使用价值的工作；生产资本和剩余价值（以积累为目的）的劳动；联合的／集合的工人的劳动——为剩余价值与资本的生产作出贡献的劳动。第一层含义"生产使用价值的工作"含义出自马克思的《资本论》第1卷中，用以对生产劳动的基本理解："如果整个过程从结果的角度，从产品的角度加以考察，那么劳动资料和劳动对象二者表现为生产资料，劳动本身则表现为生产劳动。"③ 与此同时，马

① 《马克思恩格斯全集》（第16卷），人民出版社1964年版，第165页。
② 《马克思恩格斯全集》（第16卷），人民出版社1964年版，第165页。
③ 马克思：《资本论》（第1卷），人民出版社2004年版，第211页。

克思认为仅仅上述界定视角是远远不够的。

于是，马克思在《大纲》《资本论》《直接生产过程的结果》《剩余价值理论》等文本中发展出了生产劳动的第二层含义，并明确指出此含义是资本主义特有的范畴。福克斯认为应该着眼于以下几个特性来理解此层生产劳动：其一，直接生产剩余价值的劳动。马克思指出，生产劳动是资本自行增殖的关键要素[①]，作为雇佣劳动的生产劳动不仅生产出自己的工资，还为资本家生产出剩余价值。[②] 其二，生产了剩余产品（即工作日中无偿生产的那部分产品）的劳动。即工人在自己的产品中对象化的劳动时间，比维持他作为一个工人生存所需的产品中对象化的劳动时间要多。这种生产的雇佣劳动也就是资本的基础，资本存在的基础。[③] 其三，直接生产资本的劳动。"生产劳动只是生产资本的劳动"，"劳动只有在它生产了它自己的对立面时才是生产劳动"[④]，"只有生产资本的雇佣劳动才是生产劳动"。（这就是说，雇佣劳动把花在它身上的价值额以增大了的数额再生产出来，换句话说，它归还的劳动大于它以工资形式取得的劳动。因而，只有创造的价值大于本身价值的劳动能力才是生产的。）[⑤] 其四，生产商品的劳动。马克思指出，只要劳动物化在商品即使用价值与交换价值的统一中，这种劳动就始终是生产劳动。[⑥] 其五，这种劳动使资本在工人创造的产品与价值的基础上得到积累。商品生产并非生产劳动定义的充要条件。在马克思看来，第二种含义的生产劳动是资本主义的特有范畴。商品并不单处于资本积累之中，其在资本主义社会之前也同样是存在的。因此，生产劳动实质上是生产着包含了剩余价值并且增进了资本积累的商品。

---

① 《马克思恩格斯全集》（第49卷），人民出版社1982年版，第99页。
② 《马克思恩格斯全集》（第33卷），人民出版社2004年版，第136页。
③ 《马克思恩格斯全集》（第33卷），人民出版社2004年版，第137页。
④ 《马克思恩格斯全集》（第30卷），人民出版社1995年版，第264页。
⑤ 《马克思恩格斯全集》（第33卷），人民出版社2004年版，第137页。
⑥ 《马克思恩格斯全集》（第49卷），人民出版社1982年版，第110页。

　　除了对生产劳动特性作理论阐述之外，马克思还通过列举各种劳动类型的实际案例以进一步说明生产与非生产劳动之区别。一是体力劳动。马克思认为钢琴制造厂主是为了剩余价值而请工人来制造钢琴，那么工人就是生产劳动者。相反，如果主人为了使用钢琴而请工人到家中制造钢琴，那么该工人是非生产劳动者。① 二是信息劳动。马克思具体提及了信息劳动的两类知识工作形式。一类是"非物质生产"：它的结果是可以脱离生产者而存在的艺术品，如书籍、绘画等。例如，作家自己出书立著，属于非生产劳动者。而如工人一般为书商提供写作劳动的作者，则是生产劳动者。② 另一类是"产品同生产行为不可分离"③："给别人上课的教师不是生产劳动者。但是，如果一个教师同其他人一起作为雇佣劳动者被聘入一个学院，用自己的劳动来为贩卖知识的学院所有者增殖货币，他就是生产劳动者。"④ 可以说，马克思虽然看到了生产性知识工作的存在，但他也认为它们在资本主义生产方式中仅能有限制地、甚微地发生，因而对资本主义生产的整体层面来说是可以适当忽略的。而福克斯却指出，这两种形式的知识工作在当今发达资本主义社会中的重要性呈现出与日俱增之势。三是服务劳动。比如饭店里的厨师和服务人员是生产劳动者，一旦他们变为仆人，则不是生产劳动者，因为他们要耗费雇主的资本。⑤ 四是雇佣劳动。马克思于很多文本中都有提到，只有生产为积累服务的剩余价值与资本的雇佣工人才是真正的生产劳动者。

　　上述马克思列举的生产与非生产劳动案例表明，劳动是否具有生产性并不是由劳动内容所决定的，比如农业、体力、服务和信息劳动都可以是

---

① 《马克思恩格斯全集》（第33卷），人民出版社2004年版，第146页。
② 《马克思恩格斯全集》（第49卷），人民出版社1982年版，第109页。
③ 《马克思恩格斯全集》（第49卷），人民出版社1982年版，第110页。
④ 《马克思恩格斯全集》（第49卷），人民出版社1982年版，第106页。
⑤ 《马克思恩格斯全集》（第26卷）（第1册），人民出版社1972年版，第150页。

生产或非生产的劳动形式，而是取决于劳动者是否在资本主义的强制力之下为资本积累和利润增长服务。"生产劳动是劳动的这样一种规定，这种规定本身同劳动的一定内容，同劳动的特殊有用性或劳动所借以表现的特殊使用价值绝对没有关系。"[1] 现在问题的关键在于，一名工人是否必须要赚取一份工资才是一名生产工人，其劳动才符合生产劳动的第二层含义呢？在福克斯看来，马克思第二层面上的生产劳动具有更普遍的内涵，它既包括雇佣劳动也包括非雇佣劳动，只不过在有些文本中马克思仅聚焦于雇佣劳动这一形式。现代资本主义中存在着这样的趋势，雇佣劳动的一部分被外包于非雇佣的产消劳动，它们存在于自助加油站、自助组装宜家家私和企业社交媒体使用等现象中。在上述现象中，这些无酬劳动创造了商品的使用价值与价值，它们既没有脱离马克思对生产劳动的一般定义，也没有成为雇佣劳动的对立面 —— 如果我们假定在这些情况中，工资报酬为零而全部劳动时间都为剩余劳动时间。[2] 这要缘于资本家为了在竞争中继续生存，会竭尽所能地减少投资成本使利润最大化，其中能将工资成本减少至最低限度（零支出）是所有资本家梦寐以求的，而这在作为生产劳动形式的产消劳动中已经得以实现。

　　生产劳动的第三层含义意指联合的 / 集合的工人的劳动 —— 为剩余价值与资本的生产作出贡献的劳动。马克思曾强调工作不是单一个体的劳动过程，提出了"总体工人"[3] 的概念。福克斯就此指出，随着资本主义技术化和生产过程中知识作用的日趋提升，工作日渐趋于协作化和网络化。但随之而来的是集合的 / 联合的工人所处的界域问题 —— 其可以是个别的工厂，或者是一个产业，甚至是整个社会，而整个社会正是自治主义马克思主义所聚焦的。联合的工人这一概念随着固定资本和生产力的发展愈发

---

① 《马克思恩格斯全集》（第49卷），人民出版社1982年版，第105页。

② Fuchs C. *Culture and economy in the age of social media*, New York: Routledge, 2015, p.138.

③ 《马克思恩格斯全集》（第49卷），人民出版社1982年版，第100–101页。

彰显出重要性。随着生产力的发展，"用一部分生产时间就足以满足直接生产的需要"①。因此社会有可能"（在物质生产过程本身内部）把这一部分财富用到非直接生产的劳动上去。这就要求已经达到的生产率和相对的富裕程度都有高度水平，而且这种高度水平同流动资本转变为固定资本成正比"②。剩余劳动可以被用于固定资本与流动资本的生产，比如修铁路、运河等。联合的工人所表现出的劳动社会化在生产力与生产关系的对抗（预示着共产主义的出现）中自我表白："工人群众自己应当占有自己的剩余劳动。""所有的人的可以自由支配的时间还是会增加。因为真正的财富就是所有个人的发达的生产力。那时，财富的尺度决不再是劳动时间，而是可以自由支配的时间。"③但没有所谓的历史自动地进入共产主义这一从天上掉下来的必然法则，因为"资本的趋势始终是：一方面创造可以自由支配的时间，另一方面把这些可以自由支配的时间变为剩余劳动"④。所以说，只有通过人类的自我实践才能促使历史进入到共产主义时期。福克斯认为，马克思在对生产劳动第二层和第三层含义的诸多阐述中，并没有表明只有雇佣劳动才是生产劳动，也没有明确指出在分配领域中的一切劳动都是非生产劳动。

离开资本生产领域，福克斯聚焦于马克思《资本论》第 2 卷中的流通费用思想，入微地分析了马克思提及的两种流通领域中的工人类型。其一，销售工人。马克思强调销售工人的劳动属于流通劳动，且是对生产创造的价值的扣除。销售工人的劳动"只是为价值的形式变换作中介的劳动"⑤。也就是说，这种劳动将现有的价值由商品形式转化为货币形

---

① 《马克思恩格斯全集》（第33卷），人民出版社2004年版，第102页。

② 《马克思恩格斯全集》（第33卷），人民出版社2004年版，第102–103页。

③ 《马克思恩格斯全集》（第33卷），人民出版社2004年版，第104页。

④ 《马克思恩格斯全集》（第33卷），人民出版社2004年版，第104页。

⑤ 马克思：《资本论》（第2卷），人民出版社2004年版，第147页。

式，却不会在商品价值借以存在的使用价值上发生作用，只是同商品价值的形式有关，使用价值既没有提高，也没有增加。这说明，在马克思看来，流通劳动是否具有生产性关键取决于投在这种劳动费用上的资本是否加入到了商品价值之中。[①] 其二，储备与运输工人。涉及储备与运输的劳动"产生于这样一些生产过程，这些生产过程只是在流通中继续进行，因此，它们的生产性质完全被流通的形式掩盖起来了"。"它们可以起创造价值的作用，成为他的商品出售价格的一种加价。"[②] 这是因为"物品的使用价值只是在物品的消费中实现，而物品的消费可以使物品的位置变化成为必要，从而使运输业的追加生产过程成为必要。因此，投在运输业上的生产资本，会部分地由于运输工具的价值转移，部分地由于运输劳动的价值追加，把价值追加到所运输的产品中去"[③]。马克思进一步指出，运输业上的资本循环公式为：$G-W<\begin{smallmatrix}A\\P_m\end{smallmatrix}\cdots P-G'$[④]，其中，被支付和消费的是生产过程本身，而不是能分离于它的产品。"商品在空间上的流通，即实际的移动，就是商品的运输。运输业一方面形成一个独立的生产部门，从而形成生产资本的一个特殊的投资领域。另一方面，它又只有如下的特征：它表现为生产过程在流通过程内的继续，并且为了流通过程而继续。"[⑤]

三、传播政治经济学的受众商品论

"资本主义生产方式占统治地位的社会的财富，表现为'庞大的商品

---

① Fuchs C. *Culture and economy in the age of social media*, New York: Routledge, 2015, p.144.

② 马克思：《资本论》（第2卷），人民出版社2004年版，第154页。

③ 马克思：《资本论》（第2卷），人民出版社2004年版，第157–158页。

④ 《马克思恩格斯全集》（第33卷），人民出版社2004年版，第66页。

⑤ 马克思：《资本论》（第2卷），人民出版社2004年版，第170页。

堆积'，单个的商品表现为这种财富的元素形式。因此，我们的研究就从分析商品开始。"① 马克思以这一《资本论》中的开篇语句拉开了以商品为起点，揭示资本家剥削雇佣劳动本质的帷幕。承继马克思这一分析资本主义经济的方法，西方传播政治经济学批判的鼻祖达拉斯·斯迈兹认为"一种普遍的马克思主义传播理论的起点是应该……商品交换理论"②。基于此认识，斯迈兹采取政治经济学的视角洞悉大众传播在资本主义经济中的服务角色和运作机制，并于 1977 年的《传播：西方马克思主义的盲点》一文中提出了奠基传播政治经济学批判的"受众商品论"。该理论剑指当时大众传播研究的三种观点倾向：一是西方马克思主义只重大众传播的意识形态批判而罔顾其经济向度的唯心主义倾向；二是商业传播宣称广播电视节目是"免费"这一虚妄之言；三是传统传播观念中对信息、言论、思想、娱乐和形象等作为商品在传播产业中之地位的宣扬。

与此背道而驰，受众商品论认为，大众传播研究应该转向对意识形态工业复杂机制的唯物主义分析，也就是要着重于研究大众传播系统服务于资本主义的经济功能。这一经济功能的体现，不在于其自身所生产出的各种琳琅满目的文化、娱乐商品，而在于其生产能够在资本主义流通与消费领域创造与实现价值的"受众"。具体而言，大众传播媒体利用各种免费的娱乐文化产品作为"诱饵"，将受众吸引到电视机这一生产现场，并将这些受众作为商品出售给广告商。而受众在这一被交换的过程中，一方面进行着自己劳动力的生产与再生产，另一方面通过"学会购买特定品牌的消费品"这一受众劳动形式创造了商品的潜在"象征价值"，从而在资本实现剩余价值这一过程中发挥关键作用。由此，斯迈兹断言，在所有非工作时间外的劳动力再生产时间中，绝大多数人仍然在为资本主义工作：垄

---

① 马克思：《资本论》（第1卷），人民出版社2004年版，第47页。

② Fuchs C. *Digital labour and Karl Marx*, New York: Routledge, 2014, p.81.

断资本主义的物质现实是绝大多数人的所有非睡眠时间是工作时间，而受众的时间占据其中之最。

　　斯迈兹的受众商品论在大众传播研究领域引发了一场持久的"盲点论争"。诸多追随者与反对者不断对该理论提出反思、修正与质疑。在廓清商品主体方面，苏特·加利认为斯迈兹的受众商品概念含糊不清，无法说明受众的价值创造问题。传播媒体与广告商之间交换的商品应该是"受众的观看时间"[①]。受众在观看商业电视的时间中付出了"观看力"（watching-power），这些时间由观看节目与观看广告两部分时间组成，其中的节目时间是对"观看力"价值的报酬，即工资，而广告时间是观看力花费的剩余时间，这些剩余时间表明观看力由此为大众传媒生产了剩余价值。总之，受众为大众传媒工作，既生产了观看力价值，又为大众传媒生产了剩余价值，是传媒产业的可变资本。在关于"受众商品"背后的劳动力方面，与斯迈兹、加利的观点不同，艾琳·米汉（Eileen Meehan）与理查德·麦克斯韦（Richard Maxwell）等都认为，不是受众本身创造了这一商品，而是收视率公司创造的。大众传媒的广告位价格是参照收视率而定的（即广告商为获取商品受众而支付的价格），收视率将取决于受众测量产业所使用的测量技术对受众规模的估算。收视率行业往往被高度垄断，垄断资本家会设定其中的测量标准。因此，受众商品和商品收视率完全是人为设计的，收视率行业的劳动力生产了受众商品的价值。与此同时，大卫·海斯莫汗（David Hesmondhalgh）、布雷特·卡拉韦（Brett Caraway）等则完全反对受众商品论。他们认为斯迈兹的论述粗枝大叶，是还原主义和机能主义的，完全与实际政治斗争脱节，低估了资本主义的矛盾与斗争，低估了工人阶级在斗争中的主体性。

---

　　① Jhally S., Livant B. *Watching as working*：*the valorization of audience consciousness, Journal of Communication*, Volume 36, 2, 1986, pp.124–143.

对于斯迈兹的受众商品论，福克斯持继承与发展的立场。首先，在福克斯看来，在传播媒体领域，"受众"本身作为商品的论述是正确而有效的，它既包括了受众再生产劳动力这一过程，也包括了其为传媒公司贡献的收视率。他不认同加利把观看非广告节目和观看广告分别看作是必要劳动时间和剩余劳动时间，并认为观看电视节目是受众的工资报酬。原因是："你不能靠观看电视生活，因此观看电视不可能等于工资。"① 所以说，观看商业电视的所有时间都是剩余劳动时间。其次，受众商品由受众创造其价值，由收视率行业制定其价格。福克斯反对"不是观众在工作，而是统计师们在工作"这一观点，认为在传播中，生产劳动不仅在生产领域，也在流通领域，受众虽然处于商品的流通领域之中，但他们被出售了意味着他们创造了价值，是属于生产劳动的行为。收视率行业则为这种商品设定价格，因而在受众商品价值转变为价格的过程中举足轻重。最后，福克斯认为，斯迈兹的受众商品论在新媒体时代的数字劳动研究中再次复兴。受众商品这一概念用来阐述互联网公司平台对用户活动的剥削可以说是恰到好处，并就此提出了互联网产消者（Internet prosumer commodification）（即数字劳动者）商品概念，但如今的数字劳动者已不是被动接受与观看广告的受众，而是内容的创造者，如今的数字媒体公司与广告公司的资本积累模式也已发生了复杂的变化，因此有待于通过分析数字媒体公司的资本积累过程与数字劳动者的劳动过程，推进受众商品论在当代的发展。

---

① Fuchs C. *Digital labour and Karl Marx*, New York: Routledge, 2014, p.88.

第二节 | **数字劳动价值论内涵**

一、数字劳动创造价值的物质前提

数字劳动是社交媒体资本家攫取剩余价值的源泉，是广告商们实现剩余价值的空间缔造者，而社交媒体与广告之间的经济关系是数字劳动创造价值须臾不可离开的物质前提。在福克斯看来，数字化时代中的社交媒体与广告之间具有密不可分的经济关系。具体而言，一方面，广告是大部分社交媒体资本积累的基本形式，是社交媒体产业收入的核心支柱。在马克思身处的资本主义时代，作为资本主义经济"元素形式"的商品主要表现为具有物理形态的使用价值，比如马克思于《资本论》中经常提到的铁、纸、布、小麦、牛奶、金刚石等，而信息（知识）型商品交易所占份额微乎其微，以至于在马克思看来它对资本主义经济的影响几乎可以忽略不计。现今，资本主义社会进入信息化时代，信息产品成为一种主要的商品形式，但它是一种特殊的商品，与物质形态商品使用价值所具有的排他性不同，它可以低廉地且轻而易举地被复制和传播，它的开发成本极高而再生产成本却可以低至零（沉没成本规则），面临着难以预测的需求（无人知晓规则），遭遇着生产率难以提高的鲍莫尔成本病等，总之，"搭便车"难题给文化与媒体内容等信息的售卖带来各种高风险性和不确定性。在以信息为商品这种风险丛生的经济背景中，信息类产业一般会采用信息存取权限控制、知识产权保护法规、国家资助补贴等措施来规避风险，而在商业化媒体产业之中，以广告收入为支撑的商业模式则应时应势而生。福克斯指出，大多数的资本主义互联网社交媒体，如脸书、YouTube 和推特等，纯粹采用广告收入支撑的模式。[1] 这些商业媒体并没有售卖平台上的内容或平台使用权限，他们仅是将受众（平台用户）作为商品出售给广告客户，可以说这类媒体平台它本身不是商品，而是作为生产资料的固定资本进入到受众商品的生产过程之中。对此，笔者搜集并梳理了来自 statista 数据统计网上的数据（图 3-1）。如图所示，脸书作为全球最大社交平台之一，其盈利收入来源于三大部分：电脑桌面广告、移动手机广告和用户付费。其中，广告产业一直以来都是脸书的主要收入来源。比如 2015 年，脸书广告产业收入多达 38 亿美元，高占总盈利额 40 亿美元的 95%。

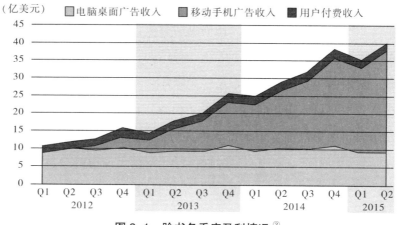

图 3-1　脸书各季度盈利情况 [2]

另一方面，社交媒体成为现代广告投放的主要场所，相应地，广告意识形态的传播依赖于社交媒体这一载体。在广告现象尚未普及的 19 世纪资本主义经济时期，马克思理所当然地没有分析过广告产业经济及其资本积累过程。而随着 20 世纪文化产业与消费资本主义的蓬勃发展，现代广告业呈现出日渐兴盛之势，在资本主义经济积累中发挥着日趋举足轻重的

① Fuchs C. *Culture and economy in the age of social media*, New York: Routledge, 2015, p.148.

② Statista.Facebook's advertising revenue worldwide from 2009 to 2017.

作用。福克斯通过重释商品的价值构成来阐释广告在资本积累中的作用。福克斯指出，商品有其使用价值、价值、交换价值和符号价值。[1]在消费型社会，资本主义企业中的传统生产工人创造了满足人类需求的商品的使用价值，他们的抽象劳动构成了商品价值的实体，这只是资本积累的准备阶段，要实现商品价值，企业必须出售商品，在此期间，他们会费尽心思地赋予商品积极的意义，试图让人们确信只有他们提供的商品或服务才能充分满足大众需求，这构成了广告的起源样态。在广告的创建过程中，文化劳动发挥着不可或缺的作用，它们诉诸消费者的想象，赋予绝大多数商品独立于自身物理或信息性质之外的文化内涵，进而构建起一种符号的商品意识形态，承诺出超乎实际消费的使用价值，一种虚幻的剩余和剩余享乐，这些承诺独立于实际使用价值，因而是使用价值的一种虚构形式，它促使人们不知不觉地接受商品的美好积极形象而去消费它。广告的这种意识形态构建实际上就形成了商品的符号价值，它在商品的使用价值与交换价值之间搭建起了相互连接的桥梁，促成了使用价值与资本货币相互交换的实现。概而言之，广告传播着商品的美学，促使使用价值表现为特定的形式并承诺了特定的性质，让商品所呈现的符号价值比它的实质显得愈发重要，从而也成为资本积累的重要途径。福克斯进一步指出，所有涉及品牌、公共关系和商品广告创建的文化劳动都创造了商品的符号价值，但这并不相悖于马克思经济意义上的价值论。更确切地说，价值在这里意味着，为了商品意识形态维度的创造而投入的劳动时间。因此说，一切参与广告创造与传播的劳动都是生产劳动，广告部门的流通工人是生产工人，他们创造了商品价值的一部分并且以特定的方式反映在商品的价格上。为了进一步地将商品意识形态传播给消费者，公司自然需要在商业媒体上购买广告空间，借助它将商品意识形态"运输"给消费者。而据调查数据显

---

① Fuchs C. *Culture and economy in the age of social media*, New York: Routledge, 2015, p.159.

示，78% 的广告主和 75% 的代理表示他们是在社交媒体上购买广告的[①]，这表明如今的社交媒体对广告而言具有举足轻重的意义。

二、"数字劳动者"商品论

当今免费使用的数字媒体平台的积累策略与斯迈兹分析过的传统大众媒体（电视或广播）的如出一辙，都是依靠广告收益来获取利润积累。传统大众媒体中的受众已摇身变为互联网产消者（也就是数字媒体上的数字劳动者）。福克斯基于马克思在《资本论》第 3 卷对资本积累过程的分析，阐释了数字劳动者在数字媒体平台积累过程中是如何被商品化的。

总体而言，资本积累过程是资本家用货币资本在流通领域中购买生产资料和劳动力商品，这些商品资本被带进生产领域中转变为生产资本，生产了具有价值与剩余价值的新商品，新商品资本进入流通领域通过交换最终又转变为货币资本。这一运动过程用公式表达即为：$G–W\cdots P\cdots W'–G'$。具体而言，在流通领域中，货币资本转变了其价值形式为商品。资本家用货币 G 购买了劳动力商品 L 和生产资料 Mp。$G–W$ 的过程是建立在 $G–L$ 和 $G–Mp$ 两种购买之上的。在生产领域中，劳动力与生产资料商品转变为生产资本 P。劳动力创造了产品新价值，生产资料的价值被转移到产品上。劳动力的价值形式是可变资本 v（亦为工资）。生产资料的价值形式是不变资本 c（亦是生产资料 / 生产者产品的总价格）。生产资本生产出了新的商品 W'，其价值 V' 包括了必要的不变与可变资本的价值，剩余产品的剩余价值（$V' = c + v + s$）。商品由此离开生产领域再次进入流通领域，在这里资本开始了它的又一次变形：在市场的买卖中，它从商品形式转变回货币形式。剩余价值以货币形式实现。最初的货币资本 G 如今具有了形式 $G' =$

① Fuchs C. *Digital labour and Karl Marx*, New York: Routledge, 2014, p.238.

$G + g'$，G 所增加的 g' 被资本家称为利润。资本积累意味着所生产的剩余价值 / 利润（一部分）被用于投资 / 资本化。资本积累过程的终点 G' 成为新一轮过程的起点。G' 的一部分，G_1 用于再投资。积累意味着资本的集聚。总之，整个资本积累过程构成了资本的运动过程。这一资本运动过程同样适用于分析数字媒体平台的资本积累过程（如图 3-2）。

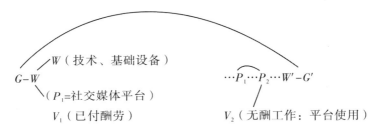

W' =互联网产消者商品（用户生成内容、交易数据、虚假广告空间与时间）
　　绝大多数社交媒体服务是免费使用的，它们本身不是商品。
　　用户数据与用户是社交媒体商品。

图 3-2　基于定向广告的社交媒体平台的资本积累过程[①]

首先，社交媒体公司用货币 G 购买了技术（服务器空间、电脑、组织基础设施等）和劳动力（雇员）资本，即社交媒体公司在其生产过程中投入了不变资本（C）和可变资本（V_1）；然后，由可变资本（V_1）购买到的雇佣劳动力生产出产品 P_1，但是，P_1 作为一种社交媒体服务（特定的平台），并没有进入流通领域直接出售给个体用户，而是对个体用户免费开放，因此 P_1 并不属于商品[②]；接着，通过投入一定的劳动时间 V_2，个体用户在 P_1 的基础上生产出了个人资料、浏览足迹、交往关系、在线行为等数据产品 P_2；最后，社交媒体公司将个体用户生产出的数据产品 P_2 以高于不变资本（C）和可变资本（V_1）之和的价格销售给广告客户，进而获得新的货币资本 G'。很显然，这一数据商品中内含的剩余价值是由用户和公司雇员

① Fuchs C. *Digital labour and Karl Marx*, New York: Routledge, 2014, p.102.

② Fuchs C. *Culture and economy in the age of social media*, New York: Routledge, 2015, p.48.

一起创造的，也就是说，被剥削剩余价值的生产者并不仅仅指受互联网公司雇佣，执行编程、更新和维护软硬件等的雇员，还包括个体用户群体和产消者群体等角色，原因在于：社交媒体公司会采用一种积累策略让个体用户"表面性"地免费获得服务和平台，实质上为让其不自觉地生产出大量的数据内容，此内容的产出一方面会聚集相应的产消者群体，另一方面社交媒体公司并没有对之进行任何酬劳支付，而且还拿此数据内容打包对应产消者群体作为商品一并出售给第三方广告商。换句话说，社交媒体公司所剥削的生产劳动时间虽然包括了雇员的劳动时间和个体用户的在线时间，但社交媒体公司仅为知识劳动类雇员支付相应薪水，并未为个体用户的在线劳动支付任何酬劳，个体用户实质上就是为社交媒体公司进行无偿工作，所以对其也就不存在可变或不变投资成本。

我们在此先聚焦于数字劳动者商品在流通领域中的交换过程，即 W' 转变为 G' 的过程，因为这个过程中数字劳动者扮演的是商品的角色。数字媒体平台与广告商之间交换的商品是"数字劳动者"商品，它既包括了劳动者本身，也包括了劳动者生成的数据和虚拟广告空间，也就是说，福克斯保留了斯迈兹原初的受众概念——受众的主体性和主体创造活动的结果。因为在媒体平台上，数字劳动者本身不是静止的，而是一个不断生产内容与数据的动态生产者。这一商品的使用价值是大量的个人数据和使用行为，它满足广告商制定特定广告目标的需要。其交换价值是媒体平台运营者从他们的广告客户那里获得的货币价值。

而数字劳动者商品价格的形成具有不同的方式。大体上，媒体资本家通过点击付费（pay per click，CPC）或者每千人印象付费（pay per 1,000 impressions，CPM，即 1 个印象 = 广告在一个用户资料页上的一次展现）这两种方式将数字劳动者商品卖给广告商。具体而言，在销售领域，一旦广告客户对某一特定群体（该群体能够接收符合自身需求的个性化广告）感兴趣，就会向媒体资本家购买这一特定群体的共同消费信息。当然，广告商们会为一个广告活动设置最高预算，以及他们愿意为点击广告（或CPM）支付的最高预算。其中，当广告商们对某一感兴趣的特定群体（所有广告都以这个特定群体为目标）统一竞价时，自然地会触发一个自动化的投标过程，基于此，可由一套计算程序计算出一次点击或每千人印象的确切价格。在点击付费（payperclick）与点击浏览（payperview）两种模式中，尽管只有一个特定用户群体被作为商品出售了，但实质上每一个用户都是一件商品，当个体用户点击广告或广告在个体用户资料页上呈现时，价值就自然地被转化为货币，利润就顺理成章地实现了。数字劳动者商品价格在广告价格制定中占有重要位置。比如在脸书公司中，一个广告的价格是由竞争一个广告空间/目标受众的人数、广告质量、广告效果决定的。而在谷歌的广告词中，一个广告的价格由最高的报价和广告质量决定。广告质量是指广告文本的相关性和针对性，一个广告越具针对性，它的CPC费用就越低。谷歌对一个广告的质量评分是根据定向关键词以往的点击量、所显示链接以往的点击量、广告文本的针对性，以及广告以往的点击量而定的。

三、数字劳动受无穷剥削观

数字劳动者商品论集中体现了福克斯继承斯迈兹的思想，从数字劳动者作为商品（客体）的角度，探讨了数字劳动者在整个数字媒体资本积累过程中被商品化的过程及其进入流通领域中的价格形成。当我们聚焦于数字劳动者商品的生产过程（$W \cdots P \cdots W'$），从数字劳动者作为生产主体的角度，可以看出福克斯力求用马克思劳动价值论思想来证明数字劳动者创造价值与剩余价值的事实，以此来弥补斯迈兹对受众劳动受剥削过程论证的缺失，推进受众商品论在数字媒体领域的发展。

在劳动价值论语境中，数字劳动创造了使用价值与数字劳动者商品的价值。使用价值特指：在更新个人信息、上传视频图像、和他人聊天等具体数字劳动过程中，由用户生产出来的且能够满足人类交往需求的数字产品。但是，上述数字产品在满足用户自身及他人的种种需要的同时，还要服务于媒体资本家的收益需求。事实上，在一个数字劳动过程中，用户会同时创造出两种不同的使用价值：一是用户为自身和他人需求所生产的使用价值，即创造出一种用户与公众能见度之间的社会关系；二是用户为资本家盈利所生产的使用价值，即广告产业的目标广告空间。对于媒体资本家们来说，上述两种使用价值都可转化为交换价值，也就是转化成广告产业所需要的用户所生产的信息和广告空间。因此，福克斯称之为数字劳动产品使用价值的双重性。从中我们可以看出，数字劳动产品的使用价值与马克思笔下的商品使用价值是有区别的。首先，在交换中的商品使用价值对于其所有者而言是没有需求上的意义的，"一切商品对它们的占有者是非使用价值，对它们的非占有者是使用价值"①。其次，商品使用价值与交换价值是相互对立的，商品所有者必须让渡使用价值所有权才能得到交换价值。但是用户数据商品对其所有者和购买者都具有使用价值，并且在其被交换之后，它还能够为数据所有者——用户所使用。福克斯认为这实际上源于作为信息的数据产品所具有的特性：信息在使用过程中，其使用价值不会被破坏或耗尽；它不是稀缺的；它能够被轻易地、廉价地和无止境地分享和复制；它可以同时被许多人使用。所以在商品交换中，它表面上看似脱离了用户，实质上又未能真正脱离用户的控制。但笔者认为，这种解释还不能确切地说明用户数据商品使用价值的特殊性，仍不能将其与其他服务类、信息类商品区别开来。就如科技商品，它在出售以后的生产专利仍属于生产者，还可以受生产者控制和被重复出售，不断实现其价值，这也是由科技商品作为信息数字产品的特殊性决定的。这里更关键的原因

---

① 马克思：《资本论》（第1卷），人民出版社2004年版，第104页。

还是在于数字劳动的特殊性质 —— 产消合一性（prosumption），数字用户兼具消费者与生产者双重角色，是生产性的消费者，这就使得用户仍可利用劳动产品的一面掩盖了其实际上已异化于用户的另一面。

鉴于马克思的资本主义劳动同时兼有抽象与具体二重维度说，数字劳动在创造出使用价值的同时，也必然创造出价值。福克斯认为，数字劳动创造了数字劳动者商品的价值，这一价值相当于用户在社交媒体上所花费的时间。具体地说，用户创建内容、浏览内容、与他人在交往中建立和维持关系、更新个人资料等这些活动所耗费的时间都是工作时间。而广告商在社交媒体上购买到的，是建立在特定的人口数据（年龄、住址、教育、性别、工作场所等）和兴趣（如输入谷歌的某些关键词和在脸书上体现出来的某些兴趣）之上的互联网产消商品，也就是由数据所构成的特定的群体，这一群体成员在特定社交媒体平台上花费的时间构成了一个特定互联网产消商品的价值（工作时间）。[1] 总之，"用户在其上花费的时间就是他们为媒体资本家无偿数字劳动所创造的价值"[2]。社交媒体上的"价值意味着用户在平台上花费的平均时间"[3]。当目标用户浏览了广告（按浏览付费）或点击广告（按点击付费）时，就是价值的实现过程，也就是价值转化为利润的过程。当然，不是所有的数据商品都总能被销售出去，因为其中某些数据商品群体要比其他的更受欢迎，但在商品生产及占用的过程中，价值就已经形成。

以脸书为例，福克斯进一步说明了数字媒体上的价值与劳动时间的关系。基于数字劳动者（用户）于 2011 年 1 月在脸书上平均每天花费约 105 亿分钟，可以估算出 2011 年度脸书的价值创造：105 亿分钟 ×365 天

① Fuchs C. *Digital labour and Karl Marx*, New York: Routledge, 2014, p.115.

② Fuchs C. *Digital labour and Karl Marx*, New York: Routledge, 2014, p.95.

③ Fuchs C. Digital prosumption labour on social media in the context of the capitalist regime of time, *Time & Society*, Volume 23, 1, 2014, pp.97–123.

= 38325 亿分钟 =638.75 亿个工作小时。与一个全职工人每年工作的平均时间 1800 小时相比，2011 年度脸书的价值创造相当于约 35486111 份全职工作。从价值层面上讲，脸书工作者这一群体每年工作长达 640 亿个小时，他们的剩余时间与剩余工作等于所有的工作时间，也就等于 640 亿个小时 / 年。① 个人与社会数据是在这些工作时间里生产的产品。用户在脸书上工作的时间越长，就会有越多的广告产生并展现给他们，即生产时间等同于广告时间（尽管不是所有的广告时间都能够转化为货币利润）。脸书上的价值规律意味着：平台上某一群体花费的时间越多，相应的数据商品就变得越有价值。相比于一个群体（如年龄在 75 ~ 85 岁的人群），另一群体（如年龄在 15 ~ 25 岁的人群）平均每天在脸书上多花费大量的时间，意味着该群体将会构成一个更有价值的数据商品，这是因为：他们每天有更高平均劳动 / 在线时间来创造更多可供出卖的数据；由于他们在线上花费了更多的时间，目标广告在此期间就会有更多机会展示给这个群体。

如前文所论，数字劳动者商品价格是通过 CPC 与 CPM 两种方式制定的，但价格在根本上是由价值决定，而价值则直接决定于特定群体用户在线上花费的小时数。借助谷歌中的两个关键词"迈克尔·杰克逊"（Michael Jackson）和"猫女魔力"（Cat Power，一个流行程度远低于杰克逊的美洲独立摇滚歌手），福克斯以案例形式进一步说明了广告的价格取决于数字劳动创造的时间形态的价值。假设给出如下设置：创造一个广告宣传，每个 CPC 需花费 10 美元和每天的最高预算为 1000 美元。如果有广告商将搜索"迈克尔·杰克逊"的用户作为广告目标，则每天预期能够吸引 2867 ~ 3504 个展现数和 112 ~ 137 个点击量，其广告总成本为 900 ~ 1100 美元；如果有广告商将搜索"猫女魔力"的用户作为广告目标，

---

① Fuchs C. *Digital labour and Karl Marx*, New York: Routledge, 2014, p.105.

则每天预期能够吸引 108 ～ 132 个展现数和 3.9 ～ 4.7 个点击数，其广告总成本为 30.96 ～ 37.84 美元。[①] 显而易见，相较于关键词"猫女魔力"，谷歌从关键词"迈克尔·杰克逊"相关的数据商品中能赚取更多的利润。上述事例表明：相较于"猫女魔力"此类"冷搜索"型信息，个体用户要为互联网上"热搜信息"的生成与消费花费更多的劳动时间，这样一来就会为谷歌带来更高的利润。

用户数据商品所包含的剩余价值是由数字劳动者和公司雇员一起创造的。但有所不同的是，用户在货币形式上是无偿的，因此是被无穷剥削的。基于马克思的利润率公式：利润率 $p'=m$（利润）$/c$（不变资本）$+v$（可变资本），福克斯在剖析数字媒体剩余价值生产实质的基础上提出了新的利润率公式：利润率 $p'=p$（利润）$/c$（不变资本）$+v_1$（支付给雇员的工资）$+v_2$（支付给用户的工资）。现今典型情形是用 v_1 代替 v_1+v_2，即把 $v_2 \geq 0$ 无情地变为 $v_2=0$，这表明：资本主义社会的数字劳动被完全外包给以无偿形式工作的用户群体，这必然会导致剥削率 e 的最大化。上述剥削率 $e=s$（剩余价值）$/v$（可变资本），也被称为剩余价值率，主要是用来衡量工人无酬工作时间和有偿工作时间之间关系的，如果剥削率越高，就说明有越多的工作时间是无偿的。商业社交媒体平台上的个体用户没有工资，即其剥削率中的 $v=0$，因此，其剥削率会趋向于无穷大，表明个体用户的互联网数字劳动是在被资本无穷剥削着的。上述种种最终说明了资本主义的产消合一是剥削的一种极端形式[②]——数字劳动者完全是免费工作的。

由上可见，数字劳动为数字媒体资本家创造了使用价值和价值，受到资本家的无穷剥削，他们对社交媒体的资本积累的重要性丝毫不亚于雇佣员工，因为没有用户，媒体企业将无法获得利润和生产商品。脸书销售的

---

① Fuchs C. *Digital labour and Karl Marx*, New York: Routledge, 2014, p.119.

② Fuchs C. Labor in informational capitalism and on the internet, *The Information Society*, Volume 26, 3, 2010, pp.179–196.

商品不是它的可供免费使用的平台，而是它的广告空间和数据。基于广告商确认的关键词和搜索条件，脸书采用能够选取用户和定向广告的计算程序。脸书的商品是用户屏幕的一部分 / 空间，它充斥着各种广告商的商品意识形态。当广告被展现或被点击的时候，脸书的商品就被呈现给用户并出售给广告商。用户的持续在线活动无论是对定向计算程序的运行，还是对广告观看与注意的产生都是必要的，因此广告空间只有在用户创造社交媒体产消商品的劳动基础上才能存在。在福克斯看来，数字劳动毋庸置疑是马克思生产劳动三重内涵覆盖下的生产劳动，更确切地说，它们就是马克思曾经关注过的作为生产劳动的运输劳动。我们已经知道，在马克思看来，运输劳动是指花费了一定时间，将一个处于时空中的商品从 A 地移动到 B 地的生产劳动，这种劳动所产生的价值就是 X 小时。在数字劳动中，一件商品的符号意识形态首先由具体的广告和公共关系部门的员工生产，接着传播给潜在的购买者。因此说，广告涉及信息生产和运输劳动。但广告生产没有创造一个客观存在的商品，而是一个商品的意识形态维度——一种附着于商品的使用价值承诺。随后，数字劳动者虽然不是将一个商品从物理空间 A 运至 B，而是构造起一个传播空间，使得广告商能够将他们的使用价值承诺传达给潜在的客户。可以说，与马克思曾经提及的传统工业中的运输工人相同，社交媒体的雇员和用户是 21 世纪的广告运输工人。作为这种生产工人，他们的活动是将使用价值承诺从公司运送至潜在客户所必不可少的。

第三节 对数字劳动价值论的争辩

当下，以对用户免费开放，并由用户主导生成内容为"名片"的互联网 2.0 时代方兴未艾。但随着规模浩大且免费使用的数字媒体平台风起泉涌之际，国外一些社会批判理论家却不约而同地发问：谷歌、脸书等大型互联网媒体如何在提供免费服务的同时能日进斗金？一个"免费"的互联网虚拟平台如何能与一个"盈利"的资本主义实体企业共存？等等，由此引发了一场聚焦于互联网时代价值来源的探讨与争论。福克斯积极地组织与置身这场论争中，发表与主持诸多论文、著作和编著（如《数字时代的价值与劳动再思考》《马克思归来》等）。其中，福克斯主张：只有借助基于马克思劳动价值论之上构建的数字劳动价值论，才能"完肤式"地揭露互联网媒体资本剥削数字劳动者的本质。自然而然地，福克斯受到其他学者的高度关注，但也招致不同论者的质疑，甚至是挑战式的批判。这些批判蕴含两个主要的路向，其一是否定马克思的劳动价值论在数字经济中尤其是互联网数字媒体价值生产中的适用性，与此同时提出了新的价值理论予以取代。其二是力图揭露福克斯对马克思的劳动价值论和剩余价值理论的误解，并主张在马克思理论框架内应该采用其他范畴来解释网络平台上的价值创造现象。对此，福克斯采取了防御性与进攻性的策略，在著述中既从正面阐述和构建自己的数字劳动价值论，也通过批判与之相左的观点，在回应中巩固与增强自己的见解。

一、劳动价值论与情感价值论之辩

意大利学者亚当·阿德维森（Adam Arvidsson）发表多篇著述探讨了数字信息时代的价值问题，他的主要论断是，支配当今信息社会伦理经济（ethical economy）生产实践的，不是马克思所谓的社会必要劳动时间决定价值量的价值规律，而是基于社交关系性质的价值逻辑。[①] 在其与丹麦的伊拉诺尔·科莱奥尼（Elanor Colleoni）合作的文章《信息资本主义与互联网上的价值》（*Value in informational capitalism and on the Internet*，2012）中，对福克斯数字劳动价值论予以批判式解读，提出了与之截然不同的价值创造观点：互联网平台上的价值创造主要是建立在创建与维持网络情感关系能力之上的，而与名气相连接的价值实现则是建立在金融经济基础之上的。

第一，属于福特制时代的劳动价值论已经向信息资本主义时代的伦理价值论转化。他们认为，马克思主义劳动价值论声称商品与服务的相对价值与生产它们所需的社会必要（或抽象）劳动时间量密切相关，抽象劳动时间是价值的唯一来源，"这个理论路径的前提预设是价值与时间有着线性关系"。他们指出，这种价值与时间的联系是在一定历史条件下产生的，它发生于科学管理的泰勒主义哲学的实施中，在这种泰勒主义中，劳动过程被再分成离散的单位，这些单位按照当时的生产力情况受到衡量和控制。因此，劳动价值论的应用蕴含着两个不可或缺的互补条件。其一是具体的生产实践作为一般等价物——抽象劳动时间的表现，它们是能够被衡量的。其二是在劳动过程进行中，价值创造能轻易地被归因于个别活动或单位。然而，如今的资本主义发展已经处于超越福特制的进程中，价值创造大部分使用了如沟通和社交技巧、社会个体的技巧等资源，更多的是发

[①] Arvidsson A. The ethical economy: new forms of value in the information society? *Organization*, Volume 17, 5, 2010, pp.637–644.

生在协作过程，难以分辨其中个人的价值创造，它们的价值创造潜能与他们被利用的时间量并无联系。

第二，社交媒体与价值的关系。从目前社交媒体商业模式的趋势来看，不是简单地按与时间挂钩的点击量或浏览量，而是按主体的情感关系来规定价格。他们进一步举例说明：脸书的商业模式目前是建立在"协同过滤"的规则上，这种规则从一个特定用户的朋友圈中的情感投资（由"喜欢按键"表达）推断其兴趣和社交中心。这种网络情感投资（"喜欢"、"分享"等），或者作为可被插入目标广告的空间，或者作为可用以挖掘市场信息的数据，出卖给广告商。同样的，推特也正在尝试通过构建"兴趣图"（从转推的模型中预测用户兴趣）以实现从用户中获利。[1] 雅虎一直在识别和销售"影响力人物"，也就是说，某一特定朋友圈中的重要人物对在线广告具有工具性价值。换而言之，在线广告的价格估算，更多的是以用户对社交关系（或至少是情感距离关系）的创造为导向，而不仅仅是参照"在线耗费的时间"。新兴的价值度量包括某种可量化的情感参与度估测，或者是通过"社交按键"，或者利用情感或网络分析。阿德维森等总结到：网络广告经济中"价值的来源"并非用户的在线时间，而是用户的在线情感投资，或者是其搭建各种关系、联盟的潜力。同时，他们又指出：相较于用户的情感投资这一价值来源，社交媒体平台会在参与金融市场的全球金融租金分配中获得更大份额的价值，也就是说，脸书等企业媒体更主要的是依靠塑造自身品牌的能力来吸引未来投资，维持和提升自身的金融估值，进而实现其对流通在金融市场的全球剩余的占有。

第三，针对福克斯的学术路径，阿德维森明确指出：其一，用"劳动"一词来分析在线产消实践必然会迫使理论分析局限于针对互联网平台的阶

---

[1] Arvidsson A, Colleoni E. Value in informationalcapitalism and on the internet. *The Information Society*, Volume 28, 3, 2012, pp.135–150.

级剥削，这不仅是狭隘的，而且是盲目的。"在许多方面，'免费劳动'的观点引人注目。它强调了当今媒体系统如何依赖于包罗万象的外部活动者的活动。……为超越和质疑对参与文化和互联网 2.0 的吹捧论调提供了方法。然而，毫无疑问，媒体公司在某种程度上需依赖于受众参与创造价值，但仅仅将此种关系界定为'劳动'则会禁锢相关理论的发展，也即意味着其仅能被理解为剥削的表现。""由于数字劳动没有价格，以及很难区分其生产时间与非生产时间，也就难以支撑马克思的'剥削'概念应用于消费者共同生产的过程。"①"劳动价值论同样意味着它是一种从经济视角概念化剥削的特殊方式。它意味着被剥削主体的活动实际上为剥削者创造了价值，而被创造的价值与创造价值的活动时间是成正比的。"福克斯认为"互联网平台甚至是整个'互联网'剥削了用户，因为他们从用户的'受众劳动'吸取剩余价值……这其实是一个无关痛痒的观点。以更公平的方式要重新分配的，并不是社交媒体平台所攫取的价值，而是在金融市场流通的价值"②。其二，福克斯的用户受互联网平台无限剥削观点言过其实。"如果脸书在 2010 年赚取利润 3.55 亿美元（根据它自己的指数），那么这意味着每一个脸书用户，作为剩余价值剥削的受害者，一年被剥削 0.7 美元。如果用麦肯锡咨询公司的最新数据，即全球互联网受众参与所创造的总价值是 1000 亿美元，这就是每年互联网用户被剥削 59 美元，根本不是福克斯所宣称的'积聚的剥削率接近无限'——而很少能再作为基本工资重新分配！"③ 这些数据显示，仅仅援引马克思的"劳动时间的偷窃"并不能成为批判数字资本主义的有效武器。

---

① Arvidsson A, Colleoni E. Value in informational capitalism and on the internet. *The Information Society*, Volume 28, 3, 2012, pp.135–150.

② Arvidsson A, Colleoni E. Value in informational capitalism and on the internet. *The Information Society*, Volume 28, 3, 2012, pp.135–150.

③ Arvidsson A, Colleoni E. Value in informational capitalism and on the internet. *The Information Society*, Volume 28, 3, 2012, pp.135–150.

　　面对阿德维森等学者的"挑战"，福克斯给出如下回应。首先，福克斯认为阿德维森曲解了马克思的价值思想。他指出，阿德维森质疑马克思的劳动价值论，自己对价值却没有一个清晰的理解和明确的定义。其在对由伦理关系决定的品牌价值下定义时，用美元符号表示品牌价值的值，认为品牌价值是"由品牌生成的可预见的未来收益的当前价值"[①]，这是荒谬地在用价值界定价值的循环定义，也表明他用货币而不是劳动时间来思考价值（它是商品价值的表示）。最根本的原因是他们没有真正理解马克思对价值与价格的区别。马克思强调过价值与价格的区别：一件商品的价值实体的衡量是生产它所需要的时间量；"价格是对象化在商品内的劳动的货币名称"[②]。这意味着价值是在工作时间的层面决定的，而价格是在货币层面决定的。正因为他们将价值与价格混淆，他们才会认为福克斯所称的"脸书用户遭受无限的剥削程度"是荒谬的。福克斯指出，剥削是由对象化于商品的并受资本占用的无偿工作时间构成的。数字商品在什么范围内能够被出售是一个价值向利润转变的问题。如果没有足够的数字商品被出售，那么利润就会变低。如果他们创造的商品未被出售，工人仍然是受剥削的，他们所创造的剩余价值在出售之前已经存在。阿德维森的批判意味着剥削是以商品流通领域为基础的，而不是商品生产领域。"这种假设是荒谬的，因为它表明工人生产了未被出售的商品（缺乏需求）是没有受到过剥削的。"[③]

　　另外，阿德维森和科莱奥尼认为社交媒体模型是建立在情感关系的价值稳定基础上，"这种理论的问题在于，它对劳动概念置之不理，将情感

　　① Arvidsson, A. Brands: A critical perspective, *Journal of Consumer Culture*, Volume 5, 2, 2005, pp.235-258.

　　② 马克思：《资本论》（第1卷），人民出版社2004年版，第112页。

　　③ Fuchs C.With or Without Marx? With or Without Capitalism? A Rejoinder to Adam Arvidsson and Eleanor Colleoni, *TripleC*, Volume 10, 2, 2012, pp.633-645.

理论普遍地用于一切企业在线广告，缺乏对具体平台的资本积累模式的细致研究，也没有看到情感需要时空中发生的劳动。你不是简单地在创造积极的情感，关系，态度和名声，你是在进行着创造和维护他们的工作，这与时间密切相关，也是发生在特定的空间中的"[①]。社交媒体采取两种售卖数字劳动产品的模式，在按次计费的方法中，脸书和谷歌在一个面向花费大量时间在脸书上的群体的广告中有更高的盈利。目标群体的数量越大，脸书和谷歌的利润往往就会越高。在点击付费的方法中，实现利润的注意力时间只是用户用于点击广告的那部分在线时间。在这两种情况中，在线时间对商品数据的生产和来源于数据商品销售的利润的实现都很关键。总之，福克斯指出："时间维度：人们点击广告的次数，一个广告或定向链接被浏览的次数，一个关键词被进入的次数和某一特定用户群体在平台上花费的时间，对广告价格的确定都至关重要。招标使用的最大值和同时竞争广告空间的广告商数量影响了广告的价格。"

与此同时，福克斯同意阿德维森与科莱奥尼的观点，认为金融化是企业社交媒体平台（脸书和谷歌）的一个重要方面。但他绝不会同意这种现象不能用马克思的思想来理解和分析，而是认为金融化是马克思阐述为资本主义的重要部分的一种机制。马克思在《资本论》第3卷对虚拟资本的分析中早已阐述过金融资本对资本主义企业的影响。在马克思看来，金融资本建立在 G（货币）–G'（更多货币）。"在这里，我们看到的是 G–G'，是生产更多的货币的货币，是没有在两极间起中介作用的过程而自行增殖的价值。"[②] 消费者信贷、股票、债券和金融衍生产品都是在这种金融的积累类型基础上。金融资本本身不会生产利润，它只是对未来支付的授权，它来源于利润或工资（后者如消费者信贷）。故此，马克思将金融资本描

---

① Fuchs C.With or Without Marx? With or Without Capitalism? A Rejoinder to Adam Arvidsson and Eleanor Colleoni, *tripleC*, Volume 10, 2, 2012, pp.633–645.

② 马克思：《资本论》（第3卷），人民出版社2004年版，第440页。

述为虚拟资本。企业媒体公司（如谷歌和脸书）的股票市场价值是基于对这些公司在未来剥削用户和雇佣工人的劳动并将其转化为利润的能力的预期。实际利润率反映但不决定股票市场投资者的买卖决策。后者受各种因素和预期的影响，尤其是对未来潜力的预期。媒体企业的利润及其在金融市场上的估值表明，在股票市场上实现的金融市场价值与数字劳动者生产的利润经常是不一致的，脸书和谷歌等公司在股票市场上的估值过高，这种相互偏离现实没有逃脱马克思的理论逻辑——"这种证券的市场价值部分地有投机的性质，因为它不是由现实的收入决定的，而是由预期得到的、预先计算的收入决定的"①。在资本主义中，"货币危机——与现实危机相独立的货币危机，或作为现实危机尖锐化表现的货币危机——就是不可避免的"②。2000年的新经济危机就是由于股票市场价值与实际利润之间的差别所引发的金融泡沫的破裂而导致的。

　　总的来说，阿德维森等否定马克思的劳动概念，否定劳动创造价值在数字媒体乃至整个信息资本主义中的适用性，在此基础上提出一种与自治主义马克思主义情感价值论别无二致的伦理价值论，这种理论路径实际上是非马克思主义的（他们自称"very un-Marxist"③）。但在数字劳动争辩中，还有学者并不排斥或否定马克思的劳动价值论，而是认为马克思思想中的其他范畴更加适合用于阐释数字媒体平台上的价值现象。究其原因在于他们与福克斯对马克思的生产劳动概念理解有着根本性分歧，进而使他们在数字劳动是否是生产劳动，数字劳动者是否是生产工人这一问题上分道扬镳，进而各自提出了自我的理论路径与观点。

---

　　① 马克思：《资本论》（第3卷），人民出版社2004年版，第530页。

　　② 马克思：《资本论》（第3卷），人民出版社2004年版，第585页。

　　③ Arvidsson A, Colleoni E. Value in informational capitalism and on the internet, *The Information Society*, Volume 28, 3, 2012, pp.135–150.

二、剥削对象之辩

诸多路径认为脸书和其他企业社交媒体上的用户数字劳动没有受到剥削，他们只是处于资本流通领域中有助于资本实现价值，但没有创造价值。因此，他们的活动属于以下几种或其中的一种：非生产的，非劳动的，是对在社交媒体上做广告的公司及部门中的雇佣员工所创造价值的耗费，是对社交媒体企业的雇佣员工所生产的价值的实现，等等。宣扬这些观点的最具代表性的学者是爱德华·科莫尔（Edward Comor），詹姆斯·雷弗利（James Reveley）和布鲁斯·罗宾逊（Bruce Robinson），他们既表明了自己的理论立场——在他们所理解的马克思劳动价值论基础上认为用户活动不是生产劳动，又有针对性地批判福克斯的观点，认为福克斯误解了马克思的劳动价值论及其对生产劳动与非生产劳动的区分。

第一，他们一致强调的主要观点是用户是没有受到剥削："在特定的马克思意义上社交媒体平台上的用户没有受到剥削。"雷弗利坚持认为"剥削只属于在特定的资本主义生产条件下工资关系之内所提供的劳动"[1]。因为，剥削术语必须是应用于在特定资本主义生产关系下提供的劳动——劳动力的买卖，雇佣劳动/资本关系和资本主义劳动过程内价值创造的所在之处。而社交媒体只是在提升劳动力技能方面对劳动力有着次要的影响，它使生产力提升，资本积累加速。科莫尔与雷弗利的论断相似："对于马克思，资本具有生产剩余价值能力的基本条件是工人有出售其劳动力商品以换取一份工资的合法自由（即其自主权）。"他认为"抽象（雇佣）劳动对正式的价值创造至关重要"，并且"剩余价值保留着资本对雇佣劳动剥

---

① Reveley J.The exploitative web：misuses of Marx in critical social media studies, *Science &Society*, Volume 77, 4, 2013, pp.512–535.

削的结果"。^① 罗宾逊明确指出，他不赞成福克斯的观点——资本积累所需的一切过程都是创造价值的，因此网络 2.0 平台的所有用户都是马克思生产剩余价值意义上的生产工人。

第二，关于用户没有受到剥削的原因：从资本与劳动关系的角度，他们认为在马克思那里，价值生产劳动必须是为资本而付出的劳动，因为它必须在已有的资本循环中发生，必须服从资本的控制。有两种劳动类型不生产价值：一类是发生在直接的资本积累过程之外，不被归并入资本中；另一类是发生在资本积累过程中，但在功能上不生产价值（马克思称之为非生产劳动）。马克思列举过三种劳动类型：自主的劳动，小规模商品生产，工人劳动受资本吸纳支配下的劳动，前两类在马克思看来都不属于生产劳动。在此基础上，罗宾逊认为，网络 2.0 资本没有能力安排平台用户的劳动时间，无法全面控制用户的活动内容，活动频率，时间长度，或用户的持续忠实度。从这种意义上，在价值生产方面，用户属于自主劳动，并且在网络 2.0 的资本循环之外。

而从重温马克思的价值理论出发，科莫尔认为正是马克思认识到资本主义关系中存在劳动力这种独特的商品，它不像劳动的具体形式，而根据它的表现为价格的交换价值，成为可以量化的抽象劳动力，正是这种量化使得资本家能够衡量和剥削内在不可衡量和不可剥削的某物——劳动。"将劳动抽象为所谓劳动力的商品，使得马克思能够用一种全新的方式解释价值。"^②他进一步指出，劳动力被用以生产其他商品的形式生产了价值，这种形式只有通过货币的使用才可以理解。就如马克思所言："如果我们说，商品作为价值只是人类劳动的凝结（也就是对价值的相对经验主义理

---

① Comor E.Revisiting Marx's value theory: a critical response to analyses of digital prosumption, *The Information Society*, Volume 31, 1, 2015, pp.13–19.

② Comor E.Revisiting Marx's value theory: a critical response to analyses of digital prosumption, *The Information Society*, Volume 31, 1, 2015, pp.13–19.

解），那么，我们的分析就是把商品化为价值抽象。"① 但是，如果在脱离了价值的对象化（货币）形式来理解价值，那么资本主义政治经济中生产的价值就缺乏与它们的自然形式不同的价值形式。"总之，不能抛开价值与货币的联系来理解价值，尽管货币不等于价值。""资本主义中的价值根源于劳动过程和货币关系，这两者相互独立又相互依赖。"② 用户所生成的个人信息等大量数据，在缺乏货币中介形式的情况下，本身并不具有价值，所以认为用户一旦在线和产生信息，就被认为在进行生产劳动而受到经济剥削是不正确的。

第三，针对福克斯的理论路径，罗宾逊试图从作为"诸众"的阶级分析与劳动价值论之间的冲突来揭露福克斯路径中的逻辑矛盾。他指出，对于福克斯，价值生产是无处不在。其对价值生产广泛定义之下的核心观点是"脸书的用户"成为"无产阶级的一部分"，同时谷歌"剥削了创建万维网内容的所有用户"③。他的这一思想和自治主义马克思主义的"大众"不谋而合。但自治主义理论明显地否认了生产劳动与非生产劳动的区分，并声称在当代资本主义，价值是不可计量的，劳动价值论因而被他们搬进历史博物馆。而福克斯却仍然保留了劳动价值论。这导致他得到了前后矛盾的结论：一方面，资本主义中的所有劳动都生产价值，另一方面却没有了生产劳动和非生产劳动之分了。为了按照劳动价值论找到一种与数字劳动产品价值相对应的时间度量，福克斯称"所有在线花费的时间"都是生产时间。然而，罗宾逊指出，根据马克思对商业资本的分析，广告商所要支付的与用户在线花费的时间量或所谓的用户数据价值并没有直接关系，而是与已生产的价值和对剩余价值实现提升可能性的估算相关。科莫尔则

---

① 马克思：《资本论》（第1卷），人民出版社2004年版，第64–65页。

② Comor E.Revisiting Marx's value theory: a critical response to analyses of digital prosumption, *The Information Society*, Volume 31, 1, 2015, pp.13–19.

③ Fuchs, C. Google Capitalism, *TripleC*, Volume 10, 1, 2012, pp.42–48.

根据他所强调的价值与货币的紧密关系指出，由于假定在数字资本主义中并不涉及通过货币的使用使价值对象化，福克斯就认为剥削能够在正式生产之前发生（就如利用社交媒体对个人信息的存储）并且"即使一件商品未被出售……劳动已经被剥削"①。这种定位实际上是根据劳动时间或市场价格这种非此即彼的方式来界定价值。而在雷弗利看来，福克斯的用户普遍受到剥削且剥削率趋向无穷大与马克思的剥削率和价值规律是相互矛盾的；福克斯的论证逻辑推理不成立："用户"生产了在线内容不必然就是马克思意义上的生产劳动者，而媒体资本家获得的利润，不必然就是他们剥削工人（无酬或有酬）的剩余价值。

福克斯对这些作为雇佣劳动的生产劳动的观点的回应是：他们所宣扬的其实是一种剥削形式的简化主义。雷弗利认为，雇佣劳动是唯一的剥削领域，家务劳动或奴隶的无酬劳动都是不受剥削的。而科莫尔则认为，福克斯在讨论脸书用户和其他无酬工人被超—剥削时，将知识与剥削雇佣工人的正式经济过程相混淆②。这是一种剥削和价值创造关系的整体化分析。针对这些观点，福克斯指出，他们的逻辑颠倒过来就可以认为，问题不是一种基于马克思主义女性主义论断的"总体化"，而是一种主张只有雇佣劳动才是剥削形式的简化主义。③他们如此拘泥于雇佣劳动——资本关系，以至于他将阶级关系中形成的非雇佣劳动排除在剥削范畴之外。福克斯指出，在马克思看来，剩余劳动和剩余产品的存在就意味着剥削的存在，而剥削并不是一个特殊的资本主义现象："资本并没有发明剩余劳动。凡是社会上一部分人享有生产资料垄断权的地方，劳动者，无论是自由的或不

---

① Arvidsson A. The ethical economy: new forms of value in the information society? *Organization*, Volume 17, 5, 2010, pp.637–644.

② Comor, E.Value, the audience commodity and digital prosumption: A plea for precision. in the audience commodity in a digital age *Revisiting ACritical Theory of Commercial Media*. edited by Lee MG, Vincent, New York: Peter Lang, 2014, pp.245–265.

③ Fuchs C. *Culture and economy in the age of social media*, New York: Routledge, 2015, p.188.

自由的，都必须在维持自身生活所必需的劳动时间以外，追加超额的劳动时间来为生产资料的所有者生产生活资料，不论这些所有者是雅典的贵族，伊特鲁里亚的神权政治首领，罗马的市民，诺曼的男爵，美国的奴隶主，瓦拉几亚的领主，现代的地主，还是资本家。"① 因此，剥削不仅在当一个雇佣工人为资本家生产货币利润时才存在，它在父权制、封建制、奴隶制阶级社会中同样存在。并且，这些历史上的阶级社会在当今资本主义中并没有消逝，而是一直存在，其剥削形式与雇佣劳动和资本家货币利润交织在一起。

面对科莫尔的质疑 ——"福克斯对价值论的修正已然产生了另一种唯心主义版本，因为如果价值在缺失了其对象化（货币）形式（在福克斯及其他人那里）时被理解，资本主义政治经济中所产生的价值就缺少了一种……价值形式"——福克斯反驳到，科莫尔反复强调只有货币具体地呈现和调节了价值过程时，他并没有想要表明资本主义是一个积累更多货币资本的剥削制度。反之，他似乎是想用不同的阐述表明只有雇佣劳动生产价值，因此也是资本主义中生产与受剥削劳动的唯一形式。资本主义中雇佣劳动的剥削虽然是普遍的，而由于当今的外包和众包模式，它明显地与无酬劳动剥削，与前资本主义剥削方式（如父权制与奴隶制）等相互调解转化。福克斯进一步指出，科莫尔呼吁数字劳动辩论中的"准确性"和"严密性"。然而，问题由此产生，将剥削描述为一种单一的关系是否是准确而严密的分析。资本主义是一种复杂的生产方式，其剥削形式囊括对雇佣劳动、非雇佣劳动、不稳定劳动、无酬劳动等劳动的剥削。

结合实际，福克斯指出，他们将生产与分配，使用价值与交换价值，价值与货币截然分开，显然形成了一种二元论，这使他们只看到用户数据及其所产生的广告空间只服务于商品的流通过程，却看不到用户数据对于

---

① 马克思：《资本论》（第1卷），人民出版社2004年版，第272页。

用户和资本都同样具有使用价值，它使得前者获得了通信、社交的机会，帮助后者形成目标广告空间，并能够通过出卖广告空间获得交换价值。诚然，这种目标广告有助于商品交换过程的分配和组织，分配是通过相互联系的过程，用户生产和维护对用户和资本都是使用价值的数据。可以说，社交媒体挑战了生产与分配的严格区分，表明涉及特定商品分配中的特定劳动同时也是生产劳动。脸书与相类似的产消现象使得价值创造更加复杂，因为在脸书上作广告的特定资本的价值实现，以及他们的流通过程，与脸书上数据使用价值的生产是相互联系的。

三、利润来源之辩

在针对"平台用户不是生产劳动者和社交媒体平台利润并非来源于用户劳动"等观点的争论中，学者们不约而同地把视线转向于马克思的地租理论，并认为其是阐释数字媒体资本中经济关系与价值流动的一种良方妙药。当下针对马克思地租理论的研究演化出了两种迥然相异的学术路径，自然地就派生出了两种截然不同的地租内涵。其一是指媒体资本家向广告商收取了媒体使用的租金。这个观点源自布雷特·卡拉韦（Brett Caraway）对达拉斯·斯迈兹受众劳动理论的批判。他认为："斯迈兹所描述的经济交易实际上是地租 —— 媒体所有者将媒介使用租借给工业资本家，以便于后者能接近观众。"[1] 后继研究者将其观点应用于数字媒体研究中。厄休拉·哈斯（Ursula Huws）区分了资本主义中的四种劳动：有酬生产工作、无酬消费工作、有酬再生产工作和无酬再生产工作。前两者是直接的生产性的。创造商品的有酬工作是典型的劳动形式，它形成资本积累的中心。

---

① Caraway B. Audience labor in the new media environment: A Marxian revisiting of the audience commodity. *Media, Culture & Society*, Volume 33, 5, 2011, pp.693–708.

可以看出，哈斯也认为消费工作是直接生产性的，但是她却将数字媒体用户排除在此外，认为脸书的利润来源于广告商缴纳的租金，这些租金是其工人所创造的价值的一部分："如何理解在线社交网站或搜索引擎公司所造的利润？……他们来源于租金。……社交网站和搜索引擎网站所得的价值最终根源于劳动创造的剩余价值。但这种劳动是生产商品的工人劳动，不是使用网站的人们的劳动。"[①]

罗宾逊的分析更为深入，他认为，在寻求实现剩余价值的广告商和被免费服务使用价值所吸引的用户之间，社交媒体平台扮演着中介角色。从媒体资本与广告商的关系角度，数字平台实际上征收了广告商的剩余价值，用来提升他们的销售能力。价值从广告商到谷歌、脸书及类似平台的直接转移，而不是新价值的创造，这是社交媒体资本利润的来源。因此，与福克斯的"相当程度上是自主的资本积累过程"[②]大为不同，网络2.0资本之间依靠的是其广告客户的积累。从网络2.0平台上的用户活动与数字媒体资本积累的关系角度，罗宾逊指出，谷歌、脸书及其他服务所收集的用户数据不是独立的价值存储处，即不是用户劳动时间的商品形式，是凭借更精确的广告定位来减少广告支出，从而细化市场，减少流通成本。更确切地说，用户数据是用来减少成本和增强广告效果的，其本身不是作为商品被出售。这是因为，流通成本减少的程度用数字媒体平台上的用户劳动时间是无法衡量的，却可以用实现销售的广告提升效果来衡量。

那么，网络2.0平台上的用户活动或工作如何与资本积累相联系？罗宾逊指出："雇佣劳动剥削不是资本积累产生的唯一方式。在对资本主义

---

① Ursula H. The underpinnings of class in the digital age: living, labour and value. *Socialist Register*, Volume 50, 2014, pp.80–107.

② Fuchs C. Dallas Smythe today–The audience commodity, the Digital labour debate, Marxist political economy and critical theory. Prolegomena to a digital labour theory of value, *TripleC*, Volume 10, 2, 2012, pp.692–740.

起源的分析中，马克思提到了受法律和强制支撑的对自主生产者财富的占有。这在资本主义发展进程中并没有消失。"① 在数字媒体资本中，"由于没有凭借劳动合同来直接控制自主劳动的产品，为了能够在资本积累过程中剥削用户生成内容，直接占有形式就成为了必要的手段"②。直接占有使平台有可能使用内容这一商品本身，或利用它来吸引用户去有广告的网站，或把它当作竞争的武器以保证对手无法获得独占权。用户生成内容对利润的贡献难以估算，因为它通常是隐秘的。然而，对大多数网络 2.0 平台而言，尽管它提供了另一种积累的途径，但与广告所带来的利润相比仍然相形见绌。

另一个研究路径则指向了媒体资本家对所谓用户认知租金（cognitive rent）的攫取。马蒂奥·帕斯奎内利（Matteo Pasquinelli）和斯特芬·博姆（Steffen Böhm）等就在自治主义马克思主义和认知资本主义的认知租金意义上理解互联网的价值来源："当 ICT 基础设施在媒体，宽带，编码，标准，软件或虚拟空间（包括社交网站：Myspace，Facebook，等等）确立一种专利时，他们采用的是技术租金。它包括多个层面：从硬件和电子的物质性到运行服务器，博客和社区的软件的非物质性。同样的，注意力经济也可以说是一种应用在消费者时空的有限资源上的注意力租金。在充斥着媒体的社会中，媒体经济在很大程度上是商品价值增殖的关键。消费者的注意力时间像稀少的被不断争夺的土地。结果是，技术租金是维持科技 - 寄生虫新陈代谢的一大部分。"博姆称"脸书不仅仅从其（相对较少的）雇员的有酬劳动那里攫取利润，也从其用户的免费劳动所生产的公地那里榨取租金"。脸书"凭借它在互联网上垄断社交关系的绝对能力"得以

① Robinson B. With a different Marx：value and the contradictions of web 2.0 capitalism. *The Information Society*, Volume 31, 3, 2015, pp.44–51.

② Robinson B. With a different Marx：value and the contradictions of web 2.0 capitalism. *The Information Society*, Volume 31, 3, 2015, pp.44–51.

获取租金。"微软通过它的专有软件平台垄断了个人计算机信息处理技术，脸谱则创造了一个'必经之点'（obligatory passage point），需要使用互联网的大多数人们都必须经过它。"①

　　福克斯指出，上述种种"新观点"之所以被提出，根本原因在于提出者缺乏对马克思地租思想的全面考察与深度理解。马克思笔下的地租指："为了得到在这个特殊生产场所使用自己资本的许可，使用者要在一定期限内（例如每年）按契约规定支付给土地所有者一个货币额（和货币资本的借入者要支付一定利息完全一样）。"②由于租借的财产通常是作为固定不变资本进入到资本生产过程之中，马克思进一步指出："这种投入到土地的资本，称为土地资本，其属于固定资本的范畴。"③显然，租赁这一所有权形式本身并没有价值，其既不属劳动产品（如土地），也不能由劳动再生产出（如古董，大师的艺术作品等），而且租赁也不能创造出价值。"价值是劳动。因此，剩余价值不可能是土地。"④既然租赁无法创造价值，马克思认为租赁消费了资本主义生产过程中工人所创造的价值，是对资本的扣除，就像马克思自己所说的："土地所有权和现实的生产过程无关，其作用只限于把已经生产出来的剩余价值的一部分，从资本的口袋里转移到了它自己的口袋里。"⑤

　　基于对马克思地租思想的深入解读，福克斯指出媒体平台并非寻租（rent-seeking）机构，原因在于：其一，从表面上看，对象商品似乎可以完全独立于用户劳动之外而被出租，但实质上，媒体平台需要用户的持续劳动来产出数据和引发注意力，否则，媒体平台就无法进行"出租"和获

---

① Fuchs C. *Culture and economy in the age of social media*, New York: Routledge, 2015, p.178.
② 马克思：《资本论》（第3卷），人民出版社2004年版，第698页。
③ 马克思：《资本论》（第3卷），人民出版社2004年版，第698页。
④ 马克思：《资本论》（第3卷），人民出版社2004年版，第922页。
⑤ 马克思：《资本论》（第3卷），人民出版社2004年版，第929-930页。

得"利润"，也就是说，媒体平台出租的并不是表面上的虚拟空间，而是以内含了对象化的用户注意力和个人数据形式存在的商品。其二，寻租并不需要生产性劳动，地租是工人所创造的部分利润的转移。相反，媒体企业将货币资本投入生产，通过让用户持续生产数据商品来销售更多广告和积累更多资本，即媒体平台首先是一个广告公司，它需要使用价值、剩余劳动、剩余产品、商品与货币资本积累的循环动态过程，这在以租金为生的寻租活动中是不存在的。其三，出租给资本家的财物原本应是以固定不变资本形式进入到资本积累过程中的，但相反的是，媒体平台的广告却进入到其他公司资本积累循环中的流通领域（其中一个特定的商品被出售）。社交网络用户（犹如马克思笔下的运输工人）通过自身劳动将使用价值承诺运输给他们自己，也就是说，社交网络用户作为生产性运输工人这一角色，不但是剩余价值创造者，也同为被剥削者。

总之，如果机械地将地租概念强加于数字媒体批判研究之中，无形中就否定了数字劳动者的生产性，从而也暗示他们是寄生性的——耗尽其他经济部门的雇佣工人所创造的剩余价值。从阶级斗争的角度出发，福克斯进一步指出，在政治层面上，地租观点彰显了雇佣工人在数字时代的阶级斗争中的权力核心地位，而用户和数字媒体在其中无足轻重，被看作是阶级斗争的局外人，或只是被看作是工会和政党在雇佣劳动斗争中可以利用的某种因素。这将最终阻碍了阶级对抗逻辑从工厂、办公室到谷歌、脸书、推特乃至整个互联网的蔓延。

第四节 小结：对福克斯数字劳动价值论的批判与重构

概而言之，福克斯的数字劳动价值论意指由数字劳动者创造的，且被交换于数字媒体资本与广告商之间的"数字劳动者商品"的使用价值、价值、价值量和价格生成，以及数字劳动者剩余价值率趋向无穷的相关理论。换而言之，福克斯继承了斯迈兹的"受众商品"论思想，提出了"互联网产消商品"（数字劳动者商品，具体包括用户数据及用户本身）概念，并以此阐释数字媒体平台是如何靠出售广告来获得资本积累的。为说明数字劳动为数字资本创造互联网产消商品的价值现象及其被剥削剩余价值的事实，福克斯在劳动价值论框架中找到了一种与产消者商品价值相对应的时间度量，并宣称用户（数字劳动者）的"所有在线花费的时间"都在生成产消者商品，都是劳动时间，且当广告被显示出来，即数据一旦被出售，价值就实现了。而由于用户是无酬劳动的，所以其所创造的价值都是被数字资本家无偿占有的剩余价值。由此，福克斯断言数字劳动承受着无穷剥削。但这也意味着，随着互联网用户数量（免费的可变资本）的不断增加，其为资本家创造的剩余价值也会随之递增，进而媒体资本家的利润率将会呈现出不降反升的形态。与此截然相反，马克思在《资本论》中所提及的一般利润率趋向下降[1]的规律表明：随着资本主义的发展，资本有机构成呈现不断提高的趋势（表现为全部

---

[1] 马克思：《资本论》（第3卷），人民出版社2004年版，第250页。

资本中不变资本所占的比重增大，可变资本的比重减少）。一般利润率则随着资本有机构成的提高和生产力的发展呈逐渐下降的趋向。马克思还提到，劳动剥削程度的提高等因素尽管能对利润率下降起削弱性的反作用，但并不能完全取消利润率趋于下降的规律。显然，福克斯所提出的无限剥削观点与马克思对资本主义一般规律的揭示之间存在着不可调和的矛盾。

上述矛盾主要源于福克斯数字劳动价值论中内存的两个谬误：一方面，福克斯将数字媒体资本的利润来源局限于广告收入，然而又错误地将广告收入看作是其剥削劳动所得的全部价值与剩余价值的实现，最终将流通领域中的数字劳动看成是创造商品价值的生产劳动。实际上，数字媒体资本的广告收入来自产业资本家所让渡的一部分剩余价值，就此而言，数字劳动是流通领域中不创造任何商品新价值的商业劳动。另一方面，由于福克斯忽视了数字媒体平台依靠文化、娱乐等平台内容所获得的利润收入，进而也避无可避地忽视了为数字资本增殖作出贡献的各种数字劳动类型。

为阐明数字劳动价值论的谬误，第一，我们需要重温马克思关于商业资本与商业劳动的论述。商业资本是在流通领域内专门从事商品买卖，以获取商业利润为目的的资本，即在 $G-W$（购买）和 $W'-G'$（售卖）中执行职能的资本。商业资本的作用在于避免商品滞留于流通领域，缩短产业资本循环的流通过程，节省产业资本家出售商品的时间，完成产品到货币的形式转换，以便实现商品的价值和剩余价值并开始下一轮的循环。在这个过程中，商业资本需要雇佣商业劳动来执行实现商品价值和剩余价值的职能。但商业劳动不同于产业雇佣工人的劳动，它不直接生产剩余价值，因此不是生产劳动：商业劳动者"给资本家带来利益，不是因为他直接创造了剩余价值，而是因为他在完成劳动 —— 一部分无酬劳动 —— 的时候，帮助资本家减少了实现剩余价值的费用"①。也就是说，商业劳动不从属于产业资本，它不创造可以追加到商品上的价值，只是为商业资本获取商业利润服务。而商业利润是来自于商业资本与产业资本按平均利润率瓜分的生产工人创造的剩余价值。总之，商业资本剥削的实质在于，商业资本家依靠商业工人的无酬劳动而占有产业资本家让渡给他的那部分剩余价值。广告或部分数字化商业媒体是商业资本各种职能专业化发展的结果，它们同样依靠广告工人为产业资本提供实现剩余价值的商品销售服务，但自身不是商品价值的来源。广告工人的劳动虽不创造价值和剩余价值，但必须通过它实现价值与剩余价值。他们的劳动时间也分为必要劳动时间和剩余劳动时间，工资也是由劳动力价值决定的，相当于在必要劳动时间内实现的剩余价值部分，而在剩余劳动时间内实现的剩余价值部分则形成了广告商业利润。

第二，澄清马克思的剥削观。马克思认为，剥削是以往一切私有制度的共同本质，而对剩余劳动的剥削是一切人类社会形态中剥削的内在规定："剩余劳动一般作为超过一定的需要量的劳动，应当始终存在。只不过它在资本主义制度下，像在奴隶制度等等下一样，具有对抗的形式，并且是以社会上的一部分人完全游手好闲作为补充。"②剥削在不同的私有制度形态中，具有不同的存在形式和实现方式。在前资本主义社会中，统治阶级依靠等级制权力机构分配和占有生产资料和支配劳动者，并通过劳役、地租等形式获取剩余劳动。因此说，剥削不必然是对剩余价值的剥削，但势必是对剩余劳动的剥削。

在资本主义发展过程中，至少存在着两种表现资本与劳动两者关系的

---

① 马克思：《资本论》（第3卷），人民出版社2004年版，第335页。
② 马克思：《资本论》（第3卷），人民出版社2004年版，第927页。

形式，一种是在劳动不从属于资本（亦称不被吸纳，non-subsumption）[①]的情况下，即劳动者未与资本形成雇佣关系之时，表现为对各个独立私有者生产和生活资料的剥夺，从而迫使靠自己劳动挣得的私有制转化为资本主义私有制："对直接生产者的剥夺，是用最残酷无情的野蛮手段……完成的。靠自己劳动挣得的私有制，即以各个独立劳动者与其劳动条件相结合为基础的私有制，被资本主义私有制，即以剥削他人的但形式上是自由的劳动为基础的私有制所排挤。"[②]这主要集中表现在资本主义原始积累时期。另一种是劳动已在形式上或实际上从属于资本，表现为对雇佣劳动剩余价值的剥削。在"资本主义生产方式站稳脚跟"[③]之时，要剥夺的不是独立经营的劳动者，而是剥削许多工人的资本家。这种剥削突出地表现为资本家对"剩余价值"的无偿占有，而剩余价值本质上就是雇佣工人"活的劳动"的"耗费"和"支出"。[④]与此同时，在不同的社会制度中也有着相同的剥削形式。"如高利贷资本和商人资本对独立的农民和手工业劳动者的剥削"就存在于前资本主义社会中。在当代资本主义中，劳资关系主要仍然表现为劳动未从属于资本与劳动从属于资本两种类型，资本对劳动的剥削形式

---

① 马克思在《1861—1863 年经济学手稿》中采用劳动对资本形式上的从属与实际上的从属［亦称为资本对劳动的形式吸纳（formal subsumption）与实质吸纳（real subsumption）］来说明资本与劳动的关系。在资本对劳动实现形式吸纳中，包括两个基本条件：一是工人与资本家双方在形式上都是自由人，除了赤裸裸的雇佣关系，不存在任何固定的统治或从属关系；二是之间作为劳动力的出卖者与买入者相互对立，这种对立越充分，资本对雇佣劳动的形式吸纳也就越充分。参见《马克思恩格斯全集》（第32卷），人民出版社1998年版，第15页。

② 马克思：《资本论》（第1卷），人民出版社2004年版，第873页。

③ 马克思：《资本论》（第1卷），人民出版社2004年版，第873页。

④ 王峰明、牛变秀：《"剥削"与"非剥削"——立足于马克思〈资本论〉及其〈手稿〉的辨析》，《马克思主义研究》2008年第6期。

相对地表现为对劳动者（剩余）劳动（资料与成果）的直接占有[1]与剩余价值的剥削。

第三，区分马克思的生产劳动与非生产劳动。从前文可见，福克斯全面而细致地分析了马克思生产劳动思想，但由于他曲解了马克思"总体工人"的思想，试图通过审视马克思对作为生产劳动的"总体工人"概念和对运输工人的论述指出，马克思并不将非雇佣工人与流通分配领域的工人排除于生产劳动之外，进而将信息业、广告业等新兴产业所牵连的劳动者都一并纳入生产劳动范围之中，导致最终错误地将第三层含义的生产劳动表述为"对剩余价值与资本的生产作出贡献的劳动"[2]。换而言之，从思维逻辑上讲，福克斯想通过证明p不排斥q，得出p就一定包含所有q的结果，这显然是讲不通的。而在理论上，马克思"总体工人"概念的出场目的在于批判资本主义生产力从工场手工业到机器大生产的发展过程中，不断扩大社会化商品生产范围，不断吸纳劳动者加入资本主义生产体系，不断加深对生产劳动者剩余价值剥削的种种现实。这种思想本身是建立在前两层生产劳动含义之上的，也就是说，只有在资本主义商品生产过程中创造了剩余价值的工人才属于"总体工人"范畴。

马克思认为，生产劳动和非生产劳动始终是从货币所有者、资本家的角度来区分的，不是从劳动者的角度来区分的。资本主义制度下的生产劳动是创造剩余价值的劳动，只有为资本家生产资本的雇佣劳动才是生产劳动，非生产劳动是不为资本家生产任何新价值，而只补偿已消费的价值的

---

① 大卫·哈维（David Harvey）在《新帝国主义》一书中认为，晚期资本主义中，资本家依靠已积累的财富与权力，采取"剥夺性积累"的策略宰制与掠夺普通大众，这些策略包括：将公共资产（公共的、集体的、国有的，等等）纳入私有制产权关系之中；对财产（包括自然资源）行以殖民式的、新殖民式的或帝国主义式的占有；对公共权力的压制；等等。本研究采用"直接占有"一词论述当代资本家对非雇佣劳动所采取的剥削（剥夺）形式。

② Fuchs C. *Culture and economy in the age of social media*, New York: Routledge, 2015, p.138.

劳动。[①]非生产劳动与生产劳动共拥一些相同点，如两者都生产剩余劳动与同受资本家剥削等，但其间也内存着本质上的不同点，如非生产劳动身受的剥削并非资本主义直接生产过程中的剥削，它本身未从属于资本，并不生产剩余价值，但其却有助于剩余价值的实现。在马克思看来，"只有直接在生产过程中为了资本的价值增殖而消费的劳动才是生产劳动"[②]，生产劳动是发生于商品生产领域中的，而流通领域中的不生产商品而只是促成商品形式转化为货币形式的劳动是非生产劳动。非生产劳动者的剩余劳动被生产资本（购买生产劳动的资本）用于提升资本循环速度，促成已存在的剩余价值的实现，但其在劳动过程中并未为商品创造出任何新的价值。

回到现实中，在由数字媒体平台、广告商与用户所构成的三角关系中清晰可见，数字媒体平台在寻求实现剩余价值的广告商和被免费服务的使用价值吸引的用户之间扮演着中介渠道的角色。一方面，广告商在数字媒体平台上投入商业资本，购买到了用户在数字媒体平台上创生内容的各种行为，但用户的这些行为绝不是福克斯所说的"在创造数据商品的生产劳动"，而是商业资本所购买到的商业劳动，数字劳动者扮演的是商业工人的角色，其发挥的作用是帮助广告商掌握市场情况和个性化消费需求，以此提升广告投放的精准度，减少盲目投放广告的数量，节省广告费用的成本，最终使得商品的剩余价值得以快速实现。就如约翰·迈克尔·罗伯茨（John Michael Roberts）所言："社交媒体公司剥削了作为消费者的用户实践，但这些用户并没有生产剩余价值。作为产消者的用户在流通领域中其实是非生产资本的可变资本，他们发挥的作用类似于经济生产部门中的固定资本；比如，他们有助于社交媒体公司通过削减劳动力成本来增加自

---

① 《马克思恩格斯全集》（第26卷）（第1册），人民出版社1972年版，第142页。

② 《马克思恩格斯文集》（第8卷），人民出版社2009年版，第520页。

己的利润。即使如此，产消者也并未生产出新的剩余价值，他们不是马克思所指的生产劳动。"①无独有偶，赵月枝对此也提过相类似的观点："如果认为在休闲时间上网和玩手机的时候，人们都在创造剩余价值，那接下来的问题就是，富士康工人的生产和消费者看手机时的'生产'，难道是可以等同的吗？质疑受众商品论中受众生产剩余价值的观点，目的是坚持马克思的劳动价值论和剩余价值来源学说，从而把资本主义雇佣劳动和我们看电视和上网时的'劳动'分开。在全球资本主义体系内，面对生产者和消费者的不平衡分布，这一区分有重要的意识形态和地缘政治意义。"②不过，尽管罗伯茨和赵月枝都给出了数字劳动没有为数字资本家创造价值的观点，但令人遗憾的是他们没有进一步地区分数字劳动的类型及其性质。

作为商业劳动的数字劳动与福克斯所言的"作为生产互联网产消商品的数字劳动"有一相同之处：都指涉在数字媒体平台与广告商监视之下的用户活动。但两者又有着本质性区别：前者不为任何资本家创造任何新商品价值或剩余价值；前者为广告商提供的是劳动服务（有意识有目的的活动），而非后者所言的用户生成数据商品③（user-generated data，即 UGD，就如罗宾逊所言，无意识活动生成的数据无论如何都不是用户劳动的产品④）的活动；前者所提供的劳动服务价值由广告商业劳动的社会平均劳动

① Roberts JM .Co-creative prosumer labor, financial knowledge capitalism, and Marxist value theory. *The Information Society*. Volume 32, 1, 2016, pp.28–39.

② 克里斯蒂安·福克斯、文森特·莫斯可：《马克思归来》（上），重庆出版社2017年版，第26页。

③ 帕泰拉·雷（P. J. Rey）将用户产生数据这一行为称为"偶发性生产力"（incidental productivity），或"外界生产（ambient production）……它是一种仅仅由于一个人的在场就有了生产的环境"，这表明用户不是有意识地参与产生反映了自身活动的数据痕迹（这是监视软件的产品）。

④ Robinson B. With a different Marx: value and the contradictions of web 2.0 capitalism. *The Information Society*, Volume 31, 1, 2015, pp.44–51.

时间所衡量，后者的价值则由所有用户的平均在线时间衡量；前者的必要劳动时间生产自身的劳动力价值，即一部分广告商使用平台推送广告所实现的剩余价值（之所以是一部分，因为数字劳动只占广告商业职能分工的一部分），而剩余劳动时间则是为产业资本节省下的流通费用（它构成了广告的利润源泉），后者的一切劳动时间则都是为数字资本生产剩余价值的剩余劳动时间。

另一方面，数字媒体平台凭借其所掌握的技术服务及网络协议的支配与制定权，直接占有了数字劳动者的全部行为数据，这就相当于资本主义原始积累时期的资本家对劳动条件和生产资料的直接剥夺一样。也就是说，由于数字商业劳动并非从属于资本的雇佣劳动，它的劳动力、劳动时间和方式，劳动资料都能够被数字劳动者自由支配与安排，因此，数字媒体平台只有通过直接占有的方式来剥削它。这种剥削实际上表现为通过转让用户活动的监视与使用权给广告商，而获得了产业资本利润的瓜分。从此意义上讲，数字媒体平台和广告商共同剥削了数字商业劳动的剩余劳动。福克斯认为："脸书用户消耗剩余价值，进行的是非生产性流通层面的活动，或者，脸书是出租者（食利者），诸如此类的论调都在再生产资本主义意识形态——用户是未受到剥削的。"[1] 这一断言恰恰说明福克斯片面理解了马克思的剥削观，单一地认为只有生产剩余价值的劳动才是受资本剥削的劳动。与之相反，运用马克思关于商业资本的理论解释在数字媒体平台广告盈利模式下的数字劳动，并不会否定数字劳动被数字媒体资本与商业资本剥削的事实，更不会贬低数字劳动者在数字媒体资本积累过程中的地位，而是真正地说明了数字资本与数字劳动之间的剥削与被剥削关系。

---

① Fuchs C.The digital labour theory of value and Karl Marx in the age of Facebook, YouTube, Twitter, and Weibo, *Reconsidering Value and Labour in the Digital Age*. edited by Fisher E, Fuchs C. Basingstoke: Palgrave Macmillan, 2015, pp.26–41.

与此同时，我们也不应忽视数字媒体平台攫取利润的其他途径，因为这些模式下所形成的劳资关系中存在着生产内容的、（间接或直接）为资本创造新价值的数字劳动（user-generated content，即 UGC）。目前，数字媒体平台的盈利模式大致包括：广告模式、用户收入提成模式、商品销售模式、信息类产品收费模式等。而在不同的盈利模式中，形成了不同的劳资关系，它们决定了不同的数字劳动类型及性质（参见表 3-1）。

表 3-1　基于数字媒体平台利润来源的数字劳动类型

资本与劳动的关系	数字劳动类型	数字资本对数字劳动的剥削（占有）方式	数字媒体平台的利润来源	数字劳动性质
不从属于资本的数字劳动	（以营利为目的）自媒体数字劳动	剥削剩余劳动	用户收入提成	非生产劳动
	数字商业劳动	剥削剩余劳动	广告	非生产劳动
	非雇佣的知识与情感劳动（包括游戏劳动、创意劳动等）	占有劳动成果	有形与无形商品的销售（利用雇佣劳动将被直接占有的数字劳动成果转化为商品的一部分）	非生产劳动
从属于资本的数字劳动	数字雇佣劳动	剥削剩余价值	文化、信息类产品的（会员）收费与销售	生产劳动

数字商业劳动。如前所述，在广告模式中，数字媒体与数字劳动处于产业资本循环的流通领域，数字劳动是既不创造商品价值的，也未为资本家创造剩余价值，但有助于实现剩余价值的无偿的商业劳动，即不创造商品价值的非生产劳动。当前，广告虽然是数字媒体平台的主要利润来源，却也构成了数字媒体平台发展需要突破的瓶颈——增加广告长度势必损害用户体验，继而造成用户的流失。因此，推广自媒体、打造自制内容、发展网络游戏等成为数字媒体平台实践盈利模式转型的方向。

自媒体 [①] 数字劳动。在用户收入提成模式中，用户借助数字媒体提供的平台，利用自己的资源进行内容创作活动并获得一定的收入，其中被平台抽取一定比例的提成（可看作用户租用平台的租金），这种劳动类型可称作以营利为目的的自媒体数字劳动。在此劳动类型中，数字媒体平台凭借数字化空间所有权以提成的形式剥削自媒体数字劳动的剩余劳动，有点类似于地主阶级凭借土地所有权以地租的形式剥削农民的剩余劳动。例如"打赏"模式中的自媒体工作者（是一典型例子），他们通过创作优质的文章、漫画、视频或音频等原创内容吸引受众，并保持与受众的积极互动，了解受众的兴趣爱好，提升受众对自己内容的关注度，从而塑造出高参与度的"黏性"受众，促使他们最终能够"自愿买单"，为其所提供的服务提供报酬，而打赏的最终所得需与数字媒体平台按一定的比例分成。这一类数字劳动创造了以交换为目的的信息商品，但其所交换所得是"自己支付自己" [②]，不为资本家创造剩余价值，故属于非生产劳动。

非雇佣的知识或情感劳动。在有形或无形商品的销售模式中，这些商品所凝结的往往不只来自数字媒体公司员工的劳动，还来自数字劳动者的知识或情感成果。典型的例子体现于游戏产品和创新型产品的研发与生产过程中。比如腾讯公司所运营的《王者荣耀》游戏软件，不仅需要公司程序员编写二进制代码，也需要编撰游戏虚拟故事情节的知识或情感劳动，而这一编撰过程通常是由游戏玩家集体参与完成的。[③] 又如在众创模式中，软件开发者把大的开发工程分成相对独立的模块，并分别发布到网络上以寻求大众参与和交互创新，最后对提交方案进行筛选、吸收和利用。在上述游戏故事或软件创新的过程中，用户通常是受兴趣爱好的驱动投入知识

---

① 代玉梅：《自媒体的传播学解读》，《新闻与传播研究》2011年第5期。

② 《马克思恩格斯全集》（第26卷）（第1册），人民出版社1972年版，第148页。

③ 蔡润芳：《平台资本主义的垄断与剥削逻辑——论游戏产业的"平台化"与玩工的"劳动化"》，《新闻界》2018年第2期。

或情感劳动，而这些劳动的成果却被数字资本家直接占有并转化为商品的一部分。这一类数字劳动并未受雇于资本家，即从属于资本主义直接生产过程，而只是生产了被资本"吞并"的知识或情感产物。就如马克思早已揭示的那样："科学根本不费资本家'分文'，但这丝毫不妨碍他们去利用科学。资本像吞并他人的劳动一样，吞并'他人的'科学。"[①]这种被吞并之后又被吸纳进资本生产过程的知识或情感本身并不能创造价值，它们只是提高资本的生产力和剩余价值率的途径。总之，未被纳入资本主义生产体系的劳动，只是生产了知识（经验、情感）的劳动，而不是创造价值的生产劳动。

数字雇佣劳动。在文化、信息类产品收费模式中，数字媒体通过会员制或其他收费制度出售自制或已购买版权的内容以实现盈利。这种模式中主要体现出两种数字劳动类型，一种是作为雇佣劳动的数字劳动，表现为在平台创造自制内容过程中，与其签订协议赚取工资的嘉宾团队及制作、开发员工的劳动。另一种是作为商业劳动的用户数字劳动，在平台内容发布或播放的过程中依靠穿插内容性广告来获取利润。通过对用户的行为轨迹和兴趣偏好的监视使得这些广告有目的性的出现。典型的例子体现于视频网站的运营之中，通过提供高清电影点播，采用用户付费方式，满足付费用户对"零广告"观看热映或正版电影的需求等。数字雇佣劳动为数字资本家创造了剩余价值，属于生产劳动。

综上，福克斯囿于对数字媒体利润来源的单一考察，将属于流通领域中的数字商业劳动片面地理解为创造剩余价值的生产劳动，由此陷入无限剩余价值率的迷思之中。与之相反，笔者以为，应基于马克思劳动价值理论，并结合运用马克思原始积累、商业资本、劳动与资本的关系等思想，将数字劳动划分为被剥削剩余劳动的自媒体劳动、被直接占有的数字商业

①《马克思恩格斯全集》（第44卷），人民出版社2001年版，第444页。

劳动、被直接占有劳动成果的非雇佣的知识与情感劳动及被剥削剩余价值的数字雇佣劳动四种类型，以此多维度地考察数字劳动与数字资本价值增殖间的关系。同时，这四种类型的数字劳动间并非相互孤立的，比如数字商业劳动类型始终交织于其他劳动类型之中，而以营利为目的的自媒体劳动往往也是投入了情感与知识的劳动，它们之间的区别只在于各自对数字资本媒体利润形成的作用不同。这种区分并不会削弱马克思劳动价值论在数字资本主义时代的解释力，更不会贬低数字劳动在生产过程中的地位，反而清晰地证明了数字资本的价值增殖归根结底来源于不同数字劳动类型的贡献。

第三章

福克斯数字劳动形式分析论

　　当前，数字劳动研究者常偏爱于马克思劳动价值论、异化理论和达拉斯·斯迈兹受众劳动思想上来理解社交媒体（如脸书、推特）上之价值创造活动及其运作机制。对此，福克斯洞中肯綮地指出，此偏于社交媒体用户劳动这一隅之数字劳动研究模式必会导致数字劳动研究发展呈举步维艰之态。福克斯进一步指出，如果要推进当前的研究，就不应止步于窥探社交媒体用户劳动，而应基于更为宏观的视角继续深入发掘数字劳动的其他形式。但是，如何深入理解于国际分工背景下不同数字劳动形式间之关系？如何细致全面地揭示出每一具体数字劳动形式背后之剥削关系，以及其与数字资本主义积累之相互联系？在福克斯看来，马克思的生产方式理论是进一步解答上述问题之良方妙药。

第一节　马克思的生产方式理论

一、生产力与生产关系之多重维度说

在生产关系方面，阶级关系是阶级社会中生产关系的组织形式，其决定了私有财产之所有权，人类社会也据此划分为五种类型的生产方式。福克斯认为，生产关系组织之形式实质上就是阶级关系，比如资本主义社会中的阶级包括有产阶级和无产阶级（owning class and a non-owing class）：占据统治地位的有产阶级完全拥有与控制着社会中一切财产之所有权和支配权，无产阶级则迫于生计地、毫无选择地为有产阶级生产着剩余价值。再如于无阶级差异存在的社会中，人类群体自然而然地共同拥有与共享着社会中一切财产之所有权和支配权。一般而言，人类社会中的生产关系包括所有权方式、强制方式、分配方式和劳动分工四个维度（见图4-1）。具体而言，生产关系决定和规定了财产关系 —— 劳动力、生产资料、劳动产品归谁所有，由谁支配，由谁使用，劳动者与生产资料是相互结合的还是各自分离的，等等。基于此种种不同之所有权方式，可划分出人类社会中五种不同类型之生产方式：家长制、奴隶制、封建制、资本主义和共产主义（见表4-1）。生产关系同时还决定着商品之分配、各种具体形式之劳动分工以及保护财产关系之强制方式。详细上讲，其一，分配方式规定着产品于劳动者间的分配额度。如在共产主义社会中，每个劳动者都会获得满足各自需求之产品，再如于资产阶级社会中，分配行为是以交换的形式进行的，无产阶级必须用自己的劳动能力交换来工资货币，进而获得所需产品，其中的交换组织形式包括一般

交换、交换交换价值（x commodity A = y commodity B）、交换最高限度的交换
价值与交换资本积累。其二，劳动分工规定着人们于家庭、经济、政治和文
化中之各自职责。如历史上的性别分工、脑力—体力分工、专业技能分工、
全球劳动分工，等等，另外，我们也需注意与之相反的一例，即马克思于理
想状态下构想出了一个能够克服劳动分工，促使所有人全面发展的和谐社
会形态。其三，强制方式包括身体暴力（监督、安全部队、军队）、结构暴
力（市场、体制化雇佣劳动合同、私有财产之法律保护等等）和意识形态暴
力（用于表明现有秩序是最好或唯一之选择或为社会问题提供托词之意识形
态）。显然，于自由形态之社会中是找寻不到上述种种强制方式的。

```
生产力          ⟺          生产关系

主体，劳动力：              所有权方式：
生活资料/再生产：           劳动力，
个人、社会、制度           生产资料，
                          劳动产品


客体，生产资料：           强制方式：
劳动工具：                 无
身体、大脑、工具、机器、时空   身体暴力
劳动对象：                 结构暴力
自然的、工业的、信息的资源    意识形态暴力


主体/客体，劳动产品：       分配方式：
自然产品                   按需分配，
工业产品                   交换交换价值，
信息产品                   交换最大交换价值，
                          交换资本积累


                          劳动分工：
                          家庭，
                          体力/脑力，
                          通才/专业，
                          政治
```

图4-1　生产关系与生产力的各个维度 [①]

[①] Fuchs C, Sandoval M.Digital workers of the world unite! A framework for critically theorising and analysing digital labour, *tripleC*, Volume 12, 2, 2014, pp.486–563.

表 4-1　不同生产方式中的所有权形式 [1]

生产方式	劳动力所有者	生产资料所有者	劳动产品所有者
家长制	家长	家长	家庭
奴隶制	奴隶主	奴隶主	奴隶主
封建制	一部分自有 一部分地主	一部分自有 一部分地主	一部分自有 一部分地主
资本主义	工人	资本家	资本家
共产主义	自己	所有人	一部分归所有人 一部分归个体

多数情况下，马克思理论中的生产关系意指于直接生产过程中人与人之间的关系，其中不包括分配关系和交换关系。此可见证于《资本论》（第 1 卷）序言中之言辞："我要在本书研究的，是资本主义生产方式以及和它相适应的生产关系和交换关系。" [2] 另外，历史唯物主义于社会形态研究中入微地讨论了生产力、生产关系和上层建筑这三个基本要素间的辩证关系，生产力和生产关系是相互矛盾的一对，占统治地位的生产关系的总和作为社会的经济基础又和上层建筑构成一对矛盾。[3] 也就是说，作为意识形态、国家机器、法律制度、组织的上层建筑是不包括于生产关系之中的。但基于上述生产关系四维度之论述，显然，福克斯于广义上理解的马克思生产关系内涵既包括除直接生产中之关系外的分配、交换等其他社会关系，还包括了上层建筑的内容（强制方式），事实上也就相当于取消了上层建筑概念的存在，并将其纳入生产关系之中。这与福克斯所推崇的威

---

① Fuchs C, Sandoval M.Digital workers of the world unite! A framework for critically theorising and analysing digital labour, *tripleC*, Volume 12, 2, 2014, pp.486–563.

② 马克思：《资本论》（第1卷），人民出版社2004年版，第8页。

③ 赵家祥：《生产方式概念含义的演变》，《北京大学学报》（哲学社会科学版）2007年第5期。

廉斯文化唯物主义之思想不谋而合地相互呼应着——意识形态等观念性的存在与经济基础理应相互交织着共存于一体，此时此景下的上层建筑实质上"只是一种借口"①。

在生产力方面，生产力是创造使用价值之生产系统，依据其组织方式的异同，可区分为农业生产力、工业生产力和信息生产力三种形式（见表4-2）。生产力还包括了主体（劳动力）、客体（劳动对象）和主—客体（劳动产品）三个维度。此三者之关系可见于具体劳动过程之中：人们使用自身劳动力（主体生产力）并通过劳动工具（技术性生产力，是客观生产力的一部分）来改造劳动对象（自然生产力部分，也属客观生产力的一部分），最终生产出劳动产品。在福克斯看来，此劳动产品即为黑格尔宣称的主—客体，也同为马克思论述中之产品，劳动与其对象于其中有机地融为一体：劳动被对象化于产品之中，对象被改造成满足人类需求的使用价值。在上述三维度中，劳动工具可以是人的头脑与身体，机械工具和复杂的机器系统，此外，其还包括特定的时空组织，即在具体时间上所进行生产的具体位置。劳动的对象与产品可以是天然的、工业的、信息资源的或是此三者之结合体的。而劳动力就仅仅单指人类主体所具有的劳动能力，其必须依靠于能够满足人类基本需求之生存资料，这就需要社会再生产工作来再生产和维护人类之延存。整体而言，生产力体系发展之目标在于提高劳动的生产率，即于每单位劳动时间上生产出的产品量。基于此，马克思将生产力发展（劳动生产率的提高）界定为"劳动过程中的这样一种变化，这种变化能缩短生产某种商品的社会必需的劳动时间，从而使较小量的劳动获得生产较大量使用价值的能力"②。生产力体系发展的另一个目标是通过减少必要劳动时间和苦力劳动（苦工）来促进人类的自我发展。

---

① Fuchs C. *Culture and economy in the age of social media*, New York: Routledge, 2015, p.12.

② 马克思：《资本论》（第1卷），人民出版社2004年版，第366页。

表 4-2　生产力的三种组织方式①

方式	劳动工具	劳动对象	劳动产品
农业生产力	身体、大脑、工具、机器	自然	基础产品
工业生产力	身体、大脑、工具、机器	基础产品、工业产品	工业产品
信息生产力	身体、大脑、工具、机器	经验、思想	信息产品

二、生产力与生产关系之辩证统一说

　　马克思的生产方式概念是生产力与生产关系的统一体，其强调了阶级关系（生产关系）和资本、劳动与技术之组织形式（生产力）间的辩证相互关系。马克思于《大纲》中"资本主义生产以前的各种形式"部分以及《德意志意识形态》一书中都论述过生产方式之历史演变轨迹：首先是在家长制家庭基础上的部落共同体；其次是古代城市中的公社财产（罗马、希腊）；再次是乡村的封建生产；最后是资本主义。因此，马克思所谈及的历史上具体之生产方式实指家庭/部落、古代奴隶制社会、封建主义和资本主义。

　　基于马克思的观点，福克斯从生产力与生产关系层面探讨了马克思的四种生产方式。在生产力层面，部落的、古代的、封建的生产方式是建立于对自然占用之上的，因此马克思说，"土地财产和农业构成经济制度的基础"，土地是"最初的劳动工具、实验场和原料贮藏所"②，"把土地当作财产，这种关系总是要以处在或多或少自然形成的或历史地发展了的兴衰

---

　　① Fuchs C, Sandoval M.Digital workers of the world unite! A framework for critically theorising and analysing digital labour, *tripleC*, Volume 12, 2, 2014, pp.486–563.

　　②《马克思恩格斯全集》（第30卷），人民出版社1995年版，第476页。

的部落或公社占领土地（和平地或暴力地）为中介"①。也就是说，这些生产方式身处于农业社会之生产力水平——自然作为劳动基本对象被劳动转变为使用价值。资本主义生产方式（有着大规模的工业和机器生产）的出现意味着："人类存在的这些无机条件同这种活动的存在之间的分离，这种分离只是在雇佣劳动与资本的关系中才得到完全的发展。"② 在其大规模的工业生产中，劳动之直接对象并非自然属性的土地，而是源于自然的原料和半成品，最终将其加工成为新产品或商品。劳动工具于此加工过程需求下由传统的原始性工具演化为一台复杂的工作机器，甚至演化为一个机器化体系。所以说，资本主义是与工业制度作为生产力的组织方式一起产生的。

在生产关系层面，其一，家长制生产方式中的无偿劳动。马克思和恩格斯认为，私有财产和奴隶制起源于家庭这一最基本的社会设置单元，私有财产之雏形"在家庭中已经出现，在那里妻子和儿女是丈夫的奴隶。家庭中这种诚然还非常原始和隐蔽的奴隶制，是最初的所有制，但就是这种所有制也完全符合现代经济学家所下的定义，即所有制是对他人劳动力的支配"③。劳动力于家庭型生产方式中并不是商品，而是受缚于维持家庭情感关系的义务与责任，无怨无偿地进行着情感、社会关系及人的精神与身体等再生产之家庭工作，即进行着所谓的再生产工作。劳动主要形式表现为妇女于家庭中所进行的身体与情感/看护之工作，其劳动动机一方面来自情感和社会（妇女天命于一种促使她们劳动的情感承诺），另一方面来自经济（妇女顺乎于一种维持其家庭生存的责任与义务），在一定程度上还会来自身体（妇女受迫于一种家庭权势成员的物理性暴力，即我们俗称的家暴）。福克斯指出，当前，这类无偿劳动于资本主义社会中仍然扮演

①《马克思恩格斯全集》（第30卷），人民出版社1995年版，第477页。
②《马克思恩格斯全集》（第30卷），人民出版社1995年版，第481页。
③ 马克思：《德意志意识形态》（节选本），人民出版社2003年版，第28页。

着重要角色，其中的非雇佣劳动进行着一些再生产劳动力之活动，这有力地保证了劳动力与生存条件的再生产。其二，古代财产与封建生产方式中的奴隶制。马克思和恩格斯认为，古代公社财产的基础是奴隶制之生产方式，封建时代的奴隶制则具有农民是农奴这一特殊形式。此两种生产方式中的奴隶都是被作为物来对待的，处于一种物的状态，"在奴隶制关系下，劳动者属于个别的特殊的所有者，是这种所有者的工作机。劳动者作为力的表现的总体，作为劳动能力，是属于他人的物。因而劳动者不是作为主体同自己的力的特殊表现即自己的活的劳动活动发生关系。在农奴制关系下，劳动者表现为土地财产本身的要素，完全和役畜一样是土地的附属品。在奴隶制关系下，劳动者只不过是或的工作机，因而它对别人来说具有价值，或者更确切地说，它是价值"[1]。作为奴隶的劳动者受强制之方式通常是身体暴力："古代世界的基础是直接的强制劳动；当时共同体就建立在这种强制劳动的现成基础上。"[2]其三，资本主义生产方式中的雇佣劳动。资本主义生产关系的最突出特征就是劳动工人具有的自由与不自由这一双重特性。马克思于《资本论》（第1卷）中深刻地揭示了劳动工人的这种双重（不）自由性："他们本身既不像奴隶、农奴等等那样，直接属于生产资料之列，也不像自耕农等等那样，有生产资料属于他们，相反地，他们脱离生产资料而自由了，同生产资料分离了，失去了生产资料。商品市场的这种两极分化，造成了资本主义生产的基本条件。资本关系以劳动者和劳动实现条件的所有权之间的分离为前提。"[3]换而言之，劳动工人一旦从封建主义社会走进资本主义社会中，其本身便不再属于私人（奴隶主或封建地主的）财产，而完全成为自己的财产，这就是我们所说的"自由身"下之自由特性，与此同时，由于拥有"自由身"的工匠和农民对生产资料

---

[1]《马克思恩格斯全集》（第30卷），人民出版社1995年版，第457页。

[2]《马克思恩格斯全集》（第30卷），人民出版社1995年版，第200页。

[3] 马克思：《资本论》（第1卷），人民出版社2004年版，第82页。

不具有所有权与控制权，其不得已地向资本家出售自己的劳动力以赚取维持生计之工资，此意义上的劳动工人又无奈地具有了不自由性。

那么，这四种生产方式于各个维度的生产力与生产关系中又是如何相互关联的？福克斯认为，在马克思看来，历史就是生产方式的不断更替与扬弃："已成为桎梏的旧交往形式被适应于比较发达的生产力，因而也适应于更进步的个人自主活动方式的新交往形式所代替；新的交往形式又会成为桎梏，然后又为别的交往形式所代替。"[1] 福克斯主张应于黑格尔"扬弃"这一术语的辩证思想中解读马克思之生产方式思想。"扬弃"内蕴拾起、取消、保存此三重非线性之辩证过程，将其引申于生产方式的阐释中：一是新经济特性的萌生，二是旧生产方式统治地位的退让，三是旧生产方式化身于一特殊形式存身于新生产方式中并与之紧密相连。[2] 概而言之，一种新生产方式应包含着以往之阶级关系与劳动组织形式，同样地，不同生产方式中也可具有相同之阶级关系与劳动组织形式。比如前面谈到的，资本主义的出现并没有终结家长制，后者仍然存在于特有的家庭经济体制中，以满足当代劳动力的再生产之需求。然而，我们需要注意的是，从资本主义到共产主义的转变是需要对资本主义进行根本性消除的，问题在于新生产力的出现是否意味着这种消除能立即成为现实呢？在福克斯看来，答案是否定的。

---

[1] 马克思、恩格斯、费尔巴哈：《唯物主义与唯心主义对立》，人民出版社1998年版，第70页。

[2] Fuchs C. *Digital labour and Karl Marx*, New York: Routledge, 2014, p.164.

第二节 跨国信息资本主义中的数字劳动形式分析

　　基于资本主义生产方式自身及其与全球背景下的各种生产方式间之关系这两个角度，福克斯既从宏观层面触及了内含信息通信技术产业（ICTs）的跨国信息资本主义这一背景，探讨并阐明了以信息生产力为支撑的信息社会之资本主义性质，亦从微观层面通过引入实证性材料，分析了被ICTs资本所操纵的各种生产方式中的数字劳动形式，指认了剥削是当代全球资本主义社会ICTs存在的首要特征，证明了要想于全球化背景下真正地把握住劳动分工及剥削形式随着生产力变化而呈现出的多维性与统一性，仍然脱离不了马克思生产方式之分析框架。

一、跨国信息资本主义的生产方式

　　聚焦于资本主义国家内部生产力变化与生产关系调整之层面，不难发现，资本主义生产力已悄然由工业生产力演化为信息生产力，然此演化并不是革命性的，其不但没有改革资本主义阶级制度，反而是使其更加地牢固。福克斯于《媒体与信息批判研究的基础》（Foundations of critical media and information studies，2011）一书中从实证角度分析了当今之生产力在何种程度上可冠名为信息生产力。福克斯于书中指出，信息生产力应包括作为客观生产力之信息技术和作为主观生产力之知识型劳动力两个方面。其又进一步地借助于信息社会统计学，并依据此两个方面确定出了计量信息主义程度的具体权重指标，如信息产业工人在劳动者群体中的比例，信息职位在劳动岗位集合中的比例，信息产业在所有价值增殖行业中的比例，等等。[①] 同时又参考福布斯排行榜中的世界大型公司之资产与利润指标，梳理分析了产业资本的分布方式并指出，近年来，金融公司和金融服务公司占据着资本资产的绝大部分，石油和公共设备部门紧随其后，位居第三的便是信息部门。上述统计分析表明，信息生产力已日渐成为资本主义社会中的一种新兴生产力，但其也仅仅是生产力发展的一种主流趋势，而不是代表着资本主义社会发展的整体趋势。换而言之，"信息生产力"这一术语并没有表述出来一种全新的生产力，而是依据特定的指标表明出，整个社会生产力的某一方面已达到的信息化程度和没有达到信息化的程度。因此，于资本主义社会前加以"信息"二字而组合出的信息资本主义这一术语，充其量只是描述出资本主义生产方式于阶级关系中利用信息生产力积累资本之程度，而不能武断地将当今资本主义生产方式革命性地界定为信息资本主义。

福克斯进一步指出，就如非信息生产力一样，信息生产力的出场也是受资本主义阶级关系（生产关系）调节的结果，这意味着作为经济生产特征的信息技术（生产工具的一部分）和知识工作（具有精神、沟通性质和支配手工性质的劳动构成）之确立，是为减少可变与不变资本之支出，提高剩余价值之剥削，进而实现更高的利润率。对此，马克思于《大纲》中早已论及，随着科技的日新月异，整个生产过程日渐成为"科学在工艺上的应用"，"生产过程从简单的劳动过程向科学过程的转化，表现为同活劳动相对立的固定资本的属性"。[②] 并且预言了信息经济的到来——"社会智

---

① Fuchs, C. *Foundations of Critical Media and Information Studies*, New York: Routledge, 2011, p.209.

② 《马克思恩格斯全集》（第31卷），人民出版社1998年版，第94页。

力的一般生产力"①——可以说，技术不断革新所导致出的信息生产力对工业生产力的扬弃是固定资本发展之结果，是资本技术构成和有机构成不断提高之结果，是资本主义为以技术加剧劳动剥削而行资本积累之结果。工作于信息生产力中表现为知识工作之形式，是马克思所谓的一般智力的工作，也是"对象化的知识力量"②，随其而来的是新的财产权矛盾，即文件分享者与知识产权占有者基于文化作为公共产品的性质与其作为商品的现实之间的矛盾。

　　然而，信息生产力的兴起仅起因于对生产力组织方式之扬弃，本质上并没有否定阶级关系，也就没有于本源上架构起新的生产方式，因此，其只是资本主义内部所发生的一种变化而已。此可在实际生产过程中的生产关系层面得到佐证——当今的信息社会仍然是围绕着资本所有者与雇佣/无酬劳动、失业者之间的关系而发展。同对生产力作统计分析一样，福克斯借助工人阶级、资产阶级、中产阶级和失业群体之规模、工资与利润之关系，最贫困与最富裕群体之关系，工资增长与生活质量增长之关系和GDP增长与利润增长之关系等指标，对资本主义社会阶级结构发展进行了计量分析。计量数据表明，从20世纪后十年至当今21世纪，资本主义生产关系一直是资产阶级占有着社会绝大多数的经济财富——公司寡头拥有着富可敌国的经济实力，这些资本财富仍然是靠少数有产阶级剥削无产大众而积累出的，它的持续增加也可视为是工资相对减少和低收入、不稳定职业相对增多之结果，就如马克思所言的，工人生产的财富越多，创造的产品越丰富，他自己就越贫困、越廉价，而站在其对立面的是资本财富的不断积累。一言以概之，信息社会中的生产关系仍然由资本与劳动间根深蒂固的阶级矛盾所塑造。

---

①《马克思恩格斯全集》（第31卷），人民出版社1998年版，第92页。
②《马克思恩格斯全集》（第31卷），人民出版社1998年版，第102页。

聚焦于资本主义与全球其他生产方式之关系层面，显然，资本主义已经形成新的国际劳动分工，其于两个具体层面上与生产方式丝丝相连。在生产力层面，信息生产力并没有消除，而是扬弃了其他生产力，详细上讲，为了使信息生产得以延续和发展，这就需要全球范围内的、各种类型的和大量的物质生产，具体包括农业生产、矿业生产、工业生产等，因而资本主义国际劳动分工自然而然地与全球各种生产类型相互结合起来，如农业劳动、工业劳动、服务劳动、知识劳动、无偿消费、用户劳动等。在生产关系层面，资本主义为克服自身危机四伏之处境，需不断地、策略性地创造出新的资本积累模式与剥削压迫形式，如通过全球生产外包来减少劳动成本和固定成本，以实现利润之最大化，具体做法是将生产过程中的某些特定步骤转移到能够容忍其危险工作条件的国家中，以便弱化对工人的保护和福利的资本主义模式，并且造成不同国家的工人阶级之间相互竞争，最终被迫沦为新自由主义政治之生产工具；同时，使各种前资本主义阶级关系（家长制、奴隶制、封建制）与资本主义阶级关系相结合。总之，以信息生产力为支撑的资本主义体系在追求剩余价值的驱使下，通过在全球其他发展中国家和地区范围内的资本扩张，吸纳各种劳动力形式于其积累体制之中，从而构成了一种新的全球资本主义发展形式，福克斯将之称为跨国信息资本主义。

二、数字劳动形式分析

对照于跨国信息资本主义生产方式之内在本质及要求，ICTs 生产也必然于寻求利润最大化的驱动下，通过劳动力转包方式将其剥削触角延伸至世界其他不同生产方式之劳动形式上。因而，福克斯于《数字劳动与卡尔·马克思》一书中依据丰富的调查资料及数据，在马克思生产方式理论的分析框架内，用了整整五章之篇幅系统地论述了 ICTs 产品生产各个阶段

（原材料采掘、制造、装配、软件设计、信息服务等）所牵涉的各种劳动形式及隐藏其后的社会关系。从而全貌式地揭示了一件 ICTs 产品之诞生史实质上就是一部阶级压迫、一部资本剥削劳动之血泪史。

（一）前资本主义中的数字奴隶劳动

据美国地质勘探局和跨国公司研究中心的综合数据显示，笔记本电脑、移动手机、游戏机、MP3 和网络摄像机等 ICTs 设备的制造需要用到大量的金属材料，"除去电池和电池充电器，金属材料大概占一个移动手机总重量的 25%"[①]。制造 ICTs 设备所需的金属材料绝大多数来自刚果、埃塞俄比亚等非洲国家。以刚果为例，福克斯深刻地剖析了处于数字劳动全球分工底端的矿物开采生产关系与生产力。"在刚果东部的采矿区内存在有现代奴隶制的几种典型形式：受政府军强迫的劳动、债奴、当劳役偿债、性奴隶、逼婚、受武装队伍控制的儿童及其他儿童奴役形式等等。"[②] 由此可见，刚果矿物采掘数字劳动中内蕴的生产关系包括典型的奴隶制和基于租金和徭役奴隶上的封建奴隶制。前者表现为政府军或反政府军队占有着矿产等生产资料的所有权，而身扮生产资料角色的劳动者则完全受支配于矿主，其具体劳动形式包括采掘、分拣和运输矿物。后者表现为马克思所言的徭役劳动，也即由于债务等原因，债权人强迫服徭役者于徭役日期间进行无偿的矿地工作，其中服徭役者与典型奴隶的区别在于其拥有一些可自由进行其他维持生存所需活动的时间。同时也包括缴纳租金的奴役劳动，"矿工为了在某一矿场工作，必须每周支付矿主和政府一定量的租金，由于租金费用太高以致于矿工不能摆脱出这种工作关系，从而无休止地陷

---

① Fuchs C. *Digital labour and Karl Marx*, New York: Routledge, 2014, p.172.

② Sevignani S.Review of the book "Digital labor: the internet as playground and factory", edited by Trebor Scholz. *tripleC*, Volume 11, 1, 2013, pp.127–135.

入到受奴役的困境中"①。在 ICTs 产品的矿物开采生产关系中，强制方式一方面是直接的、赤裸裸的身体暴力，另一方面还来自具有社会——经济形式的主观意识——当地人希望通过矿场工作使自己摆脱饥寒交迫之处境。另外，由于矿工在钶钽铁矿、金矿、钨矿等开采过程中主要采用的是棍、铁铲、锄头等手工型工具，此种低下的开采方式往往导致了当地居民区的被迫迁移，当地河流、农场和空气遭受严重污染等社会问题。

（二）资本主义原始积累中的数字装配劳动

福克斯基于相关调查数据指出，中国于 2004 年一跃成为世界上最大的移动电脑、手机、液晶显示器、转换开关等 ICTs 产品的制造国，于 2006 年便已获得"世界第二大 ICTs 产业国"的称号。现今，在由美国这一"世界第一大 ICTs 产业国"主导下的全球 ICTs 产业结构中，中国公司已是崭露头角，其中尤以富士康公司最为典型——全球最大的代工厂商和 ICTs 制造商。聚焦于富士康公司之生产方式，福克斯通过大量的实证调研揭示了数字装配雇佣劳动受数字资本剥削之现状。就生产关系层面而言，雇佣工人的工作条件与生存环境十分恶劣，比如超长的工作时间（每天的工作时间长达 12 个小时），监狱般的食宿条件（形同陌路的工人们拥挤在 6～22 人间的恶臭宿舍里，艰难地吞咽着令人作呕的残羹冷炙），危害健康的工作环境（于缺乏防护装备下长期地接触着有害化学物质）等。然在如此恶劣工作与生存环境下的雇佣工人的劳动力则是格外的廉价，常常是资不抵用（64%～72% 的受访者抱怨工资无法满足其基本生活需求）。种种非人道的待遇终于酿成了 2010 年震惊世界的富士康 N 连跳事件，悲剧发生后，执迷不悟的雇主们却仅仅忙于进一步地强化对雇佣工人的看管，甚至想当然地认为设置"防跳网"便可遏制跳楼事件的发生。实际上，富士康这种

---

① Fuchs C. *Digital labour and Karl Marx*, New York: Routledge, 2014, p.177.

生产关系恰好反映出了其低下的生产力状况。富士康雇佣工人为数字资本生产的各种信息通信产品所需的零配件属技术含量不高之产品，因此其劳动主体主要是低学历年轻人、妇女和农民工等。福克斯认为，从 2001 年到 2005 年，就有 4000 万失去土地的中国农民涌进中国城市中的现代 ICTs 工厂之中，这与马克思所描述的 400 多年前欧洲原始积累之状况相差无几。可以说，在科技日新月异的 21 世纪，资本主义的原始积累过程仍然在不断上演着。在此过程中，富士康雇佣工人所遭遇的是对前资本主义的奴隶制和刚果数字奴隶劳动的辩证扬弃：他们表面上看似是具有双重自由的雇佣工人，可以有选择性地出卖劳动力，也能够自由地离开雇佣关系，但他们所处的监狱般的工厂环境，以及"防跳网"施于其身的控制，实际上并没有实现其真正的人身自由，这也表明了后者的奴隶性质仍然保留于前者之中。

（三）新自由主义思想主导的数字软件劳动

据相关数据显示，软件产业是印度媒体产业中占额最大的一部分，在印度服务出口上占据着印度的半壁江山，2012 年一年间就吸引了全球信息技术与业务流程外包业务的 58%，由此不难看出，印度的软件劳动在全球 ICTs 产业劳动分工中起着举足轻重的作用。在生产力方面，印度的软件制作公司主要是由跨国投资的形式组建而成，尽管其劳动主体大都是高学历、高英语能力的工程师，但他们的劳动仅仅指向于软件的简单编程、设计与检测等工作，这都属于低水平的外包型软件业务。在生产关系方面，数字资本主要依据两种具体方式来剥削印度软件工程师之劳动力。一种是所谓的身体商店（body shop），其意指身扮商品角色的印度软件工程师经由身体商店出口给任何 ICTs 资本需要他们的地方，换而言之，印度软件工程师和身体商店签订劳动契约关系后，后者便为前者提供出国条件和工作机会，但前者须得承受残酷的人身限制——其必须听从身体商店的指令，随时准备出发到 ICTs 资本需要他们的地方，而其实得的劳动报酬仅为报酬总额的三分之一，其中的三分之二则被身体商品无情地、契约式地扣除了。另一种是虚拟移民（virtual migration），与前一种相比，虚拟移民方式中软件工程师无须迁移至雇主国家，他们可在直接给美国等西方国家 ICTs 公司提供服务的印度国内公司中工作，其工作模式实质上是于不限定的地点上为美国等西方国家 ICTs 公司实时地完成任务。福克斯进一步指出，此两种方式都反映了印度 ICTs 产业深受西方新自由主义思潮之影响，在其主导下的软件劳动都具有高剥削化（印度软件工程师的平均劳动工资仅为美国等发达国家软件公司中员工工资的 9.6%）[①]、个性化、分散化、隔离化、不确定化等特点，而劳动对立面的资本一方却可借此降低工资成本，减少福利支出和提高利润收入。

（四）资本主义新精神主导的数字贵族劳动

硅谷之所以能够成为全世界 ICTs 产业之心脏和 ICTs 资本之集聚处，得益于其中的 ICTs 制造业和信息业两大龙头产业。基于深入调查上述产业之生产方式，福克斯一针见血地指出了被人们称为"梦想之谷"的硅谷背后实际隐藏的资本主义与父权制、种族主义、性别主义结盟之下的劳动剥削关系。尽管生产计算机与电子产品的 ICTs 制造业与生产软件的信息业对硅谷价值创造的贡献不相上下，但两者间的劳动分工却大相径庭。一方面，制造业内部的劳动主体由西班牙裔和亚裔的工人组成，且以女性居多，而其管理职位通常由白人担任。劳动主体的工资收入主要依据计件分配之方式，"实现了计件工资，很自然，工人的个人利益就会使他尽可能紧张地发挥自己的劳动力，而这使资本家容易提高劳动强度的正常程度"[②]。这种根源于父权制和种族主义之劳动分工方式不仅使工人们遭受到

---

① Fuchs C. *Digital labour and Karl Marx*, New York: Routledge, 2014, p.206.

② 马克思：《资本论》（第1卷），人民出版社2004年版，第637页。

残酷的、高强度的剥削和使其身处于随时失业的不稳定工作状态，还导致出工人们身陷工业污染的双重危害：一是在生产过程中接触着有害物质，二是生活于堆满工业污染物的居住环境之中，孩子们也避无可避地就读于同样的学校环境之中。显然，在硅谷 ICTs 制造业中，劳资间的阶级矛盾之否定辩证法被链接到了资本主义生产方式与自然力间的对立中，资本主义的社会对抗性与生态对抗性由此而暴露无遗。

　　另一方面，知识密集型软件的生产主体大都是高学历的软件工程师，他们享有高额的工资待遇、健康的工作条件与优越的生活环境，这与制造业劳动主体之现实形成了鲜明的对比，因此其被冠名为硅谷中的"数字劳动贵族"。然而，此"贵族"也仍然承受着资本的高强度剥削，只是这种剥削相比于制造工人承受的而言具有一定的隐蔽性，原因在于软件公司所行的管理策略，即法国社会学家博尔坦斯基（Luc Boltanski）和希亚佩洛（Éye Chiapello）所言的"资本主义新精神"。以谷歌为例，其对员工采取的是柔和的、社交性的强制方式：无合同规定的加班要求；以项目为基础的工作；来自同事间的社交压力与竞争；对工作的认同；奉行乐趣与玩耍的文化；基于绩效的晋升；模糊工作与娱乐之间的界限，通过提供体育锻炼、餐厅服务、咖啡、按摩、社交活动、讲座等来激励员工花大量时间于工作地点，从而也大幅延长了工作时间，这往往导致其员工工作与生活之间的平衡遭到破坏；等等。于是，谷歌化身为了生活的同义词：生活时间亦即工作时间，一切时间都是在为谷歌创造价值。因此，谷歌里的软件工程师是受数字资本剥削的、高收入与高压力兼具的数字劳动者。实际上，依照马克思在《大纲》中的说法，数字贵族劳动者的高工资，即相对于制造工人的超额工资，其实质上是来自于制造工人所创造的剩余价值。可见，ICTs 制造工人受剥削所基于的自然与阶级之间的对抗性，在硅谷中进一步体现为 ICTs 工人阶级之间分化的对抗性，即低收入低待遇的劳动大众与高收入高压力的劳动贵族之间的对抗。

（五）泰勒制中家庭主妇式的数字服务劳动——以电话服务中心为例

ICTs 产业的飞速发展在造就高收入数字软件设计者与低收入数字制造者的同时，还催生出了一大类低专业技术含量的、集中于"电话服务中心"（call center）的新型数字服务劳动者。这些新型数字服务劳动者主要由来自发展中国家（印度、菲律宾、肯尼亚等）的女性构成，她们在电话服务中心的劳动形式主要是通过操作计算机软件处理顾客数据库，并使用通信系统以声音或电子形式与客户进行对话沟通。在这种处理客户关系的沟通中，她们需要发挥的是女性特有的、处理情感和社交关系的能力。于是，她们所接受的是泰勒制式的强制方式：劳动者自身没有决策权，需要按统一的声音、语速和回答标准，长时间地、重复性地进行对话沟通。这表明了劳动的性别分工已经从工业时代的家庭里延伸至数字资本主义时代的工厂中：在工业资本主义时代，由于仅雇佣男性劳动力的现代工业取代了手工工业，女性则被迫留在家庭中来负责劳动力再生产（身体、精神、情感的照料等）和抚育子女，而如今，在信息资本主义时代，电话服务中心等服务性行业则日渐地偏爱女性劳动力，逐渐将这种家庭主妇式的情感劳动、交往劳动吸纳到全球数字劳动分工之中，从而促成了一部分数字劳动力的女性化转向，由此也颠覆了工业资本主义时期关于劳动性别分工之构成观。

▎第三节▎　小结：对数字劳动形式分析论的评价

　　总体而言，福克斯的数字劳动形式分析论存在明显的谬误之处。其一，在对马克思生产方式理论的阐释中，福克斯将作为国家机器、法律制度等强制方式的上层建筑归入生产关系之中，这表面上是强调上层建筑与经济基础的紧密联系，实际上是将两者混为一谈，无视两者的区别，实属非辩证唯物的观点。其二，福克斯在对数字装配劳动这一具体劳动形式的考察中，错误地断定中国农民工参加到现代 ICTs 工厂的生产中与资本原始积累相差无几。这显然歪曲了中国工业化和城镇化过程中农业劳动力向工业部门转移这一客观事实和资本主义原始积累的本质区别。同时也应看到，福克斯提出跨国信息资本主义观以及运用马克思生产方式理论分析各种劳动形式之间的关联，具有一定的理论意义。

　　具体而言，第一，跨国信息资本主义作为广义数字劳动背景的提出，是对信息社会理论所蕴含的单一技术社会形态观和解读马克思生产方式理论过程中所呈现的机械观的回应。一方面，自 20 世纪 80 年代以来，"信息社会"就化身为国内外学术界热衷探讨的理论概念，这无疑是对互联网、手机等新型通信技术全球化普及与扩散的反映，也是冷战后资本主义世界体系进入全球化、网络化和数字化的映照。然而，这些信息社会理论不是着重于颂扬知识（思想、精神活动）的力量，就是偏执于突出大众媒体、计算机、互联网或移动手机等信息技术的作用，其实质都是在宣称，人类社会的生产力已发生了根本性的变革，信息技术、知识、科学与传播为人类带来了一个崭新的社会。对于这种掩盖或否认资本主义生产关系存在的理论观点，香港媒体与传播批判研究的先导者邱林川就曾一语破的地指出："不少人为了把握当今时代的新特性，就去创造新名词，比如'后现代社会''风险社会''信息社会''后工业社会'等。新词不断出现，造词的人却无法掌握新时代的真正脉络。唯有对旧时代亘古不变的东西进行分析，我们才能领悟新时代之新。"究竟是什么"亘古不变"，是什么一直存在于世界体系中？答案之一就是资本主义对劳工的剥削和异化。[①] 马克思的生产方式理论认为，社会形态的演变不仅是技术生产力单方面起决定作用的后果，更是生产关系与生产力相互制约和影响的结果。区分人类社会的发展阶段，要以一定的生产关系及与之相适应的上层建筑作为根本标志。据此，马克思主义将全部历史分为原始社会、奴隶社会、封建社会、资本主义社会和共产主义社会五种经济社会形态。而在这种经济社会形态划分的基础上，可以结合人类社会某一历史阶段的生产力发展水平和技术发展水平[②]，从更具体的技术社会形态层面来划分社会发展阶段。所以说，在马克思主义理论的视域中，对"信息社会"理论的回应，应该是辩证地从经济社会形态与技术社会形态之间的关联性来正确揭示当今社会发展的某一面向或趋势。

另一方面，在正统马克思主义与西方马克思主义中存在着对马克思主义生产方式理论的机械性解读观。如斯大林主义者认为，社会历史是呈直线式发展的，一种特定的生产方式在消除旧方式后，就只包括一种特定的劳动与价值攫取形式。而结构主义的马克思主义者阿尔都塞则基于静态的结构性分析法，视生产方式为一种由要素结合而形成的结构，并提出历史的发展是不同生产方式间的结构性过渡。上述观点与当今之自由主义理论不谋而合，它们都假定历史的发展是依循着从农业社会到工业社会，再到

---

① 邱林川：《告别iMob：富士康、数字资本主义与网络劳工抵抗》，《社会》2014年第4期。

② 赵家祥：《在历史唯物主义体系中应补充"技术社会形态"概念》，《学习与研究》1985年第12期。

信息社会这一线性顺序（各阶段无交集）向前演进的。

而福克斯眼中的跨国信息资本主义正属于整合了"技术社会形态与经济社会形态"的范畴。事实上，"信息资本主义"并非新现于此，曼纽尔·卡斯特（Manuel Castells）于20世纪90年代末就已提及。但与彼时之信息资本主义的分析框架（韦伯的"新教伦理与资本主义精神"）及理论旨趣（发掘新兴社会秩序的完美模式与主题）不同，福克斯于马克思生产方式理论框架中揭示出了，当今信息社会中体现着资本主义发展连续性与非连续之辩证法，即具有资本主义的基本特征（剩余价值、交换价值、资本、商品和竞争），但这些基本特征在新兴的客观生产力（符号、"非物质"）与主体生产力（认知、交流与合作的劳动）中又各自彰显着自身。同时也蕴含着生产力与生产关系之辩证法——作为主—客生产力的知识和信息技术已成为服务于资本积累的商品生产手段，它们是在与生产关系的冲突中茁壮成长起来的，这种冲突既体现在全球劳动分工的重构之中，又体现在发达国家中的开源运动与知识产权、盗版与反盗版等现象之中。

第二，告别媒体研究领域中只重消费与资本的研究路径，进一步证明了要在跨国信息资本主义这一复杂的背景下揭示不同数字劳动形式与新的资本积累模式、剥削形式之间的动态关联，依然脱离不开历史唯物主义的视域。于是，福克斯以马克思生产方式理论为基础，辅以经验材料和田野调查，对跨国信息资本主义中的数字劳动形式进行了全景式的考察。由中可见，在信息生产力与资本整合不同的劳动过程之中，数字劳动与资本、剥削间的关系呈现出以下几个重要特点：其一，除智力劳动外，体力劳动依然是数字资本积累的重要源泉。由数字奴隶劳动与制造劳动的分析中可见，数字技术在催生一系列新型智力劳动形式的同时，仍然需要大量的、不可或缺的体力劳动来生产其赖以生存的物质条件。这同时也佐证了信息社会所吹捧的"非物质信息""无纸化办公"背后的唯物论基础。其二，劳动的非正式化和劳动者对非正式雇佣劳动的依赖。数字资本与新自由主义的联姻，使得发展中国家（如印度）的软件工人和硅谷制造业工人被排除在正式劳动群体之外，无奈地成为数字劳力系统中的雇佣军，自然地也就为整个 ICTs 产业创造出了一个巨大的廉价劳动力蓄水池。这也表明数字资本主义的新积累体制是建立在不稳定的、贫困化的劳动力基础之上的。其三，并存的显性剥削与隐性强制方式强化了劳动主体内部的分化。在 20 世纪 90 年代，卡斯特就曾提出过于网络社会理论中劳动者两极化之现象——站于社会经济中高层地位的劳动精英被内化了资本逻辑，而相对底层地位的劳动大众则成为网络社会的边缘群体。然而，随着 21 世纪 ICTs 产业规模的空前扩大，数字劳动者不仅囊括了高层精英群体和底层奴隶劳动者、制造工人等大众阶层，又覆盖了普通知识分子群体和家庭妇女群体，同时还收纳了广大的用户群体。但资本主义生产关系施于上述不同劳动群体的强制方式截然不同——精英阶层的软件工程师和广大用户群体受到的更多是隐形的、间接的剥削形式，而奴隶劳动者和制造工人群体受到的大多是显性的、直接的剥削形式。自然而然地，他们相应的社会地位和收入层次也是大相径庭的。如果沿着以往西方马克思主义的文化批判或话语批判路径，而过于强调数字劳动者间的差异性身份，则难以实现联合他们作为一支政治力量的数字劳动者整体的现实。只有回到历史唯物主义之视域，将种族、性别、文化等身份差异与 ICTs 领域生产关系中产生、发展过程相勾连，揭示出各种数字劳动形式与资本的从属关系，才能使这一新的劳工形态成为反对跨国信息资本主义的新"掘墓人"。

第四章
福克斯数字劳动与工人阶级解放论

　　基于对马克思生产方式理论和马克思劳动价值论的解读，福克斯不仅梳理出信息通信技术（ICTs）生产中牵涉的各种显性劳动形式，还试图揭示出社交媒体上内蕴的隐形劳动形式——用户数字劳动被媒体资本剥削的本质，其理论旨趣在于阐明ICTs生产领域中的阶级对立论，唤醒推翻跨国信息资本主义的ICTs工人阶级力量，最终实现否弃异化劳动，解放数字劳动之数字工作，建构起基于共有逻辑之工人阶级数字/社交媒体。为此，福克斯宣称："我们需要一个属于数字工人阶级（digital working class）的，具有广度和深度的阶级斗争联合策略。一方面，此策略必须致力于提供一个非商业的，以共有物为基础的和能够吸引大量用户的替代性平台，并最终促使脸书等（商业化平台）的用户在某一时刻联合行动起来，集体迁移至这一替代性平台；另一方面，此策略还需要有一个作为社会运动的活动者关系网去挑战阶级关系。"[1] 那么，马克思的阶级在福克斯的数字劳动理论中是否成立？如何界定ICTs工人阶级？他们为何种数字媒体而斗争？ICTs工人阶级在占领运动中是如何利用社交媒体与资本主义斗争的？上述问题不仅关系着"解释世界"之需要，更是关乎着"改变世界"之需求。

---

① Fuchs C. *Digital labour and Karl Marx*, New York: Routledge, 2014, p.330.

第一节　数字时代的阶级状况

福克斯跳出"雇佣劳动—资本家"这一既定型研究框架，并从信息资本主义中的知识重要性这一现实背景出发，基于剥削关系视角重新解读阶级概念，以资本家与知识劳动者构成的经济剥削关系为根本依据，辅以技术关系、权力关系来划分社会阶级，从而达成对马克思阶级理论的当代阐释。

一、信息资本主义的阶级分析路径

目前，"马克思—韦伯连续统一体"在社会科学领域之阶级争论中仍然处于焦点地位，马克思阶级理论和马克斯·韦伯阶级理论依然占据着西方阶级理论这一轴心线的两端，而其各执一端的阶级观也自然而然地产生出截然不同的理论和政治意蕴。福克斯系统地分析了韦伯与马克思的阶级理论路径之迥异：虽然韦伯与马克思都关注社会上经济的不平等现象，但前者的阶级是由相似命运机会和生活际遇的个体构成的，它强调阶级地位和状况的差异来源于经济中的生活机遇分配差别。详细上讲，某些个体之所以能够组合成一阶级，原因在于他们有着类似的职业、收入、财富、家庭消费模式、社会保险、社会流动、技艺，等等。可见，韦伯的阶级理论更多的是聚焦于阶级内部的共同性和相似性，而忽视阶级之间的差异性和关联性，这导致出其对阶级对抗之现实视而不见，而是在政治上倾向于支持各阶级之和解。后者的阶级观主要关注的是有着经济利益冲突的对立阶级之间的一种历史社会关系，它强调各阶级间相互排斥的经济利益。换而言之，马克思的阶级理论则重于阶级形成中的剥削关系，占拥权力的有产阶级本能地无偿占有着无产工人的剩余时间及其创造的劳动产品，相应地，无产工人为生存之计而不得已地于资本的控制下劳动着。与韦伯相比，马克思的阶级理论具有高度相关性和政治性——阶级是生产结构对立位置之间的辩证关系：资本主义中的每一阶级都需寄生于与之相关的另一阶级，他们在剩余产品的分配问题上有着本质性的利益冲突，这种对抗性的消解寄希望于阶级的持续斗争和一种全新经济制度的建立。

在当今信息社会中，有学者提出了"信息中下阶层"（information have-less）的概念，其意指由缺乏公共决策权，收入微薄的 ICTs 使用者、服务者和制造者组成的群体。如果分别用韦伯的阶级理论与马克思的阶级理论来阐释"信息中下阶层"这一概念，我们就会明显地察觉到二者之差异。在韦伯的眼中，"信息中下阶层"仅指向于一个单独的阶级，阶级中的个体有着相似的贫窘的生活条件、生计急需的工作需求和收入微薄的工作现实。在马克思眼中，"信息中下阶层"并非一个孤立的阶级，其实质上属工人阶级的一个子集，与刚果奴隶工人、美国汽车工人、印度软件工人等同样地要受到资本的剥削，而将自己从剥削中解放出来便是潜藏于此种剥削下共同的奋斗目标。福克斯总结到，在遍布着多重剥削关系并满含着不平衡现象的当今世界中，对整个国际社会作马克思主义分析可谓是最为契合的致思路径，这不但有利于我们分析出剥削的对抗关系，还促使我们应时地提出废除剥削根源的要求。

二、作为阶级概念的"诸众"

（一）以"剥削"为基础的马克思阶级理论实为当代出路

恩格斯在《共产党宣言》（1848）中称："资产阶级是指占有社会生产

资料并使用雇佣劳动的现代资本家阶级。无产阶级是指不占有社会生产资料而被迫靠出卖劳动力来维持生计的现代雇佣工人阶级。"[1] 现今，全球范围内日渐涌现出一大类群体，他们犹如《共产党宣言》中的现代雇佣工人阶级一样，生活与工作在动荡的、贫困潦倒的环境中。比如在新的全球经济危机进程中，"欧盟 25 个国家的失业率从 2008 年 6 月的 7% 上升至 2009 年 12 月的 9.7%"[2]。一些国家的失业率更是突破了历史峰值。大数据表明，当下的无产阶级不能仅局限于工厂中的现代雇佣工人群体，在其之外还有许多人同样生活与工作于艰难困境之中，他们的物质现实与现代雇佣工人群体拥有的相差无几。将这一类人排于无产阶级范畴之外将是一个分析性和政治性的错误。[3] 因此，在当代信息社会背景下，以"雇佣工人"为标签的无产阶级概念已成为马克思阶级理论应用与发展的绊脚石，而基于剥削过程的阶级概念将是摆脱这一障碍的康庄大道。福克斯高度肯定了马克思在《资本论》中强调剥削是阶级的基础的言论，"资本主义生产过程的动机和决定目的"是"资本家尽可能多地剥削劳动力"[4]，被剥削阶级是"同生产资料分离了，失去了生产资料"[5] 的阶级。无产阶级不过是"生产剩余价值的机器"，资本家不过是"把剩余价值转化为追加资本的机器"[6]。可见，剩余价值生产和剥削是阶级结构和资本主义的两大核心。其中的剥削意指剥削阶级从至少一个被剥削阶级那里剥夺资源，排斥其拥有权并占有了被剥削者生产的剩余价值。显然，尽管马克思对无产阶级的分

---

① 马克思、恩格斯：《共产党宣言》，人民出版社2014年版，第27页。

② Fuchs C.Labor in informational capitalism and on the internet, *The Information Society*, Volume 26, 3, 2010, pp.179–196.

③ Fuchs C.Labor in informational capitalism and on the internet, *The Information Society*, Volume 26, 3, 2010, pp.179–196.

④ 马克思：《资本论》（第1卷），人民出版社2004年版，第384页。

⑤ 马克思：《资本论》（第1卷），人民出版社2004年版，第821页。

⑥ 马克思：《资本论》（第1卷），人民出版社2004年版，第687页。

析着重于 19 世纪机器大工业时代中的工业产业工人，但马克思主义的阶级范畴却远远不局限于此。

事实上，结合前文中福克斯对数字劳动者受社交媒体资本剥削剩余价值的论证，以及对各种数字劳动形式的分析，我们可见一斑，一切涉及数字媒体内容与技术生产的数字劳动者，即一切与信息通信技术产业相关的劳动，由于受到媒体资本家的剥削，已共同构成了数字工人阶级。然而，当代无产阶级显然并不仅限于这一产业之劳动者。因此，我们有必要再次回头于福克斯关于当代阶级之理解，从而更进一步地把握住数字工人阶级在整个无产阶级中的位置与角色。

（二）由"知识劳动"所生成的作为阶级的"诸众"

福克斯于《信息资本主义与互联网上的劳动》一文中详细地探讨了信息资本主义社会中阶级的定义及构成。福克斯于文中指出："通过这种占有方式，知识生产者和传统工业工人同样成为被剥削阶级，按照哈特与奈格里的说法，他们就是'诸众'。""诸众是阶级的延伸概念，考虑到劳动已日趋普遍之现象，其将超越体力雇佣劳动者这一狭义范畴。"[1] 也就是说，"诸众"是一个受资本宰制的贫者群体，其既包括了现代雇佣工人群体，也包括了数字劳动者群体。在哈特与奈格里看来，这些不同群体的内在共同点和连接点是借由非物质劳动这一新的、占主导性地位的生产方式所生成的。但福克斯却认为，促成"诸众"生成的是于信息资本主义社会中占据核心地位的劳动——"知识劳动"，即生产和分配信息、通信、社会关系、情感以及信息通信技术的劳动。[2] 它既包括直接层面的劳动，即公

---

[1] Fuchs C.Labor in informational capitalism and on the internet, *The Information Society*, Volume 26, 3, 2010, pp.179–196.

[2] Fuchs C.Labor in informational capitalism and on the internet, *The Information Society*, Volume 26, 3, 2010, pp.179–196.

司中的工薪工人、外包劳动力和自雇者的劳动，它们生产着在市场上作为商品销售的知识产品和服务，如软件、数据、统计、专业知识、咨询、广告、媒体内容、电影、音乐等，也包括间接层面的劳动，即生产和再生产资本及工薪工人存在的社会条件，如教育、社会关系、情感、传播、性、家务、常识、保健等。然而，上述种种社会所需的无偿劳动在一定程度上是由没有固定薪酬的劳动者所承担的。在某种意义上，无偿劳动者具有繁衍性（reproductive），因为它孕育和维持资本与工薪工人的存在；而后两者免费地消耗了无偿、繁衍性工人所提供的物品和服务。[①] 因此说，资本家和工薪工人共同剥削着繁衍性劳动者。在此情况下，马克思说："一个产业部门利润率的提高，要归功于另一产业部门劳动生产力的发展。"[②] 这就意味着有偿劳动经济之积累依靠的不仅仅是自身的进步，也依赖于无偿劳动经济的发展。"在这里，资本家利用的，是整个社会分工制度的优点。"[③] 这一劳动分工体系中也包括无偿劳动经济，后者与有偿劳动经济辩证地关联着，且同时都具有受资本剥削这一本质属性。通过消耗繁衍性劳动和公共产品及服务，工薪劳动者不断地繁衍着自身。工薪劳动者剥削无偿劳动者的同时又避无可避地受到资本家的剥削。

对于上文提及的无偿劳动者如何才能变身为知识劳动者，我们可以从福克斯对知识的界定上作进一步理解。福克斯认为，知识是人类社会在历史长河中孕育的产物，每一种新知识都是由人类社会共同协作产生的。无独有偶，马克思也高度强调过知识生产的合作性，其于著作中指出，知识是"一般劳动"，"它部分地以今人的协作为条件，部分地又以对前人劳动

[①] Fuchs C. 著，陈婉琳、黄炎宁译：信息资本主义及互联网的劳工，《新闻大学》2014年第5期。

[②] 马克思：《资本论》（第3卷），人民出版社2004年版，第96页。

[③] 马克思：《资本论》（第3卷），人民出版社2004年版，第96页。

的利益为条件。共同劳动以个人之间的直接协作为前提"①。可见，知识只可能由人类社会共同生产出来，它与自然、基础设施一样，本质上同属于人类社会的共同层面，不被某一群体所占有。但在资本主义社会中，特别是在当今之信息资本主义社会中，知识却被资本所独占，并不自觉地成为资本积累之必要条件。福克斯进一步地区分了知识的五种类型以及相应的依附形式：人类历史上的知识和培育技能的教育知识（组织机构形式），娱乐知识（文化产品形式，如音乐、戏剧表演、文学、书籍、电影、艺术品、哲学等），实用知识（以教育和社会化来传承实践的形式）和技术知识（对象化于机器和实践中）。它们在资本积累上都发挥着至关重要的作用。教育知识、娱乐知识和实用知识有力地保证了劳动力的再生产，技术知识于表面上看似是资本家所购买的固定资本，但其同样是由社会生产且被资本作为生产资料独占的知识。（因为知识的某些部分在公共研究机构和大学中产生；并且每一项技术创新都基于整个科学领域的条件之上，这些被研究部门和技术生产公司将其作为一种外部资源而免费消耗。）尽管人类社会中的所有个体都在同等程度上受益于上述五种形式的知识，且他们同时都在为自然、知识和公共服务等公共品的生产和再生产无偿地贡献着自身，但资本家却免费地占用和消耗社会的公共品，并以此获得利润和积累资本，因此，资本家站在了其他全体知识生产者的对立面，是人类社会中唯一剥削和剥夺社会公用品的阶级，而其他全体知识生产者犹如现代雇佣工人群体一样成为与其对应的被剥削阶级，即作为"诸众"的无产阶级。可以看出，福克斯的知识劳动者概念是一个广义的范畴，囊括了除物质生产工人之外（甚至物质生产工人也同时处于知识劳动者角色）的绝大多数群体，他们大都无偿地"生产或再生产着资本存在和雇佣劳动的社会条件"，以至于世界上的"被剥削阶级"已呈普遍化和全球化。

---

① 马克思：《资本论》（第3卷），人民出版社2004年版，第119页。

三、建构超越"诸众"的阶级模型

福克斯指出，哈特与奈格里两位学者仅是在宏观的、高度抽象的层面上论述阶级，未曾从微观的、具体的视角细分出"诸众"之子类别（subclasses），以至于他们很难说清楚"诸众"这一集合之外延。基于此，福克斯入微地将"诸众"进行了子阶级划分，并构建出呈现各子阶级间关系的马克思主义阶级模型。福克斯划分出的子阶级具体包括：一是现代雇佣工人。资本家占有他们生产出的物质产品以及蕴含于其中的剩余价值。二是知识工人。他们是生产知识产品及服务的，体现为工资关系的雇佣劳动者或者自由职业者。资本家同样占有这些知识产品和服务以及蕴含于其中的剩余价值。必须注意的是，健康、教育、运输、社会保健、住房、能源等领域公务员并不受资本的直接控制，他们大多是雇佣知识工人，生产社会与资本存在所必要的部分公用品，资本通过间接方式榨取这些公共产品。三是家务工人。主要以女性为主，她们于广义传播活动中生产知识、情感、性等不作为商品销售的，被资本家和雇佣劳动者免费享用的，以再生劳动力的家庭产品及服务。四是失业者。他们表面上是被资本家和雇佣劳动者剥夺工作机会的，但实质上是缘于技术进步引发资本有机构成上升（不变资本和可变资本的关系）的结果。与家务工人一样，失业者所从事的也是资本存在所需要的无偿繁衍性知识劳动，而且，他们常常被迫从事收入微薄、朝不保夕甚至非法的工作。五是移民和发展中国家工人。作为非法工人，他们经常于种族主义的生产关系中遭受到极端程度上的经济剥削。相应地，发展中国家要么被完全排除于剥削关系之外，要么成为资本主义国家所需要的廉价劳动力蓄水池。六是退休人员。他们于家庭、社会福利、家庭护理和教育等领域中扮演着繁衍性无偿劳动者的角色，就此而言，他们同样是遭受剥削的。七是学生。他们生产和再生产了作为公共品的，且被资本家免费占用的知识与技能，而且，他们还常常以不稳定劳动力的角色受剥削于资本家，因而被戏称为"朝不保夕族"（precariat）或"实习族"。八是不稳定和非正式工人。兼职工、临时工、合同工、虚假自主创业者等都处于暂时的、不安全的、低收入的工作关系之中。福克斯结论性地指出，当代无产阶级就是直接或间接地为资本家生产物质产品、知识产品及服务，并被资本家剥夺和侵占了资源的一群体。[①]

福克斯针对当代马克思主义阶级模型之建构现实指出，不仅要着眼于马克思主义传统视域中的生产资料关系维度（鲍德里亚所言的经济资本），还要从权力（政治资本）和知识技术（文化资本）维度来审视当代整个资本主义之阶级构成。美国马克思主义社会学家埃里克·奥林·赖特（E.O.Wright）于《关于阶级的辩论》（The Debate On Classes，1998）一书中提出，阶级概念的界定既要以经济资本为依据，也要结合鲍德里亚所强调的社会政治资本和文化资本（权力与技术），进而构造出一个较为全面的展示当代西方社会阶级结构的模型。赖特眼中的资本主义社会主要包括三个阶级：剥削者的资本家阶级，被剥削者的工人阶级，既不是剥削者也不是被剥削者的小资产阶级。其中内含着凭借自拥高技术而"获得比这些生产技术成本更高收入"的技术工人，和代理行使资本家权力的经理人和监督者，经理人"抽取超出生产管理性劳动力成本一定比例的工资"[②]，他们处于错综的阶级层次，在生产资料方面像被剥削者的工人阶级，而在生产权力方面像剥削者的资本家阶级，其精确的阶级层次定位则取决于他们所处社会中位置的高低。显然，赖特的阶级分析论具有一定的参考价值，但福克斯认为，将经济阶级概念局限于工薪阶层和资本家，将个体经营者纳入小资产阶级，并且把底层阶级（underclasses）看作是经济剥削之副作

---

① Fuchs C.Labor in informational capitalism and on the internet, *The Information Society*, 26, 3, 2010, pp.179–196.

② Fuchs C.Labor in informational capitalism and on the internet, *The Information Society*, 26, 3, 2010, pp.179–196.

用，这显然是犯了分析上和政治上之双重错误。于是，在基于赖特理论之上，福克斯自我地建构出了当代之马克思主义阶级模型（见图 5-1）。

图 5-1　扩展的阶级模型①

显然，图 5-1 所示模型中除了以生产资料所有权关系为主要坐标外，还设置了稀缺技术关系和权力关系这两个横纵坐标。以生产资料所有权为参照，当代社会中的阶级关系仍然表现为资产阶级与无产阶级这一两极分化之现象。在当今之信息资本主义社会中，无产阶级队伍日渐扩大，阶级关系日趋普遍，愈来愈多生产公共品的、处于正常雇佣关系之外的群体，如家务劳动者、失业者、移民、学生和不稳定的非正式员工等，由于同现代雇佣工人一样地受剥削于资本而被纳入无产阶级范畴，在他们之中贯穿着剥削、压迫和支配的内在主线。以技术关系和权力关系为参照，"诸众"内蕴的对抗性这一天然属性导致了其内部分化出多个子阶级。"诸众"中的个体大多身扮着多个子阶级中之角色，且是呈动态、流动、多变特征之角色。例如女性工资劳动者往往也是家务劳动者，学生有时也为不稳定劳动者，许多不稳定工作者亦是自雇型劳动者，等等。然而，"诸众"客观

---

① Fuchs C.Labor in informational capitalism and on the internet, *The Information Society*, 26, 3, 2010, pp.179–196.

上却是统一的，因为它是由所有被资本剥削，为资本家直接或间接地生产和生活，却被资本家剥夺和占有其共同生产和再生产之资源（商品、劳动力、公共用品、知识、自然、公共设施和服务）的个体和群体组成。

　　综上所述，福克斯于保留马克思阶级思想的基本框架之下，以生产资料所有权和剩余价值生产为标准界定出了阶级之概念，其既侧重强调了资产阶级与无产阶级之两极对抗性，又着重突出了无产阶级内部之同一性，在此基础上，福克斯又进一步拓展了马克思主义之阶级范围，以剥削为基础，以知识在信息资本主义社会中的普遍性和公共化为起点，强调出资本占用以公共品为标签的知识和剥削广义的知识劳动者这一本质，最终凸显出阶级对抗性在当代资本主义社会关系中的主导地位。

第二节　工人阶级解放的目标及路径

一、"自为"的 ICTs

由前文所述可知，从事牵涉数字媒体技术和内容之生产、流通与使用的一切脑力与体力劳动的数字劳动者，无论是雇佣还是非雇佣的，无论是直接地还是间接地为资本家生产物质与知识的，其都不占有生产资料，且以劳动成果被资本家无偿占用之形式受剥削于媒体资本，因此，他们本能地站在了资产阶级之对立面，自然也就跻身为全球范围中"诸众"的一个子阶级，即一个内部相互区别、相互矛盾、又相互联系的当代被剥削阶级。接下来，福克斯基于马克思工人阶级与无产阶级之观点，对工人阶级数字媒体平台与无产阶级数字媒体平台之性质作出系统性区分，以明确数字工人阶级是在为何种数字媒体而斗争的。

马克思曾在《哲学的贫困》（1847）一书中指出："经济条件首先把大批的居民变成工人。资本的统治为这批人创造了同等的地位和共同的利害关系。所以，这批人对资本说来已经形成一个阶级，但还不是自为的阶级。在斗争（我们仅仅谈到它的某些阶段）中，这批人逐渐团结起来，形成一个自为的阶级。他们所维护的利益变成了阶级的利益。而阶级同阶级的斗争就是政治斗争。"[①] 可见，马克思于书中明确地区分了自在阶级（class-in-itself）和自为阶级（class-for-itself），前者概指处于生产与任

---

① 《马克思恩格斯全集》（第4卷），人民出版社1958年版，第196页。

何主体性形式关系之中的工人阶级，后者意指参与政治斗争并有政治意识的工人阶级。在社会分工地位和生产资料占有情况上，自在阶级和自为阶级尽管相同，但前者没有意识到自身拥有的独立政治力量，也更谈不上用之与统治阶级作斗争，而后者不仅拥有成熟的政治意识形态，还能通过建立政治组织这一外显形式，采取政治意识形态指导下的、一致的阶级行动来维护和争取共同的阶级利益。显然，"自在"与"自为"是阶级分别具有的客观维度与主观维度。福克斯指出，马克思和恩格斯将"全世界无产者，联合起来"作为《共产党宣言》一文的结尾句，表明他们将自在阶级看作是无产阶级——无产者需要联合起来成为革命主体的工人阶级。因此，"我们可以使用'无产阶级'和'工人阶级'两个术语来区别阶级的主客观维度。工人阶级是具有自我建构政治理论、自觉政治意识和自我组织政治斗争的无产阶级，也即是一自在自为的阶级（the class-in-and-for-itself）。无产阶级则在政治上未联合和不具自觉政治意识，但其可能在斗争中获得自己的政治意识形态，进而将自己组织成为工人阶级，去实现废除自身，也即废除一切阶级和阶级社会之目的"①。

对无产阶级和工人阶级作理论区分之后，福克斯又进一步区分了"无产阶级ICTs"和"工人阶级ICTs"。"工人阶级ICTs"②一词是由香港学者邱林川率先提出的，其原意是指一种信息通信技术生产的非正式经济和新工人阶级对相对廉价的信息通信技术的使用，以及由此形成的网络工人阶级文化。福克斯认为此概念颇具有理论创新性，可用其进一步明确数字媒体工人阶级为之斗争的目标。进一步地，福克斯基于经济目的、政治目的和文化目的上的ICTs生产、流通和使用对"无产阶级ICTs"和"工人阶级ICTs"作多维区分。无产阶级ICTs中的无产阶级在经济上不占有ICTs所

---

① Fuchs C. *Digital labour and Karl Marx*, New York: Routledge, 2014, p.305.

② Qiu, JL. *Working-class network society: communication technology and the information have-less in urban China*, Cambridge, MA: The MIT Press, 2009, p.5.

有权，仅是出于某种目的而使用着 ICTs，显然，其没有自觉的政治意图，受资本支配，被资本商品化，从而具有了剥削和阶级对抗深化的结构性特征。但是，由于剥削限制了他们的各种机会，且造成结构的不平等性，于是，无产阶级产生了摆脱压迫的意识和倾向，因此，即将成为工人阶级的无产阶级有可能会使用 ICTs 进行阶级斗争。而工人阶级 ICTs 是指试图否定、推翻阶级性的，被即时生产者和产消者集体拥有、控制、操作和使用的信息通信技术。由于工人阶级是希望克服自身上剥削乃至所有阶级上剥削的一个普遍阶级（universal class），因此，他们占有的 ICTs 组织结构和所有权在性质上与无产阶级 ICTs 有着本质上的不同，工人阶级 ICTs 不再是商品，而是由工人阶级控制和拥有的 ICTs（即自我管理的 ICTs 或以共有为基础的 ICTs）。

为突出马克思主义工人阶级 ICTs 之特点，福克斯比较了韦伯和马克思主义于各自理论视域中的工人阶级 ICTs 概念。ICTs 在韦伯式工人阶级 ICTs 概念中被界定于相似的用户生活机遇，比如就 ICTs 的使用程度层面，如果工薪族有相当多机会接触和使用某一种 ICTs，那么此种 ICTs 就可称为工人阶级 ICTs。韦伯式的工人阶级 ICTs 概念观自然地产生出一个核心的政治问题：工人们没有机会接触和使用某一种 ICTs，则此 ICTs 理所当然地就不属于工人阶级，但如果他们有机会接触和使用到，资本家的 ICTs 与工人阶级之间于政治上的矛盾似乎就得以冰消瓦解了。然而，ICTs 之生产过程、生产工具和结果必须由工人集体所共有，这一所有权属性于马克思主义式工人阶级 ICTs 概念中扮演着至关重要之角色。相反地，如果某一种 ICTs 是以剥削工人为标签的资本主义生产方式生产出的，那么此种 ICTs 与工人们的客观利益必然是相冲突的，自然地也就不能被界定为工人阶级 ICTs。马克思主义式的工人阶级 ICTs 概念观本能地会带来这样的政治问题：工人阶级要进行反对 ICTs 及社会之资本主义特征的阶级斗争。概而言之，韦伯式路径着重于 ICTs 的获取与使用，而马克思主义式路径侧重于 ICTs 生产资料之所有权和剩余劳动产品的支配。同理，数字媒体作为 ICTs 产业内的一分支，意味着无产阶级数字媒体与工人阶级数字媒体之间是相互区别的，无产阶级数字媒体往往以资本主义所有权结构为特征，尽管他们也可以是非营利和非商业的，而工人阶级数字媒体是于自我管理过程中受工人控制的、用以斗争的数字媒体，犹如工人阶级为一个公有社会而抗争一样，工人阶级数字媒体为公有媒体而抗争。

　　然而，在当前之信息资本主义社会中，工人阶级数字媒体却面临着重重的发展困境：维护时间紧缺、商品形式束缚、货币支配以及竞争力处于弱势地位，等等。具体而言，工人阶级数字媒体所需的应用软件大都是由无酬开发者共同开发的免费软件，此种软件开发自然需要一定量的时间，然在时间作为稀缺资源的信息资本主义社会之中，大多数的无酬软件开发者白天都固定于职业性工作，仅在晚上的闲暇时间自愿地、无偿地贡献于软件开发。此外，替代性平台还需靠捐助和义务工作通过商品形式去购买其运行所需的特定产品（尤其是服务器、域名和宽带），也就是说，工人阶级数字媒体仍然离不开它欲以否定的商品形式。而上述购买行为须臾离不开标签为资本主义支配性媒介的货币，替代性平台只有通过交换作为一般等价物的货币才能获取相应的商品。自然而然地，在信息资本主义社会中，控制与积累货币权力的人相比之下具有使自身处于战略优势的资源。比如脸书等商业性平台，有着来自互联网产消商品化的货币收入，这使得它们有优越的货币资源雇佣软件工程师和其他业务人员，购买服务器和运行所需的其他产品，还能通过做广告、举办活动等参与公共关系来提升其使用率，这些都促使它们集聚了强大的名誉权力和政治影响力，从而跻身为控制大型全球用户社区通道的组织。这最终意味着仍然陷于资本逻辑牢笼的替代性网络平台，由于占有更少的资金和用户而在竞争中始终处于劣势之困境，使其难以挑战和撼动脸书等商业性平台在数字媒体领域上的现实垄断地位。

二、从新社会运动理论到占领运动理论

聚焦于创建工人阶级数字媒体和提升其现实影响力、竞争力之方法。有观点认为，数字劳动无疑地创造出了价值，但数字劳动力并非商品，自然地不能作为商品来交换获得相应的报酬，因而必须成立社交媒体工会，为网络使用者之工资报酬而斗争。福克斯一针见血地指出，社会民主主义的失败就在于其犯了致命的斗争方向性错误，它仅致力于为增加工资而斗争，而长期性地忽视了与商品形式作斗争，为废除劳动而斗争。要想真正地解放数字劳动和全面建立以共有物逻辑为基础的替代性互联网，福克斯主张，一方面需要通过用户支持、捐助、公共资金来扩建和繁荣现有的替代性媒体平台，另一方面必须充分利用这些替代性网站来作为社会运动的一部分，去挑战现有的阶级关系。因此，福克斯以欧美的占领运动作为当代社会运动之典型范例，分析其特征与性质，并探讨数字媒体与占领运动之间的相互关系，试图为数字工人阶级反抗数字资本主义探寻现实之实践路径。

西方当代激进左翼将 1968 年法国的"五月风暴"作为新旧社会运动之分水岭，其重新审视社会现实并试图改写"斗争主体"[①]，最终提出了一系列的新社会运动分析和理论。其中的代表性人物阿兰·图雷纳（Alain Touraine）指出，每一种现代社会类型（商业、工业、后工业）都是建立在一个中心冲突的、单一推动现实斗争的社会运动之上的。其中，如果说工业社会必然地以阶级斗争为基础，后工业社会则是以斗争于符号产品（信息、图像和文化）之相关生产为基础。在后工业社会中，斗争的主体大多是依据生物和自然实体（如环境、性别、青年、年龄）自封其名，斗争的目标更多的是为民主、为幸福，而非为彻底之革命。在图雷纳思想影

---

① 孙亮：《西方"新社会运动"的出场、特点及其局限》，《山东社会科学》2015年第7期。

响之下，当代左翼学者们开始关注于这些新运动之转型及相应特点。其中的哈贝马斯就认为，新社会运动没有重点关注分配上的冲突，"这些新冲突产生于文化再生产、社会整合和社会化领域。……简而言之，新冲突不是被分配的问题，而是被与生活形式语言相关的问题所激化"。后马克思主义者拉克劳（Laclau）和墨菲（Mouffe）认为社会运动的新颖之处在于它们质疑了从属的新形式，这些新形式不是由阶级，而是由性、性别、种族和自然所界定。当今之社会是建立在多元化对抗性之上的，其在不同的斗争中，在斗争领域的自治化中，在主体性的多元化中极力地彰显着自我。①概而言之，在西方新左派看来，新社会运动拒绝了基于对剥削之思考，而从经济层面去挑战社会分配之不公，将斗争要求从经济领域转移至对多元的权利诉求，诸如身份认同、政治与文化、人类内在性与外在性等方面。

　　与上述路径不同，关于新社会运动，福克斯则更加关注斗争在经济层面上的统一性："尽管 20 世纪 70、80 年代的政治斗争鲜明地以身份边缘化（妇女、同性恋、变性人等）和自然作为其价值主题，但此些斗争在一定程度上由于社会经济不平等所造成的阶级问题之复现而统一起来。"②20世纪末发生的全球正义运动（又称"反全球化运动"）及紧随其后的"西雅图战役"，通过反对新自由全球化和呼唤社会正义而将各种具体的斗争相互统一起来，以夺回共有之物（现实中越来越被资本主义私有化和商品化）为目的，正是由于挑战了新社会运动理论之假说，将社会斗争之焦点再次朝向阶级问题，因而成为阶级政治复归的一个早期迹象。而 2011 年发生于欧美地区的、声势浩大的占领运动浪潮，更是意味着社会运动发展到了一个新阶段 —— 对以阶级、资本主义和阶级斗争为中心的政治的复归。因为，与新社会运动和全球正义运动相比，占领运动无论是在背景、

---

① Fuchs C. *Digital labour and Karl Marx*, New York: Routledge, 2014, p.310.

② Fuchs C. *Digital labour and Karl Marx*, New York: Routledge, 2014, p.311.

抵抗策略还是性质方面，都无疑发生了明显之变化。

第一，在背景层面，全球正义运动等的社会背景中没有全球经济危机这一社会现实，而占领运动的直接诱因来自 2008 年爆发的全球性经济危机。全球性经济危机引发的银行破产、债务断裂、失业率飙升、食物危机频发、穷困人口剧增等一系列社会现象，凸显了资本主义经济结构内部不可调和的矛盾，激化了人们对经济社会不平等的愤懑和抗议，最终于 2011 年在纽约发生了规模空前的民众抗议行动——"占领华尔街"，继而以星火燎原之势席卷美国 50 多个城市乃至欧洲各国。

第二，在抵抗策略层面，全球正义运动等的抵抗策略主要是试图阻拦全球政治、经济精英之会晤，运动场所也就自然地取决于精英们之会晤地点，其没有绝对固定的位置，大都是在有限的时间内动态地穿梭于世界各地。然占领运动却有自己相对固定的运动场所，福克斯也称之为地方型（place-based）运动，它在作为运动共有的战略城市地点上（如开罗解放广场、马德里太阳门广场、雅典宪法广场等）以不确定的时间段进行抗议运动。尽管社会学家曼纽尔·卡斯特认为当今社会已从地点空间逻辑转向至流动空间逻辑，其特征是永恒的时间和不固定的空间，以至于当代之运动是没有固定时空的运动。福克斯给出了与之截然相反的占领运动观，流动的空间首先是资本空间，而共有场所逻辑可以是抵抗的全球和网络逻辑。它使抵抗以地点为基础，所以它不是居无定所的，而是利用地点作为一种力量形式。它对永恒的理解不是对全球化过程、时间、距离的克服，而是革命的开始，并一直持续到这些当权者消失和新的经济与政治时代开启之前。总之，与新社会运动的改良主义特征相反，占领是一种革命性运动，这意味着它希望为一个新社会创建新时空。①

第三，在性质层面，福克斯从经验和理论两个层面论证了占领运动之

---

① Fuchs C. *Digital labour and Karl Marx*, New York: Routledge, 2014, pp.315-316.

性质——新工人阶级运动。从经验事实层面来看，根据一个社会运动的社会构成及目标，可以判断它是否属于工人阶级运动。占领运动研究概况网站上的社会构成数据显示，39%的运动参与者自认为是工人阶级或中产阶级下层，29.3%的自认为是中产阶级，10.9%的自认为是中上或上等阶级，59.3%的家庭收入低于收入中位数，70.9%的拥有大学学历。此调查表明，美国占领运动中大约三分之二的参与者属于低收入群体，他们虽然大都受过高等教育，但却是从事着不稳定的职业。因此，他们可以被称为是不稳定的、无产阶级化的知识工人。再者，从占领运动对自身的整体定位和目标来看，占领运动将自己定位为对抗1%的阶级斗争，其宣扬的口号为"我们是99%"。"占领华尔街"和"占领伦敦"网站上展示的分析和诉求，都强调了当代社会问题发生于资本主义的背景之中，并且资本企业利益对社会的各种领域都有着负面影响，必须得到挑战。这使得众多的主题和诉求不是以一种孤立的方式被看待，而是由资本主义和阶级的经济维度联结和统一起来。进一步说，占领运动使传统上各种新社会运动所应对的主题和诉求联合起来，如学生运动、生态运动、反种族运动、和平运动等，它是一场运动的运动，一场网络化运动，而阶级正是这个运动超越多样性的统一主题。从理论层面来看，福克斯利用马克思"总体工人"和奈格里"社会工人"的概念说明占领运动之所以是新工人阶级运动，其中的"新"在于它是属于总体工人的阶级运动，而不是局限于唯雇佣劳动工人所有的运动。马克思在《大纲》和《资本论》第1卷中，将劳动看作是联合的/集合的劳动，将总体工人界定为"总体工人即结合劳动人员"[①]，并且认为只要劳动是联合劳动力的一部分，它就是生产劳动。这意味着，资本主义社会中的总体工人是创造价值、剩余价值和资本的生产工人。总体工人概念证明了马克思不是雇佣劳动中心主义的，原因在于作为结合的劳

---

① 马克思：《资本论》（第1卷），人民出版社2004年版，第582页。

动力，总体工人同时包含了无酬的、直接或间接服务于资本需要的工人。基于马克思的启发，奈格里用"社会工人"一词来论证一种更为广泛的无产阶级——"一种新工人阶级"，其意指在资本统治之下进行劳动和生产的所有人，劳动直接或间接地被资本主义生产和再生产标准剥削和控制的人。现在蔓延至生产与再生产的整个范围。他们无疑地被资本剥削了自然与文化的共有之物。而占领运动质疑和抵抗社会共有物被资本商品化，通过扎营式占领城市公共空间，表明了召回共有物之政治诉求，这高度契合了建立共产主义社会之目标，有力地证明了其是一场以创造新社会为目的的新工人阶级革命运动。

三、占领运动中的"数字对抗"

社交媒体是政治信息的一个传播源，是政治通信的一个工具，同时还是市民于社会中能够参与和作出政治决定所需要的一种机制。社交媒体在当代环境运动、全球正义运动、女性主义、博客政治等运动中日益彰显出重要之作用及紧密相连之关系，促使其日渐成为社会运动和社交媒体理论家之重要关切点。福克斯将关于社交媒体与占领运动关系的理论分析概括为三种立场。其一，占领运动（及其他运动）相当于互联网对抗。曼纽尔·卡斯特认为，我们生活在一个网络化社会之中，因此"运动通过由无线互联网联接的世界散播开来"[1]。"个人经历相互联结，并能形成一股运动的前提条件是一个传播过程的存在，它传播着事件以及附着其上的情感。在我们这个时代，水平传播的多式数字网络是历史上最快捷的、最自主的、交互式的、可重复编程的和自我扩展的传播方式……数字时代的

---

[1] Manuel C. *Networks of outrage and hope: social movements in the internet age*. Cambridge, UK: Polity, 2012, p.2.

联网的社会运动开启了社会运动新篇章。"①显然，卡斯特高度肯定了互联网的调动能力，甚至认为互联网传播创造了游行示威，没有互联网就不会有游行示威活动。也就是说，他预设了政治信息的技术有效性，集体意识的改变以及政治反抗的出现之间存在着线性关系。其二，社交媒体在社会运动和社会改革中的作用微乎其微，或者说，社交媒体不是反抗运动中的相关因素。当代左翼哲学家斯拉沃热·齐泽克、阿兰·巴迪欧（Alain Badiou）、诺姆·乔姆斯基（Noam Chomsky）等不约而同地没有论述或提及"社交媒体"，而在大卫·哈维看来，"重要的是街道上和广场上的一个个身影，而不是推特或脸书上的情绪宣泄"②。美国政治哲学家乔迪·迪安（Jodi Dean）对社交媒体给予了更多的关注，她认为社交媒体是一种意识形态的一部分，是一种基于"无沟通性的沟通"（communication without communicability）的后政治形式，人们将它的使用看作是政治活动，但在实际中其仅仅是无关痛痒的伪政治，相反，占领运动是在街头上进行和支持行动，这将扭转社交媒体的后政治意识形态，用真正的政治活动取而代之。总之，当代之抵抗运动是社会抵抗而不应是社交媒体抵抗。其三，社交媒体已经成为占领运动的重要工具，占领运动有与其相互平行的技术和社会原因。哈特与奈格里就将社交媒体看作是占领运动及其他当代反抗运动出现的四个独立原因之一，并认为在线媒体和面对面沟通在占领运动中发挥着作用，而后者的作用更为重要。他们说："自由的网站实际上是西班牙营地的重要组织工具……民众的构成力量与构成力量的主题紧密地交织在一起——采用新媒体作为民主和多元管理的实验工具。"这表明他们认为移动手机网络和网络社交媒体的内在属性是民主的和共有的，原因在于它们的网络性实现了交流与沟通。

---

① Manuel C. *Networks of outrage and hope: social movements in the internet age*, Cambridge, UK: Polity, 2012, p.15.

② David H. *Rebel Cities: from the right to the city to the urban revolution*, London: Verso, 2012, p.162.

　　福克斯相应地对上述三种立场作了评价。第一种立场是技术决定论。抵抗运动在互联网基础上产生或运动是以互联网为基础的，其中技术被看作是带来具有社会特征的特定现象的一个启动者（actor）。但事实上，各种运动并非产于互联网之创造，而是来自社会上对抗性的经济、政治与意识形态结构。互联网是由利用了全球计算机网络的社会网络所组成的技术—社会体系，它被嵌入到当代社会的反抗性之中，但本质上起不到决定性之作用。采用互联网联合的社会行动能够对现有之趋势产生相对较小的影响、抑制或增强，而运动的实际影响还有赖于环境、权力关系、动员能力、战略战术以及复杂斗争的与不确定的后果。第二种立场是社会建构主义。它无视或漠视信息技术在当代抵抗运动中发挥的作用，但实际上，一些经验研究显示社交媒体对发动占领运动的作用不容小觑。比如，有77.3% 的活动者就声称他们在社交媒体上（脸书、推特及其他）发布了主题为占领运动的帖子。第三种立场是二元论。哈特与奈格里对当代运动所使用的表达与决策制定的技术印象尤为深刻，而相对忽视了社交媒体技术不仅服务于内部群体的目的，同时还服务于资本利益和警察监视正在进行的运动的兴趣。资本主义通信公司不是为共有物而斗争的、运动的天然同盟军，原因在于他们以货币利益为导向，用工具性之方式来看待通信共有物（公地）。而且共有之物的自治建构也需要建构克服了媒体与互联网的资本主义维度的传播公地。

　　福克斯则试图用辩证的视角构建（社交）媒体对于占领运动的作用模型（见图 5-2），以替代忽视媒体与技术的社会整体论，忽视社会的技术简化论和忽视因果关系的二元论。[①] 从图中可见，此理论模型认为，抗议有其植根于社会矛盾性的客观基础，即造成经济、政治、文化等社会问

---

① Fuchs C. *Digital labour and Karl Marx*, New York: Routledge, 2014, p.331.

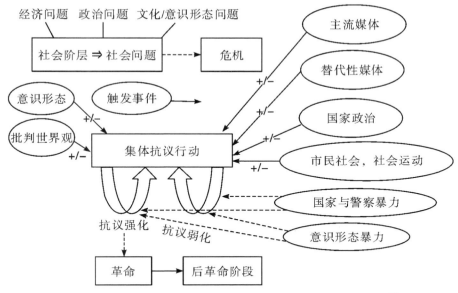

图 5-2 抵抗，革命与危机、媒体、意识形态和政治角色模型①

题（societal problems）的统治形式。经济、政治、文化意识形态等社会问题如果一直存在着并且难以被克服掉，就会带来危机（crises），但危机不会自动导致抗议运动之发生，它不是运动发生的充分条件，而是一个客观必要条件。这正如马克思所强调过的："革命需要被动因素，需要物质基础。理论在一个国家实现的程度，总是决定于理论满足这个国家的需要的程度。……理论需要是否会直接成为实践需要呢？光是思想力求成为现实是不够的，现实本身应当力求趋向思想。"②人们普遍地感觉到社会问题之存在且忍无可忍地想要去解决这些引起公愤的社会问题是集体抗议行动（collective protest actions）之前提，其在特定事件的持续发酵（trigger event）过程中一触即发。在该过程中，抵抗主体受到两个主要方面的影响和控制：一方面是国家政治、主流媒体和意识形态；另一方面是市民社

---

① Fuchs C. *Digital labour and Karl Marx*, New York: Routledge, 2014, p.331.

②《马克思恩格斯全集》（第3卷），人民出版社2002年版，第209页。

会、对抗性政治 / 社会运动、替代媒体和批判性世界观，这两者都对抵抗主体的活动起加剧或削弱之作用。可见，媒体（社交媒体等）本身也具有自相矛盾之性质，其既可以是替代性媒体，也可以是商业媒体，它们相互处于矛盾关系和权力斗争之中而对抗议运动产生复杂之影响 —— 削弱 / 预先组织或扩大 / 促进抗议活动，或者不产生任何影响。与此同时，媒体不是影响抵抗运动之唯一因素 —— 他们与政治和意识形态 / 文化处于矛盾的关系之中，而政治和意识形态 / 文化同样是抗议之条件。换而言之，抗议的发生与否，是受多方因素交织影响的，这使得我们很难计算或预见某一特定危机触发下的抗议发生。一旦抗议发生，媒体、政治和文化会对其产生持续的矛盾性影响，至于这些因素会对抗议造成什么样的影响 —— 中立的、扩大化的或削弱的 —— 都是尚未确定的。继而，对抗性社会中的反抗会促使警务系统行动起来，这是国家用它的暴力组织形式对这些社会运动作出的反应。针对抗议的国家暴力（state and police violence）和针对运动的意识形态暴力（ideological violence）对抗议之作用仍然或是扩大的，或是削弱的，或是无关紧要的。如果抗议呈螺旋式扩大，它最终可能（但并不必然）会导致革命 —— 一场社会运动使得革命力量处于主要经济、政治和道德结构的权力与控制之下，由此颠覆了整个社会，从而也造成整个经济、政治和世界观的崩塌和根本性重构。在每一个革命的后革命阶段，社会的重构和革新将开始运作，而冲突和旧社会之遗产又会对新社会提出严峻性挑战。总而言之，社交媒体在一个矛盾重重的社会（由阶级冲突以及其他统治与被统治群体之间的冲突构成）中可能具有其矛盾性：他们不必然，也不会自动地就支持 / 扩大或削弱 / 限制反抗运动，它只是有着与国家、意识形态和资本主义的影响相矛盾的潜能。

四、"数字对抗"的方式

基于福克斯对社交媒体在占领运动中的对抗作用的分析，显然可见，"数字力量"对社会运动之影响并非单一维度和一望而知的，而是错综复杂与相互支持又相互对抗的。因此，福克斯认为有必要从理论之视角来考察现实媒体彼此间之关联，同时对占领运动中社交媒体之使用进行分类，这可使我们看到数字劳动者在社交媒体中联合起来的具体方式。

福克斯认为，某一数字媒体之所以可被冠名为"社交媒体"则缘于其所蕴含的"社会性"。社会学家埃米尔·迪尔凯姆（Émile Durkheim）、马克斯·韦伯和马克思对"社会"之不同理解可为此"社会性"提供理论支撑。迪尔凯姆眼中的社会是由社会事实构成的。"一切行为方式，不论它是固定的还是不固定的，凡是能从外部给予个人以约束的，或者换一句话说，普遍存在于该社会各处并具有其固定存在的，不管其在个人身上的表现如何，都叫做社会事实。"[1] 韦伯的社会思想则着重突出了社会行动之重要性——社会行动必须是行动者之间存在有意义的符号互动[2]，区分个人行动和社会行动的根本在于其对他人行为的关涉性。正是这些社会行动构成了一系列社会关系。马克思则认为社会的本质在于合作：社会关系的含义是指许多个人的合作，至于这种合作是在什么条件下、用什么方式和为了什么目的进行的，则是无关紧要的。由此可见，一定的生产方式或一定的工业阶段始终是与一定的共同活动的方式或一定的社会阶段联系着的，而这种共同活动方式本身就是"生产力"。基于社会学理论中关于"社会"或"社会性"（sociality）之种种见解，福克斯将上述三种社会观融入了人类社交活动模型之中。该模型以"人类的知识形成过程（或者说信息工作过程）是认知、交流和合作的三重动态过程"为假设前提，建构出社交媒

---

① 迪尔凯姆·E著，狄玉明译：《社会学方法的准则》，商务印书馆1995年版，第34页。
② Fuchs, C.Social media: a critical introduction, London: Sage, 2017, p.42.

体中社交性的三个维度。认知涉及单个个体的知识过程，其具有迪尔凯姆的社会性，原因在于它是在外在于人、对人有强制作用的社会关系中被塑造的。认知是交流的先决条件，也是合作产生的前提条件。换而言之，为了合作，你需要进行交流；为了交流，你需要认知。交流之所以具有社会性，原因在于它符合韦伯的"社会行动"，即交流是人们在与其他人建立社会关系中进行交换符号的社会行动。每一种社会关系中的个体在外化一部分自身知识的同时，也在影响着他人已有的知识结构，在外化与相互改变之中，使得个体的知识出现差异化。个体之间一定数量的交流不是零散的，而是具有持续性。在这种情况下，交流有可能产生合作，合作的结果在于共同生产了新属性、新社会系统或具有归属感的新共同体，这属于合作劳动和共同体之层面，符合马克思的合作劳动概念。

显然，人类社交活动模型中的认知、交流和合作这三向度相互交织、相互作用地融为一体。而一切传播媒体是为人类传达信息的载体，每一种媒体在一种或多种意义上是社交的（social），即具有社会性的。计算机技术和计算机网络（互联网）的出现与发展，进一步革新了传统意义上的媒体（如出版社、广播、电报、电话）——被限定于认知与交流的社会活动，使一台网络计算机可以同时实现信息的生产、分配（交流）、合作、消费的统一性融合。

作为媒体革新下的产物，社交媒体的"社交"意指其内含了人类认知、交流、合作这三个蕴含社会性的维度。基于社会运动利用社交媒体之不同维度，福克斯对"赛博反抗"（cyberprotest）进行了系统地区分。[1] 其一，"占领华尔街"和"占领伦敦"等社会运动对社交媒体使用的认知维度。具体包括提供网络新闻、博客、图片、视频、播客、占领地图等，主要代表性网站有 Occupy News Network、Occupied Stories 和 Occupy.com。它

---

[1] Fuchs C. *Digital labour and Karl Marx*, New York: Routledge, 2014, p.336.

们质疑主流媒体，公开共享社交评论，维护受压迫者等，本质上具有替代性媒体之非商业和非营利性特征。其二，交流维度。具体包括博客评论、讨论区、聊天室、推特话题标签、脸书页面和新闻评论等，主要代表性网站有 Riseup（www .riseup.net）和 Occupy Talk（www.occupytalk.org）。它们通过捐款之方式募集资金，并为各种从事社会变革的群体提供在线交流工具，"目的在于创建一个没有压迫与等级制度的自由社会"[1]。其三，合作与共同体维度。其在占领运动中通过维基网站（协同工作）和社交网站（共同体）表现出来。详细上讲，每一运动参与者都能通过在维基上编辑文本，来展现与占领运动相关的事件、计划、活动和知识等信息，同时也可以通过社交网站来讨论和组织相关的活动。工人阶级在占领运动中使用着上述种种在线社交媒体，它们或是带有商业性质的（如推特、脸书），或是替代性的、非商业和非营利性的媒体。福克斯通过实际案例区分了占领运动中使用商业与非商业媒体之优劣势。一方面，以广告为盈利基础的商业媒体在可见度和用户使用率等方面占据优势，有利于数字工人阶级广泛地宣传抵抗运动的思想和活动，同时，它们作为工人阶级内外交流之工具也存在着高风险，比如推特和脸书的使用条款中表明，在法律要求的情况下，用户数据会被递交给警察机关，而警察机关会以此来监控活动者的社交媒体使用现实。另一方面，替代性媒体往往是正面地报道着活动者的立场和观点，因此有着政治上和道德上的优势，但同时他们也有着能见度低和竞争力弱的劣势。

福克斯反对片面地、宏观地高估或低估媒体技术在当代社会运动中的地位与角色，提倡要系统地、入微地深入到运动参与者，即新工人阶级之中，调查与研究他们在使用数字媒体过程中的真实经历与反馈意见，并且将这些实证研究建立在信息理论、社会学和数字劳动理论基础之上，以

[1] Fuchs C. *Digital labour and Karl Marx*, New York: Routledge, 2014, p.339.

此来真正地揭示出社交媒体在抵抗运动中的角色。正是在此真知灼见下，福克斯通过实证考察数字工人阶级在占领运动中对社交媒体的具体使用情况，全面地分析了他们在抵抗中所面临的种种相关问题和牵涉的各种因素。

从福克斯对占领运动及占领运动使用社交媒体的分析中可见，福克斯并不是单纯地研究数字工人阶级如何采取措施去反对商业化的资本主义数字媒体，而是着重于考察与分析新工人阶级在占领运动中如何使用社交媒体去反对资本主义。从数字工人阶级到新工人阶级，从反对资本主义数字媒体到反对资本主义，福克斯论述逻辑之转换表明，社交媒体使用者就是数字工人阶级中的一部分，数字工人阶级与其他工人阶级一样，都属于新工人阶级 ——"诸众"的子阶级，他们都是反对数字资本主义的统一体，即反对整个资本主义的统一体，因此他们本能地使用各种性质的社交媒体去参与反对资本主义的，属于整个新工人阶级革命新形式的占领运动。

第三节　小结："数字解放"的理论意义

科学地评价福克斯于信息资本主义视域中对阶级理论之阐释，有助于我们进一步发掘与把握历史唯物主义之当代价值。

一、对马克思阶级分析法的坚持

着眼于福克斯阶级思想与马克思间的关系层面，第一，福克斯运用历史唯物主义之阶级分析法建构了新工人阶级模型，这在一定程度上表现出对马克思主义阶级理论的继承与坚持。"阶级"是马克思主义理论中的核心范畴，阶级分析法是马克思历史唯物主义的基本方法之一。马克思正是运用阶级分析法这一策略性工具，对资本主义的不平等、不公正现象进行了深度解剖，从而本质性地揭示出了社会历史之发展规律。马克思的阶级思想具有两个基本点：其一，"人类的全部历史（从土地公有的原始氏族社会解体以来）都是阶级斗争的历史，即剥削阶级和被剥削阶级之间、统治阶级和被压迫阶级之间斗争的历史"[1]；其二，资产阶级与无产阶级是资本主义社会中的两大对立阶级，"资产阶级社会内的各个中等阶层，即小资产阶级和农民阶级，就必定要随着他们境况的恶化以及他们与资产阶级对抗的尖锐化而越来越紧密地靠拢无产阶级"[2]，工人阶级必将化身为推

---

[1] 马克思、恩格斯：《共产党宣言》，人民出版社2014年版，第12页。

[2] 《马克思恩格斯选集》（第1卷），人民出版社1995年版，第400页。

动社会变革的主体和资本主义的"掘墓人"。福克斯转向于信息资本主义之范域，明确地揭示出于信息通信技术生产领域中资本家与数字工人阶级间的两极对立性，并将资本主义视为是现实社会中一切不公正、不平等现象之根源，也是必然被工人阶级推翻的社会制度，这表明，福克斯在理论上继承了马克思的阶级批判分析法，且在一定程度上运用了马克思主义阶级理论的核心观点，并始终将阶级斗争思想贯穿于数字劳动理论的建构之中。

第二，福克斯建构的阶级模型和分析的数字工人阶级及其斗争形式，超出了传统马克思主义之理论范畴，是对跨国信息资本主义现实之理论回应。马克思基于生产资料所有权和分配关系之角度划分出了现代社会中的三大阶级："单纯劳动力的所有者、资本的所有者和土地的所有者，——他们各自的收入源泉是工资、利润和地租，也就是说，雇佣工人、资本家和土地所有者，形成建立在资本主义生产方式基础上的现代社会的三大阶级。"[①] 从这里可以看出，"三大社会集团，其成员，形成这些集团的个人，分别靠工资、利润和地租来生活，也就是分别依靠他们的劳动力、他们的资本和他们的土地所有权来生活"[②]，换而言之，阶级间的差异性取决于他们的收入与占有生产资料的同一性，且资本主义社会中的工人阶级主要是由传统工业产业中的雇佣工人所构成。而福克斯的新工人阶级思想，是在资本主义社会发生历史性转型之条件下，对共产主义探索所作出的理论回应。它密切关注由信息生产力所主导的当代资本主义社会中生产关系之变化，并认识到："在当代社会中，传统雇佣劳动者之外的大部分群体都身处于动荡生活条件之中。""数据表明，当下的无产阶级范畴不能仅仅局限

---

① 马克思：《资本论》（第3卷），人民出版社2004年版，第1001页。
② 马克思：《资本论》（第3卷），人民出版社2004年版，第1002页。

于产业劳动者群体。"① 因而，以激活马克思阶级范畴为宗旨，福克斯力图从剥削角度为信息时代中的马克思阶级理论开辟发展路径，指认资本家对广大知识劳动者（包括数字劳动者）之剥削，在一定程度上拓延了全球反资本主义之场域和战线。

第三，通过详细勘察数字工人阶级于占领运动中的实际经历和反馈意见，福克斯力图引导左派理论走出新社会运动所信奉的"去阶级化"观念这一逻辑误区，并通过凸显占领运动中的财产所有权与劳动分离框架中的阶级对抗这一主线，促使历史唯物主义叙事中的传统工人运动之逻辑被重新激活与起用。在此基础上，福克斯对社交媒体于占领运动中之作用所作出的辩证分析，使无产阶级施于资产阶级上的斗争内容及形式于数字时代中更具丰富多样性，为资本主义世界中的民主革命实践提供了理论参考和可供借鉴之斗争策略，对于全球范围内开展更广泛的民主斗争和社会主义运动具有一定的现实指导意义。

二、对后马克思主义阶级主体危机论的拒斥

如果说借用马克思阶级观可厘清福克斯阶级思想之理论性质及价值，那么，将其置于当代西方马克思主义阶级理论的语境中加以比较，我们或许可借助新兴的数字媒体批判视角，更加具体地、清晰地看到马克思阶级思想于信息资本主义时代中之生命力。随着当代西方社会资本主义的飞速发展，传统马克思主义所主张的工人阶级作为社会革命主体的历史地位与角色面临着各方的质疑与挑战。工人阶级革命意识消退、主体立场多元化、无产阶级消亡论等观点风起泉涌，工人阶级"主体危机论"已成为西

---

① Fuchs C.Labor in informational capitalism and on the internet, *The Information Society*, Volume 26, 3, 2010, pp.179–196.

方左翼理论家之"共识"。其中，最具代表性的无疑是以墨菲和拉克劳为首的后马克思主义者，他们眼中传统马克思主义阶级主体观显然是不匹配于 20 世纪末这一社会时代的："我们深信，从马克思主义到后马克思主义的转变之中，变化的不只是实际存在的而且还是本体论的。全球化问题和信息社会问题在控制马克思主义的话语（首先是黑格尔主义的，其次是自然主义的）之内是不可想象的。"① 比如墨菲与拉克劳就一致性地认为，面对全球化的发展，信息社会的挑战，资本主义于二战后对劳资关系的调整和社会福利措施的影响等，工人阶级无论在意识上或物质上，都已不再是一个统一性的集体，而变身为一个名存实亡的、标签式的形式化符号。这都要缘于当今社会内含多样性与内存差异性，相应地，工人阶级内也充满着各个社会阶层的不同利益元素，导致其利益统一性之基础发生崩塌，伴随而来的是倡导不同话语权和不同利益观的多元主体。后马克思主义者对工人阶级及其构成的极端式消解，自然而然地导致对马克思"阶级"和"暴力革命"范畴的全面性瓦解。最终，他们用"主体身份"取代了"阶级"，用作为"阐释的战争"的话语理论替代了"暴力革命"的解放话语。

后马克思主义者高唱的工人阶级消失论，实质上就是局限性地、片面性地把传统雇佣工人看成了工人阶级的唯一主体，或者悲观地认定阶级意识于西方社会中已荡然无存。截然相反的是，马克思的"工人阶级"在福克斯对资本主义数字媒体批判中继续处于革命运动的主体性地位。一方面，信息资本主义通过对人类知识的占有和剥削，催生出了一支资本家之外的庞大的、新型的全球化新阶级队伍，一切的知识劳动者都被收编进了信息资本主义的生产关系之中。数字媒体领域中的资本积累过程虽然发生了结构性的变化，但我们于福克斯分析中清晰可见的是数字资本对技术雇佣工人、无偿数字劳动者变本加厉式的剥削，与此同时，数字劳动者身处

---

① 孔明安：《当代国外马克思主义新思潮研究》，中央编译出版社2012年版，第472页。

于数字媒体经济生产中的核心位置，因此说，无论是工人阶级的数量还是其潜在的变革能力都依然存在，工人阶级的主体性地位并没有减弱或消失。另一方面，重塑工人阶级主体地位的充要条件是重新确立工人阶级意识，实际上也就是使其从当前的"自在阶级"转变为真正的"自为阶级"，从潜在的客观历史主体变成真正登上时代舞台的现实主体。尽管这在当代信息资本主义社会中实属一项艰巨的事业，但我们看到了其在当代西方社会工人运动实践中实现的可能性。接踵而来的 21 世纪资本主义经济危机（2000 年互联网经济危机、2008 年金融危机等），是工人阶级意识增强、阶级斗争激化的客观条件。此外，工人阶级所表达的"我们是 99%"则意味着工人阶级意识在主观上具备了统一性。这都为全球工人阶级的联合行动奠定了基础，福克斯列举的占领运动就是一个典型案例，以至于著名的左翼理论家阿兰·巴迪欧、斯拉沃热·齐泽克等都不约而同地认为占领构成了一个"运动共产主义"，并且代表着"集体命运的共同性创造"。①

　　然而，工人阶级意识要上升为"自为阶级"层面，要化解掉工人阶级的内部矛盾，要形成全球化联合主体去推翻资本主义，还需要马克思主义者协力创建一个政治联盟 —— 其客观的政治基础是无法共同支配共有物以及各类资本主义社会危机的，转而外化阶级内部的矛盾，并协同结合当前分散的权力力量。福克斯认为，这种在多元中谋求统一的事业，没有成功或失败的保证，是一条兼具开放性和复杂性的实践之路，只能在摸索中不断地尝试与开创，其中自然也离不开从政治历史中汲取相应的经验和教训。

　　后马克思主义者将阶级范畴与其他（社会）对立范畴（性别、种族、年龄、能力等）相提并论，甚至置于这些范畴之下，极可能会葬送掉建立富有参与性之替代性方案以取代资本主义的诉求和事业。事实上，就如大

---

　　① Alain B. *The rebirth of history: times of riots and uprisings*, London: Verso, 2012, p.111.

卫·哈维所言："阶级比其他身份形式要更为根本，无论种族、社会性别和生理性别身份在资本主义的历史中有多么重要，无论与这些身份相关的斗争有多么重要，我们可以想象出没有这些身份形式的资本主义，但我们却无法想象没有阶级的资本主义。"[①] 概而言之，福克斯视角中的后现代主义和后马克思主义以"斗争不可缺少的多元性"为前提，已然接受了资本主义是"人间唯一的游戏"这一现实，也就等同于弃走推翻现有资本主义制度的所有可能性与可行性路径。

---

① 大卫·哈维著，王行坤译：《解释世界还是改造世界—评哈特、奈格里的〈大同世界〉》，《上海文化》2016年第2期。

第五章
福克斯数字劳动思想与社会批判理论的交汇

综前文所述，福克斯数字劳动思想具有纵向与横向之两层内涵：在纵向层面，本研究前几章的内容用"价值→形式→阶级"这一凸显层递关系的模式架构起了福克斯数字劳动思想的内涵轮廓。在横向层面，福克斯数字劳动思想始终贯穿着三维面向：一是探究马克思思想的重释与运用，二是寻求传播政治经济学内部的理论创新，三是探索社会批判理论内部的新交汇。如果说本研究前几章的内容集中体现了前两维面向，那么这一章将用"游戏意识形态→异化数字劳动→合作理性"这一模式着重探讨后一维面向。具体而言，首先，福克斯在马尔库塞对游戏与劳动区分的基础上，揭示了游戏劳动对游戏与劳动区分的消解。接着，福克斯在对霍耐特物化思想改造的前提下，分析了数字游戏意识形态之中劳动主体的异化状态。最后，从批判哈贝马斯的交往理论出发，福克斯总结到，只有用基于交往—劳动二元论的合作理性（而非交往理性）彻底替代支配当代社会的工具理性，才能通达摆脱数字劳动异化的理想社会。

第一节 | 马尔库塞劳动与游戏观中的数字游戏劳动

游戏劳动（playbour）在数字劳动研究范域中是一个司空见惯的术语，它的肇创者朱利安（Julian Kücklich）于《岌岌可危的游戏劳动：游戏制作者与数字游戏产业》（Precarious Playbour：Modders and the Digital Games Industry，2005）一文中指出，网络游戏玩家在玩游戏的同时，也在为网络游戏产业无偿地制作和创新着游戏程序，这种看似娱乐消遣的活动实质上是无偿劳动的一种隐形式，是游戏产业价值的重要源头。这一事实表明，娱乐产业中的游戏与劳动已密不可分地交织在一起，共同孕育出"游戏劳动"这个混元体。有的学者立足于更广泛的资本主义生产领域中指出，游戏与劳动的相结合轨迹可追溯至 20 世纪 80 年代的资本主义公司采用的管理策略。[①] 这种策略力图营造出有趣味性的、娱乐性的企业环境与文化，以此来控制公司员工的忠诚度和提高公司员工的生产力。而互联网 2.0 时代的到来推动"游戏劳动"发展为数字游戏劳动（digital playbour）[②] 这一种更典型形式。福克斯认为，游戏劳动是弥漫于社交媒体网站上的一种意识形态，其与宣扬社交媒体民主意义的夸夸其谈不同，是将自己深嵌于隐性的媒体生产过程之中，使游戏者身陷剥削关系的囹圄之中却由于自顾自我玩乐而浑然不觉，尽兴地、忘我地为媒

---

① Goggin J. Playbour, farming and leisure, *Ephemera*, Volume 11, 4, 2011, pp.357–368.

② Fuchs C. *Digital labour and Karl Marx*, New York: Routledge, 2014, p.124.

体资本生产着价值。那么，在马克思主义理论层面上，游戏和劳动的联系与区别是什么？两者间的关系从传统资本主义时代到数字资本主义时代发生了何种变化？对于上述问题，福克斯借用马尔库塞的劳动与游戏（play）观作出了相应解答。

一、马尔库塞劳动与游戏相异说

马尔库塞于《论经济学劳动概念的哲学基础》（1930）和《历史唯物主义的基础》（1932）两文中着重讨论了劳动概念及其与游戏的关系。关于劳动概念，马尔库塞立足于人的本体论层面指出，传统劳动概念被局限于当代经济学中的劳动概念范畴，即片面于雇佣劳动之形式，导致"劳动概念的限制与缩小"，这一观点很大程度上影响着人们对劳动的普遍性理解。因此，马尔库塞主张不能仅仅把劳动解读为一种满足需求的经济手段，而应该将其上升至本体论的层面来加以理解。"它同经济学劳动概念的本质区别在于：劳动在这里表现为人的此在的基本发生，表现为一种持续于人的整个存在并不断贯穿其中的发生……劳动正是每种单独的活动建筑于其中并回复其中的东西：是一种做，是人作为他在世界上存在的方式的做。"① 显然，马尔库塞区分了劳动的一般形式和经济学中的劳动概念，前者阐述的是一切社会中的人类生产活动的根本范畴，其由劳动过程（Arbeiten）、劳动对象（das Gearbeitete）和劳动任务（das zu-Arbeitende）三个维度构成，后者是现代社会所特有的一种劳动观。

通过分析比较游戏与劳动的特性，马尔库塞进一步说明了劳动是人类生存的方式。马尔库塞说："为了划清界限便提出了另一种人类的做，这

---

① 赫伯特·马尔库塞著，李小兵译：《现代文明与人的困境——马尔库塞文集》，三联书店上海分店1989年版，第213–214页。

种做经常被用来作为对劳动概念进行规定的对立概念：游戏。"①通过概括游戏之特征，使游戏概念得以规定地发展出劳动的特性。其一，游戏的超越对象性与劳动的负担性。"在游戏者的一次掷球动作中，存在着比人在技术性的劳动中所取得的最巨大的成就还要伟大的自由的凯旋这种自由，即是人的本质超越对象性的无限恢宏的自由。"②而劳动的负担性，马尔库塞并非意指劳动是苦力的，而是指戒除个人快乐的：在劳动中"人总是离开他的自我存在而表面一个他者，人在劳动中总是处于他者并为着他者"③。其二，游戏的不规则性与劳动的持续性。"游戏在本质上是'有时间地'发生，是在持续地、经常地统治着人的此在的其他的做'之间'的时间中发生"④，而劳动的持续性意味着它永远不会完成，劳动是"持续着的有——另外的——劳动，处于——劳动——之中的"⑤。其三，游戏的非经常性与劳动的经常性。"游戏是相对于聚精会神、紧张、劳累、自我意识等等状态的自我消遣、自我放松、自我调整。而且它是为了达到一种新的集中……而进行的自我消遣、自我放松、自我调整。"⑥而劳动"在个别劳动过程结束之后仍然存在并为其他劳动过程而存在"⑦。概而言之，马尔

---

① 赫伯特·马尔库塞著，李小兵译：《现代文明与人的困境——马尔库塞文集》，三联书店上海分店1989年版，第217页。

② 赫伯特·马尔库塞著，李小兵译：《现代文明与人的困境——马尔库塞文集》，三联书店上海分店1989年版，第217页。

③ 赫伯特·马尔库塞著，李小兵译：《现代文明与人的困境——马尔库塞文集》，三联书店上海分店1989年版，第221页。

④ 赫伯特·马尔库塞著，李小兵译：《现代文明与人的困境——马尔库塞文集》，三联书店上海分店1989年版，第217页。

⑤ 赫伯特·马尔库塞著，李小兵译：《现代文明与人的困境——马尔库塞文集》，三联书店上海分店1989年版，第217页。

⑥ 赫伯特·马尔库塞著，李小兵译：《现代文明与人的困境——马尔库塞文集》，三联书店上海分店1989年版，第218页。

⑦ 赫伯特·马尔库塞著，李小兵译：《现代文明与人的困境——马尔库塞文集》，三联书店上海分店1989年版，第220页。

库塞从根本上把劳动视为人类生存的方式，而将游戏看作是劳动派生出的一项具体活动。

依福克斯之见，马尔库塞对于资本主义社会中劳动与游戏关系之理解体现在《爱欲与文明》（1987）一书中。具体而言，马尔库塞将弗洛伊德的动力理论与马克思的资本主义理论相结合，引入"基本压抑""额外压抑""操作原则"来揭露资本主义对人的爱欲本能的过分压抑，对劳动者剩余劳动的贪婪占有，表明资本主义使用了一种破坏性的辩证法将劳动与游戏紧紧地捆绑在一起。弗洛伊德的爱欲（快乐原则）与文明是永恒对立的，人类本性地力图永久地实现爱欲（快乐原则），但只有在对爱欲（生活、性、欲望的动力）的搁置和否定并将性欲力量转化为文明和劳动时，文明才得以现身。因此说，现实原则否定了快乐原则，人类文明否定了人性而成为人的第二本性。

与弗洛伊德把文明与爱欲截然对立的思想相反，马尔库塞认为，在早期赤贫的世界中，"人类的需要，如果不加限制、节制和延迟，就无法在此得到满足。换言之，要得到任何可能的满足都必须劳动，必须为获得满足需要的手段而从事颇为痛苦的劳动"[①]。这是对快乐的一种基本性压抑，遵循的是现实原则，它是不可避免的且在一定意义上是合理的。在作为苦役的劳动的社会中，游戏是以逃离劳动的方式与劳动辩证地联系着。但随着文明的发展，在基于统治原则的资本主义社会里，异化劳动、统治和资本积累已将现实原则转向至一种压抑现实的原则——操作原则：异化劳动构成了对爱欲的额外压抑。快乐原则受到的压抑超出了文明必要压抑的所需量。也就是说，随着资本主义生产力的发展，人类应该从繁重的劳动中解脱出来，受压抑的快乐（游戏）本来应该受到解放，然而，资本主义却

[①] 赫伯特·马尔库塞著，黄勇、薛民译：《爱欲与文明》，上海译文出版社1987年版，第21—22页。

给人类创生出各种不必要之劳动。马尔库塞将马克思的必要劳动、剩余劳动／价值与弗洛伊德的人类动力结构相结合，在动力层面，必要劳动与必要压抑，剩余劳动与额外压抑分别相对应。福克斯指出此意味着一个社会为了生存，需要一定的必要劳动量（按劳动小时计量），也因此需要相应的对快乐原则的压抑数量（也按小时计量）。对剩余价值（劳动是免费的，并生产利润）的剥削不仅促使工人在一定程度上被迫为资本免费劳动，也导致了快乐原则必定被过度地压抑。不难看出，资本主义一方面将人类的劳动时间与闲暇时间截然分开，另一方面却又用一种破坏性的辩证法将劳动与游戏紧密相连，使得乐趣、性、娱乐等游戏形式仅占用本该全部拥有的闲暇时间的一部分。

二、福克斯数字游戏劳动变异为同观

马尔库塞的劳动与工作的差异观和劳动与游戏的关联观，为福克斯阐释社交媒体时代的、作为游戏劳动的数字劳动提供了理论基础。马尔库塞指出，资本主义社会中人类活动的二元性是建立于使用价值与交换价值间对抗性之上的，以至于人类的需要只有通过商品形式和阶级关系这一中介才得以满足。因此，资本主义社会中的人类活动是身兼具体与抽象双重形式的工作与劳动。其中，工作是一种社会活动，它以产生能够满足人类需要的新属性的方式来改变人类和社会性（文化）。据此，福克斯认为数字工作（劳动）隶属于工作范畴。人类的需要不仅包括衣食住行，还包括基于交往、学习和教育的社会再生产。所以工作包括了满足人类生活的物质使用价值（如食物、住房和衣服）和非物质使用价值（如社会关系、交往、幸福）的生产。归根结底，将工作与交往或者经济与文化二元对立起来显然是错误的。文化唯物主义之立场主张交往是工作的一种特殊形式，它满足与他人联系、获取信息、交流和形成社区的社会需要。基于这些考察，显而易见，社交媒体是数字工作（使信息、交往、合作和社区得以实现的人类社交活动）的工具。但是，在资本主义社会中，社交媒体无疑颠倒了自身的社会本质：谷歌与脸书的首要性质不是交往工具，而是世界上最大的广告代理人，他们的交换价值与抽象劳动维度支配着其使用价值与具体工作维度。

在此大背景下，作为游戏与劳动整合体的游戏数字劳动应时而生。聚焦于马尔库塞的游戏与劳动关联观，显然，游戏是与劳动相对立的人类活动：工作是一个持续性、永久性的过程，以生产满足人类需求的物品为宗旨。与之截然相反，游戏不规则地发生，不具有生产满足人类需要的使用价值的必要性：游戏能够自由地、不受约束地对游戏对象做任何事。尽管游戏可能涉及创造出新的物品，但也可能会损坏已有的物品或参与非生产性活动（纯粹是个人喜好而不创造新事物）。比如玩球游戏，人们可设计一个新的，但以损坏球或向周围盲目投掷来取乐的游戏形式。然而在游戏数字劳动中，游戏与劳动的关系已悄然发生变化：一方面，尽管游戏于游戏劳动中仍然保持着一定的不规则性和自由性（比如脸书上的游戏，其一，它不受任何时空限制，可发生于公司上班时间、家里或室外闲暇时间，其二，游戏者可遵循自我意愿自由地设计游戏中的个人资料，虽然在某种程度上要受制于脸书中的图像上传格式、视频和评论内容性质等条件要求），但它却在与劳动的结合中增加了持续性，这要缘于游戏者一直重复性地热衷于恢复或更新着用户资料，且游戏者的每一次浏览行为或活动都被持续地以数据形式储存、处理、分析和商品化。另一方面，游戏劳动在某种程度上弱化了劳动的负担性。相对于劳动是对个人快乐的额外压抑这一本质属性，游戏则是放松的和远离劳心劳力的，同时还有利于劳动力之再创造。换而言之，游戏劳动中的劳动是在轻松的、娱乐的和快乐的氛围中为数字资本创造着经济价值。综上，游戏是不具持续性和永久性的自由活动，劳动是持续和永久的非自由活动，两者相互交织着衍生了游戏劳动。游戏劳动是披着自由外衣的不自由，因为它创造了被他人控制的财富和利润，是背着不规则外壳的规则，在它的暂时性使用中创造着数据存储和使用的永久性（不规则时间，不需要创造新的或有用的东西，等等）。它是有趣的和快乐的，既不像玩耍那样以自己为目的，也不像劳动那样以别人为目的。毋宁说，它既是以自身为目的（end-in-itself）的乐趣，也是以他人为目的（end-for-others）的社会活动，还是以资本为目的（end-for-capital）的价值创造活动。①

数字游戏劳动的到来表明，受游戏、消遣、乐趣和快乐，即爱神厄洛斯驱使的互联网上的种种个人使用行为，都已被资本吸纳而成为资本剥削劳动与占有剩余价值的场域。事实上，不仅仅是互联网，当今资本主义社会中的方方面面都已被资本所吸纳。就如吉尔·德勒兹（Gilles Deleuze）已经指出的：人类日益规训自己，而不用直接的外部暴力。德勒兹将这种情况称为（自我）控制的社会。而马里奥·特隆蒂（Mario Tronti）则用"社会工厂"这一概念来阐述此种发展："在资本主义发展的最高阶段，社会关系成为生产关系的时刻，整个社会成为生产的一个关节。总之，社会的一切就是工厂的一个功能，工厂的独占控制权覆盖了整个社会。"② 这些都从理论的视角说明，当今社会中的所有人类活动，即所有游戏都已被改造为生产性的游戏劳动，其与劳动别无二致，不再有自由的时间或空间受剥削于资本。因此，爱神厄洛斯已经完全被压抑的现实原则吸收。游戏，作为厄洛斯的一种表现，也已在现实原则中被破坏得面目全非。甚至说，人的自由和能力也随之备受摧残。表6-1呈现了福克斯对马尔库塞关于游戏、劳动和快乐的理论在脸书和社交媒体中的运用。

---

① Fuchs C. *Critical theory of communication: new readings of Lukács, Adorno, Marcuse, Honneth and Habermas in the age of the internet*, London: University of Westminster Press, 2016, p.131.

② Fuchs C. *Digital labour and Karl Marx*, New York: Routledge, 2014, pp.267-268.

表 6-1　四种社会模式中的快乐 ①

人类欲望的本质	资源稀缺社会中的现实原则	传统资本主义中的压抑现实的原则	社交媒体时代资本主义的压抑现实的原则
直接满足	延迟的满足	延迟的满足	直接的在线满足
快乐（pleasure）	对快乐的克制（restraint of pleasure）	闲暇时间：快乐 工作时间：对快乐的克制，对快乐的额外压抑	闲暇时间与工作时间界限的消融，闲暇时间变成工作时间，工作时间变成闲暇时间，一切的时间都被剥削，在线闲暇时间成为剩余价值生产时间，雇佣劳动时间等于对快乐的额外压抑，游戏劳动时间等于生成快乐时间的剩余价值
乐趣（游戏）joy（play）	苦役劳动（工作）Toil（work）	闲暇时间：乐趣（游戏） 工作时间：苦役劳动（工作）	游戏劳动：乐趣与游戏等同于苦役与工作
接受性（receptiveness）	生产性（productiveness）	闲暇时间：接受性 工作时间：生产性	闲暇时间／工作时间，接受性／生产性之间界限的消融，所有人类时间的商品化。
没有对快乐的压抑（absence of repression of pleasure）	对快乐的压抑（repression of pleasure）	闲暇时间：没有对快乐的压抑 工作时间：对快乐的压抑	游戏劳动时间：剩余价值的生产看似快乐，但仍服务于压抑逻辑（由于缺乏资本所有权）

---

① Fuchs C. *Critical theory of communication: new readings of Lukács, Adorno, Marcuse, Honneth and Habermas in the age of the internet*, London: University of Westminster Press, 2016, p.129.

三、用马克思闲暇观评议数字游戏劳动

在已有的针对游戏与劳动间关系的数字劳动研究中，有的学者基于词源学视角考察了"游戏"一词的内涵生成及其具体结构，同时又立足于具体的社会发展和人类实践中考察了游戏与工作两者关系的历史演变，最终阐明了"游戏劳动"一词的含义及其对当代资本主义社会之影响。这些研究在对各种游戏理论的回顾与分析中，都不约而同地冷落或排斥了马克思关于游戏的观点。如阿尔韦德·伦德（Arwid Lund）提到马克思曾在《大纲》中指出，劳动会成为吸引人的劳动，成为个人的自我实现，但它绝不是傅立叶所说的，"不过是一种娱乐，一种消遣"。因此，伦德认为，虽然马克思在此文本中对游戏只字未提，但从他对傅立叶的批判中清晰可见，"游戏对于马克思而言，仅仅是娱乐的和消遣的，而非生产的"[1]。相比之下，福克斯没有提及马克思关于游戏及其与劳动关系的观点，而是通过马尔库塞对游戏与劳动的区分，揭示了数字资本主义将游戏与劳动混为一谈的意识形态，指认了数字资本主义社会中人的游戏时间的非纯粹化与非本真化。

显然，与马克思的游戏仅指娱乐和消遣不同，伦德眼中的游戏仅仅被诠释为一种娱乐和消遣。游戏于西方语境中含义较为宽泛，其并不全等于享乐或消遣等消极性意义上之行为，而是内蕴着自由、快乐、审美等更丰富内涵的人类活动。亚里士多德就认为，闲暇是全部人生的唯一本愿，当人的生命处于自由自在的"游戏"可以安享闲暇，获得内在的自由、快乐、愉悦与幸福。[2] 从此意义上讲，游戏与闲暇显然是相互交织的关系。因此，我们可以透过马克思对闲暇、自由活动的理解来考察马克思的游戏劳

---

[1] Lund A. Playing, gaming, working and labouring: framing the concepts and relations, *TripleC*, Volume 12, 2, 2014, pp.735–801.

[2] 亚里士多德著，廖申白译：《尼各马可伦理学》，商务印书馆2003年版，第302–305页。

动观。

　　笔者认为，马克思关于闲暇活动与劳动（工作）关系的思想，隐含在其基于历史唯物主义视域对资本主义的批判与对共产主义的构想之中。这一思想观具有二重性内涵：首先，在资本主义社会中，劳动与闲暇是相互对立且整体上又趋于统一的关系。一方面，劳动与闲暇的对立性在于，劳动是不自由的劳动，是对工人自由与幸福的摧残，劳动时间是对闲暇时间的占用，"对劳动者来说，劳动是外在的东西，也就是说，是不属于他本质的东西，因此，劳动者在自己的劳动中并不肯定自己，而是否定自己，并不感到幸福，而是感到不幸，并不自由地发挥自己的肉体力量和精神力量，而是使自己的肉体受到损伤、精神遭到摧残"①。资本"无限度地盲目追逐剩余劳动，像狼一般地贪求剩余劳动，不仅突破了工作日的道德极限，而且突破了工作日的纯粹身体极限。它侵占人体成长、发育和维持健康所需要的时间。它掠夺工人呼吸新鲜空气和接触阳光所需要的时间"②。而闲暇是实现人之为人的自由活动，闲暇时间是工人行缩短工作日抗争之结果。马克思指出："一个人如果没有自己处置的自由时间，一生中除睡眠饮食等纯生理上必需的间断外，都是替资本家服务，那么，他就还不如一头载重的牲畜。"③而限制工作日是谋求改善工人状况和尝试工人解放之先决条件，于是，马克思主张通过立法程序将工作日时长限制为 8 小时。也就是说，工人只有通过限制工作日的解放斗争，才能从资本家控制的剩余劳动时间中释放出一部分时间，使其真正成为属于自己的、可以自由支配的闲暇时间。另一方面，劳动与闲暇的统一性在于，闲暇时间对于劳动者的劳动力再生产是必需的，是劳动者投入生产过程的前提条件。劳动者只有通过劳动，才能赚取充足的剩余资金来发展、丰富自己的闲暇生活。

---

①　马克思：《1844年经济学哲学手稿》，人民出版社2000年版，第47页。

②　马克思：《资本论》（第1卷），人民出版社2004年版，第306页。

③　《马克思恩格斯选集》（第1卷），人民出版社1995年版，第50页。

马克思就认为，闲暇时间"不仅对于恢复构成每个民族骨干的工人阶级的健康和体力是必需的，而且对于保证工人有机会来发展智力，进行社交活动以及社会活动和政治活动，也是必需的"①。

其次，一般人类社会和共产主义社会中的工作与闲暇统一于人的自由实现之中。如果说资本主义社会及以前种种社会形态中的劳动是以一种自我否定之形式存在的，是为"我所痛恨"，"是一种痛苦，更正确地说，只是活动的假象"②，那么，在一般人类社会，劳动是人的本质，是人的自我确证的本质，是"人在外化范围之内的或者作为外化的人的自为的生成"③。"劳动的对象是人的类生活的对象化"，人"能动地、现实地使自己二重化，从而在他所创造的世界中直观自身"④。总之，劳动是人的自由生命的表现和享受。当人类社会发展至共产主义社会形态，由于共产主义社会财富的极大丰富性，生产资料不再为私人所占有，劳动也就不再被外在目的——工资、生存所束缚，而是"自由的生命表现，因此是生活的乐趣"⑤。劳动自然而然地转变为"我所热衷"的工作，于是，人类将全身心地、乐此不疲地投入到工作之中，其心态就如同游戏者进入闲暇时的那般轻松愉悦。此时此刻，闲暇时间与工作时间，游戏与工作之间的沟壑将被填平，二者统一于人类的创造性活动之中，即统一于人的全面而自由发展之中，真正实现了"自由时间和劳动时间之间对立的扬弃"⑥。

另外，在信息科技高度发达的资本主义社会之中，马克思也明见万里地指出了愈来愈多的闲暇时间被资本所觊觎的情形："个人的全部时间都成为劳动时间，从而使个人降到仅仅是工人的地位，使他从属于劳动。因

---

① 《马克思恩格斯全集》（第16卷），人民出版社1964年版，第216页。

② Fuchs C. *Culture and economy in the age of social media*, New York: Routledge, 2015, p.184.

③ 《马克思恩格斯全集》（第3卷），人民出版社2002年版，第320页。

④ 马克思：《1844年经济学哲学手稿》，人民出版社2000年版，第57页。

⑤ 马克思：《1844年经济学哲学手稿》，人民出版社2000年版，第184页。

⑥ 《马克思恩格斯全集》（第46卷）（下），人民出版社1980年版，第533页。

此，最发达的机器体系现在迫使工人比野蛮人劳动的时间还要长，或者比他自己过去用最简单、最粗笨的工具时劳动的时间还要长。"① 显而易见，数字游戏劳动实质上是工人的劳动时间从工厂或办公室蔓延至闲暇时间的结果，是资本将更多的闲暇时间转化为剩余劳动时间的策略。因此，就客观层面而言，数字游戏劳动并没有真正化解资本主义社会中异化劳动与游戏间的对立关系，也没能脱离马克思对于劳动与闲暇辩证关系的框架。然而就主体层面而言，数字劳动者在数字媒体平台上所拥有的更多的是无拘无束的、轻松愉悦的感觉，其实这种状态是资本操控之下的非本真游戏状态，它的存在不是为了实现人的全面自由的解放，而是为了实现资本循环和资本统治的机制安排。而数字劳动之所以会给人们造成游戏的幻觉，归根结底是资本家对劳动者的剥削方式发生了根本性转型，也就是从显性的、以苦力为主导的生产过程控制和剥削转向至隐性的、以游戏为主导的消费过程控制与剥削。

---

① 《马克思恩格斯全集》（第46卷）（下），人民出版社1980年版，第222页。

第二节 | 以违背合作原则为核心之异化观下的数字劳动

如果说数字游戏劳动是试图揭露出弥漫于数字媒体上的意识形态，那么数字异化劳动则是更进一步地揭示这种意识形态之下数字劳动者的生存状态。如前文所述，福克斯运用马克思对异化劳动的四重规定阐释了狭义的数字劳动概念，剖析了数字媒体资本剥削用户的生产组织形态。但众所周知，西方马克思主义者在不同程度上重塑了马克思的异化理论：卢卡奇（Lukács）基于马克思《资本论》中的异化思想提出了物化理论，霍耐特基于（Axel Honneth）对卢卡奇物化概念的反思而采用承认理论对物化做出了新的诠释。福克斯则基于上述两者思想之上提出了更为辩证的异化观，并力图更加全面地剖析数字劳动者的异化状态。

一、霍耐特以承认之遗忘为核心的物化观

卢卡奇早期基于马克思对商品和商品拜物教的分析创造性地阐述了物化理论。所谓"物化"，就是指在商品生产过程中，人与人之间的关系表现为物与物间的关系，人通过劳动所创造的物反过来控制着人。在卢卡奇看来，物化现象从最初的生产领域蔓延至更高层次的政治、文化，甚至哲学、科学等意识领域，进而导致资本主义社会的全面物化。然而霍耐特认为卢卡奇（也包括马克思）在揭露物化现象中所采取的是主—客体分析模

式，其用商品经济逻辑解释其他生活领域中的种种物化现象显然是缺乏说服力的。对此，霍耐特试图用能够凸显主体间关系的承认理论范式来重构卢卡奇的物化理论。

第一，霍耐特从本体论角度肯定了承认作为社会本质与道德基础的优先性。"承认"是"指个体与个体之间、个体与共同体之间、不同的共同体之间在平等基础上的相互认可、认同或确认"[①]。承认之所以能够构成社会的本质和道德基础，缘于"承认先于认知"，即人们相互间的情感态度要优先于人与世界的客观认知关系。并且，这种先在的承认得到了迈克尔·托马赛洛（Michael Tomasello）发展心理学的确证：儿童先与依恋对象发展情感关系，再通过观察依恋对象与其他事物的关系，学着采用依恋对象的视角进行思考与交往，最后形成对世界的基本认知关系。[②]

第二，霍耐特区分了承认在三个社会子领域中的模式。霍耐特在其前期著作《为承认而斗争》（1996）中将家庭、法律系统、价值共同体看作是社会重要的三个领域，并指出了基于人类社会不同领域中承认的三种模式：由家庭与友谊所提供的情感支持，法定权利提供的认知尊重以及团结的价值共同体提供的社会尊严。即爱、权利和团结构成了人类主体间对彼此形成一种积极态度的社会条件。另外，承认于社会活动的三种维度之下的反面则意味着虐待与掠夺，排斥与否定以及诋毁与侮辱。但在其后的论著中，霍耐特探讨了基于家庭、法律与经济领域三个重要领域之上的承认模式。"除了爱和发展中的资本主义社会之中的新法律，由资本主义社会中生产性公民劳动所创造的成就是第三个承认领域。"亲密领域、法律系统和工作生活将产生认知的三种形式："爱（私密关系的中心理念）、平等

① 弗雷泽，霍耐特著，周穗明译：《再分配，还是承认？》，上海人民出版社2009年版，第3页。

② Fuchs C. *Critical theory of communication: new readings of Lukács, Adorno, Marcuse, Honneth and Habermas in the age of the internet*, London: University of Westminster Press, 2016, p.162.

原则（法律关系的基准）与成就原则（社会层级的标准），代表了关于哪些主体能够理性地说明现存的承认形式是不恰当的、不充分的和需要扩展的规范观点。"①

第三，物化是对承认的遗忘：我们遗忘了我们的知识，存在和认知是以承认和移情关系为基础的。如果我们丢失了这一认识，那么将把他人作为无生命的事物而不再感知其人类特质。②进一步地，霍耐特区分了物化的三层内涵：人与人关系的物化，人与自然/世界关系的物化和人与自我关系的物化。换而言之，异化形式包括了主体间，客体与主体的异化。而关于马克思的异化思想，霍耐特认为马克思聚焦于无产阶级对生产资料失去控制而导致的异化，这是一种探讨为承认而斗争的"狭义的版本"③。"马克思以一种生产美学的导向缩小了黑格尔的为承认而斗争模式"④，"将阶级斗争目标简化为与社会劳动组织直接相关的要求"⑤。

福克斯指出，霍耐特以承认遗忘为核心的物化理论的高明之见在于：与后现代道德相对主义不同，霍耐特坚持了黑格尔的存在的本质的辩证法（黑格尔认为，世界的实质往往不是它表面的样子，而是隐藏于直接的存在背后。所以，不是一切存在的事物都是真实的，只有当事物的存在与其本质相符合时才可称为事实，即"事实是本质与存在的统一"）与异化概念，但同时力图将它们建基于社会之上，这个社会本身作为道德判断的

① 弗雷泽，霍耐特著，周穗明译：《再分配，还是承认？》，上海人民出版社2009年版，第109页。

② Honneth, A. 2008. *Reifcation: a new look at an old idea*, Translated by Joseph Ganahl, New York: Oxford University Press, 2008, p.57.

③ Honneth, A. *The struggle for recognition: the moral grammar of social conflicts*, Cambridge: Polity, 1996, p.146.

④ Honneth, A. *The struggle for recognition: the moral grammar of social conflicts*, Cambridge: Polity, 1996, p.148.

⑤ Honneth, A. *The struggle for recognition: the moral grammar of social conflicts*, Cambridge: Polity, 1996, p.149.

内在标准肯定了能够超越支配关系走向一个合理、有序和公平的社会的原则。同时，霍耐特在社会承认（一切人类在他们的社会化过程中所经历的）中找到了社会固有的本质，并基于经济、政治、亲密关系三个社会领域划分了承认的具体形式：爱、权利和团结，它们是形成人类道德本质的统一体。物化意味着遗忘了承认需要，由此产生了不尊重他人，使他人蒙羞的社会关系，彰显了主体、主体间与客体的三个维度。

然而，当霍耐特为人类社会界定了一种统一的道德原则（即承认）时，一方面，他将社会的三个领域看作是相对独立，却未在社会理论层面阐明经济、政治与日常生活是如何相互联系的。另一方面，他将这三者都简化为道德，却忽视了一切结构，包括决策结构和道德，都是社会共同生产的结果。福克斯进一步指出，霍耐特理论中缺失的一环是社会生产，即人类为了生存不仅要相互承认彼此，还要在合作过程中共同生产社会世界。一切个体和社会都无法在缺失基本的合作，即为了实现特定目标而团结一致的工作的背景下生存。

二、福克斯以违背合作原则为核心的异化观

福克斯提出用卢卡奇的目的设定论来弥补霍耐特社会理论的不足，构建一种作为合作与社会合作生产理论的唯物主义道德理论。卢卡奇在《关于社会存在的本体论》（1993）一书中详细论述了目的论设定的工作的社会本体属性。卢卡奇指出，工作是构成人与自然之间最早、最简单和最基本关系之前提，是社会存在的本体，其具有一种目的论设定的特征。目的设定"就其本质而言，是一个被设定的范畴，每个目的性过程包括设定的目标，因而也包括进行设定的意识。因此，在这种关联中，设定决不像在其他范畴（尤其是因果性）那样，意味着被简单置入意识之中，而是意味着意识借助这种设定的行为发动一个现实的过程，这恰恰就是目的性的过

程"①。正是由于工作不仅能够改变自然界之形态，而且促使人在劳动过程中服从并实现着自己预先设定之目的，才使得社会存在这种最高级的存在形式能够从有机生命的存在阶段中脱颖而出。

与此同时，卢卡奇意识到工作不仅仅涉及人类与自然间之过程，而且还牵涉人类和文化相互作用之过程，由此推出了"更为发展了的社会实践形式中"②的另外目的论设定，其所指向的目标不再是某种纯粹的自然物，而是其他的人，即人们的行为方式及其内心思想，其目的论设定不再以直接的自然对象为核心，而是间接的、复杂的目的，通过他人与己的为我关系来实现的。但"这并不意味着目的论设定所依赖的自然基础消失了，而是仅仅意味着那种唯以自然为准的意图（这乃是我们这里所定的那种劳动的特征），被那些就客体而言更具混合性、更具社会性的意图取代了"③。

在界定工作是社会存在的本体之后，卢卡奇进一步阐明了社会存在的内在统一性。这种统一性体现于社会存在内蕴的经济基础与上层建筑（文化）都具有目的论设定的特征，也因此呈现出辩证统一的关系。一方面，经济基础同时包括体力工作和文化工作，且它们都脱离不开观念因素的作用。在经济领域的内部和外部，这类目的论设定在其基本存在性质方面并未表现出任何原则上的差异性。无论经济领域从最狭隘和最本来的意义上的生产，从社会与自然界的物质交换，发展到多么更具中介性和复杂性的形式，发展为通过大规模的中介链去影响他人实质完成劳动活动的工作，它都是以人的各个目的论设定的实践活动为基础，都

① 卢卡奇著，白锡堃译：《关于社会存在的本体论》（下卷），重庆出版社1993年版，第27页。

② 卢卡奇著，白锡堃译：《关于社会存在的本体论》（下卷），重庆出版社1993年版，第51页。

③ 卢卡奇著，白锡堃译：《关于社会存在的本体论》（下卷），重庆出版社1993年版，第131页。

是促成他人去实现所希望的目的论设定。所以说，经济基础离不开观念、思想的因素。另一方面，一切文化思想和意识形态都是通过工作生产的，也就是说，文化工作根系经济基础。"随着劳动向更高阶段的发展，劳动总是把一系列中介置于人与他努力最终实现的直接目的之间。这样，劳动中就产生了一种早就出现的直接的目的设定与具有广泛的中介的目的设定之间的分化。"① 然而，文化不等同于经济，它来源于经济基础而又超越了经济基础，定位于经济的一种指导功能，并通过整个社会的集体意义这一形式发挥作用。

目的设定论强调了满足人类需要的物质，社会与信息的使用价值的生产，它克服了工作与意识领域之间的相互分离。因此，福克斯指出，卢卡奇的观点强调了作为目的论设定社会过程的生产创造了社会三个领域的统一体，正好弥补了霍耐特对相互独立又缺乏统一的三个领域的划分，从而使得霍耐特的聚焦于社会性重要性的道德唯心主义获得唯物论基础，并转化为一种唯物主义的伦理与社会理论，其主要内容是：人类在经济中生产满足自身需要的使用价值，在政治系统中生产集体决策，在文化系统中生产世界的意义／定义（包括道德判断与身份）。使用价值、集体决策和定义是在社会三个领域中由人类社会活动设定的基本对象。然而，经济、政治与文化这个三个领域不是相互独立的：经济活动设定了使用价值、集体决策和定义，但使用价值也满足了组织与理解的需要。在这三个领域中，一切个体和社会生产（即目的设定）过程中都必须具有基本的合作，即为了实现特定目标而团结一致的工作。"一个唯有竞争抛弃合作的自私自利个体组成的团体，迟早在持续的战乱，暴力与怨恨中灭亡。"② 如果将黑格尔

① 卢卡奇著，白锡堃译：《关于社会存在的本体论》（下卷），重庆出版社1993年版，第104页。

② Fuchs C. *Critical theory of communication: new readings of Lukács, Adorno, Marcuse, Honneth and Habermas in the age of the internet*, London: University of Westminster Press, 2016, p.165.

的本质与存在的辩证逻辑作为道德原则加以应用，这个思想实验表明了合作作为社会生产的原则是社会的本质。总之，霍耐特表明了本质逻辑的重要性和社交作为社会与人类的本质的重要性。然而，在道德上承认彼此仅仅是世界共同生产的一种形式。在交往过程中，人们相互配合生产了对世界的共同理解。承认是共同生产世界的文化过程，但人们同样需要在经济中从事创造使用价值的协同工作，以及在政治系统中参与创造集体决策的政治辩论和管理。当一个社会系统整体上具有了合作的性质并且消除了统治，那么它将与其本质一致。这种本质在道德上植根于社会自身之内，亦是道德的固有标准。因此，一种真正的经济是共同所有和控制，一种真正的政治系统是共同管理，真正的文化系统是促进相互理解与承认的。

反而言之，资本主义、专政、宗教激进主义是经济、政治与文化生产所采取的错误形式。在这些形式下，人们相互之间所采取的是违背社会合作性的统治与剥削关系，其特点是相互否定对方，某个人或团体试图以牺牲他人的代价为自己谋利。这导致的结果便是社会中一部分人被物化了，即被简化为服务于特殊利益的工具和物的状态。在福克斯看来，物化是阶级与精英将人类与社会与其本质相分离的过程。就如卢卡奇所言，物化使"人的本质与其存在发生冲突，只有当人的本性被征服，扭曲和伤害时，我们将其称为一种客观的社会的异化状态"①。换而言之，物化是实施统治的过程时，异化是根源于物化的状态。福克斯结合了霍耐特的物化思想，基于人类与社会的合作性本质，区分了不同社会领域中的物化形式（Forms of reification 违背合作原则）与占有形式（Forms of appropriation，基于合作原则）。如表 6-2 和表 6-3 所示，在主体间与客体层面，在异化的经济系

---

① Fuchs C. *Critical theory of communication: new readings of Lukács, Adorno, Marcuse, Honneth and Habermas in the age of the internet*, London: University of Westminster Press, 2016, p.166.

统中，人们受统治阶级剥削，为统治阶级生产财产，而在自主管理的经济中，人们共同生产、共同拥有、共同控制财产；在异化的政治系统中，少数精英实行排斥公民的中央集权，而在占有的政治系统，人们在参与式民主系统中拥有权力，并且共同作出决策；在异化的文化系统中，少数精英集中化意义，无视与不尊重他人身份及道德价值，而在占有的文化系统中，人们共同生产世界的意义，相互理解，相互承认，构成了多元一体的生活方式与道德价值。

表 6-2　社会三个子领域中的物化 / 异化形式 ①

异化 / 物化形式	主体（经历、情感、态度）	主体间性（社会作用与交互）	客体（结构，产品）	斗争
经济物化	工作不满	缺乏控制 / 劳动力的异化：剥削	缺乏控制 / 生产资料与产品的异化：财产权的减少	个体：反资本主义 社会：联合、阶级斗争
政治物化	政治不满	缺乏控制 / 政治权力的异化：去权与排斥	缺乏控制 / 决策的异化：权力集中化	个体：政治化 社会：社会运动、抗议、聚会、革命
文化物化	文化不满	缺乏控制 / 有影响交往的异化：无关紧要的声音、无礼、不承认	缺乏控制 / 公共思想，意义与价值的异化：信息集中化	个体：文化素养 社会：为承认而斗争

① Fuchs C. *Critical theory of communication: new readings of Lukács, Adorno, Marcuse, Honneth and Habermas in the age of the internet*, London: University of Westminster Press, 2016, p.167.

表6-3　社会三个子领域中的占有形式 ①

占有形式	主体（经历、情感、态度）	主体间性（社会作用与交互）	客体（结构、产品）	斗争
经济占有	自我实现	劳动力自我控制：自我管理	生产资料与产品自我控制：民主的社会主义	个体：反资本主义 社会：联合
政治占有	积极的公民	权力的自我控制：人民权力	决策的自我控制：参与式民主	个体：政治化 社会：社会运动、抗议、聚会、革命
文化占有	普遍的知识分子	有影响力的交往的自我控制：相互承认、理解与尊重	公共思想与价值的自我控制：文化公共领域	个体：文化素养 社会：为承认而斗争

在主体层面，一方面，从客体与主体间异化对主体的作用来看，这两者不必然会导致情感经历异化，比如在政治层面，奴隶工人、独裁专政中的公民以及神权政体中的人民不必然会仇恨奴隶主、独裁者和神权者，因为身体、结构与意识形态暴力可以使他们接受统治，使他们在道德上适应自身处境。但是，客体的异化会酝酿情感异化的潜力，即对劳动、政治与文化不满的情感体验。这种主观异化可能仅仅表现为漠不关心。然而，特别是在危机的条件下，它可能会酝酿政治化和政治参与的潜力。反思，社会破坏与运动能够触发个体赋权（反资本主义，政治化，文化意识），将引发阶级斗争、政治抗议和承认斗争。这些斗争并不必然获胜，但一旦获胜，将可能带来非异化的社会状态。但也可能继而有反对这些斗争的斗争，因此非异化状态又将转化成异化的。另一方面，从主体对客体与主体间异化的作用看，非异化主体意味着自我实现的活动，积极的公民权和普

---

① Fuchs C. *Critical theory of communication: new readings of Lukács, Adorno, Marcuse, Honneth and Habermas in the age of the internet*, London: University of Westminster Press, 2016, p.168.

遍的知识分子。但是人们在异化的社会状态中可能感到非异化：比如一个雇员热爱自己的工作并感觉它是自我实现的一种形式。但在这种情况下，经济自我实现可能会伴随着文化与日常生活领域的社会异化，这通常表现为友谊、家庭生活、性方面的缺乏。又如积极的公民对种族主义极端分子以伤害移民为目的的政治议程的推进表示支持。他们情感上在政治层面是非异化的，但却推进了一个异化的政治系统。总之，只有当人们在个体上感到满足，生活于共同控制与利益的主体间和客体条件下，社会才是人们真正的家园。

根据以上所建构的异化分析框架，福克斯揭示了数字媒体平台（以脸书为例）上异化的九个维度。如表6-4所示，从主体间与客体这两个纵向维度看，在经济层面，脸书上的异化意味着用户生成数据商品的劳动受到剥削。在政治层面，异化指的是一种监视—工业复合体的存在，就如爱德华·斯诺登（Edward Snowden）所揭露的，脸书及其他通信公司与国家机构（如警察与特工）相互合作，以便使国家能够监视大量的在线通信，但这显然破坏了自由主义的承诺。在文化层面，客体和主体间异化意味着促成意义形成的关注度与能见度被不对称的分布，导致日常用户处于不利地位，而名人和强大组织处于有利地位。主体层面的异化指的是用户的体验和态度，即他们在主观上感到被脸书异化了。但是，用户的态度可能是被异化、非异化或两者兼而有之。之所以会有这种复杂的情况，福克斯用"倒转的商品拜物教"（an inverted commodity fetishism）对此作了更进一步的说明。马克思的"商品拜物教"揭示了一般商品形式把人的社会关系反映成物与物的关系，与之不同，福克斯指出，数字媒体上数据的商品交换价值是隐藏于在媒体社会使用价值（即媒体平台的使用能够提供社交关系和功能）之后，其直接反映的是人与人，人与社会组织的关系。也就是说，与照相机，音乐会门票等的购买过程（这种过程中货币直接实现了文化体验）不同，在目标广告所资助的免费平台上，用户免费登录平台时直接体验的是免费平台的社会使用价值，只看到他们自己与其他用户的关系，而其生成的数据商品却没有直观地体现在平台上，没有被直接体验。这种倒转的拜物教性质充分体现在陈述中："媒体平台并没有剥削我，因为我得益于它才能与其他用户联系。"事实上，用户忽视了媒体平台所提供给自己的社会利益、社会关系和可获得的可视度，正是媒体商业和公司发展的核心，是其交换价值和商品维度的关键。

表 6-4   数字媒体上异化的九个维度 [①]

异化 / 物化形式	主体态度与情感		主体间性（社会交互作用）	客体 （结构，产品）
经济物化	异化的感觉："脸书剥削了我！"	非异化的感觉："脸书是娱乐的、自觉的，为社交提供便利。因此我并不感到被剥削。"	用户数字劳动剥削；用户的平台非所有权	用户缺乏对个人数据的控制
政治物化	异化的感觉："脸书是威胁自由的监视工业复合体的一部分。"	非异化的感觉："为了更大的安全，我们必须放弃部分隐私。因此，我并不介意国家对社交媒体的监视。"	政治控制与公民交往监视	公民缺乏对政治机构如何管制互联网的控制，缺乏对监视工业复合体建构的控制
文化物化	异化的感觉："脸书是一些自恋狂的表演场。"	非异化的感觉："脸书提供了一个与他人社交的绝好平台。"	有利于名人和权势机构的不对称的可见度	对公共意义生成、集中化在线注意力结构与可视度产生的不对称影响

---

① Fuchs C. *Critical theory of communication: new readings of Lukács, Adorno, Marcuse, Honneth and Habermas in the age of the internet*, London: University of Westminster Press, 2016, p.171.

三、简议异化数字劳动观

第一，基于多种维度的异化观回应了数字劳动论争中关于异化的问题。不少学者提及了数字媒体上的异化现象，却因为依据不同的异化观而得出截然相反的结论，其中尤以马克·安杰维依克和伊兰·费舍尔的观点为典型代表。安杰维依克认为社交媒体仅仅予以人们克服异化的希望，但在现实中由于采用了"数字公地圈围的形式"而形成了数字异化，"用户对这些被监视的数据束手无策"。这种"关于用户社会生活的外在的、可储存的数据收集与我们相分离"[①]。"数字影子是一个异化自我的形象并导致了算法的异化，它决定了基于数据采掘，大数据分析和统计相关性的生活机遇。"[②] 与之相反，费舍尔认为异化意味着没有控制某物（劳动过程、产品等）的一种存在状态，更少的异化则是指能够尽可能地表现自己，控制自己的生产过程，对象化自己的本质，与他人联系和交往。因此，一个人在社交网站上活动可以被认为比看电视节目具有更少的异化。"SNS（社交网络服务）一方面促使剥削的加剧，另一方面促使异化的减轻，这两个过程不是简单的并存而是相互辩证联系。SNS 建立了基于一种新的基于剥削与异化辩证联系的生产关系：为了去异化，用户必须交往与社会化：他们必须搭建社交网络，分享信息，阅读博客，与他人互粉，但也因此如此他们加剧了自己的被剥削。"[③] 尽管两者都对数字媒体持批判理论视角，都认为社交网站对用户数字劳动构成了剥削，但由于对异化有不同的理解，从而对数字劳动者是否被异化持不同见解。但如果用福克斯基于霍耐特所提

① Andrejevic M. Exploitation in the data mine, *Internet and Surveillance: The Challenges of web 2.0 and social media, edited by* Fuchs C., Boersma K, Albrechtslund A etel, Routledge, 2012, pp.71–88.

② Andrejevic M.Alienation's returns *Social Media and the Information Society*, edited by Fuchs C, Sandoval M.Critique, New York: Routledge, 2014, pp.179–190.

③ Fisher E. *How less alienation creates more exploitation? audience labour on social network sites*, Triple C, 2012, pp.171–183.

出的多维（主体，主体间和客体）异化观来看待两者的观点，那么它们实际上并没有相互冲突：安杰维依克所强调的是异化的客体维度，而费舍尔所强调的是异化的主观体验。

第二，福克斯剖析数字媒体商业运作中的物化及商品拜物教现象，为目前的数字劳动研究领域增加了意识形态批判的维度。目前，由于大部分数字劳动研究者的学术背景是传播政治经济学或社会学，使得传播政治经济学或社会学的理论和范畴在数字劳动批判中占据主导地位，也使得他们的理论路径主要是通过一系列的实证研究和案例分析，揭露被卷入全球数字生产的各个领域中的数字劳工的工作境遇，以及劳工与资本在数字生产中的冲突与对抗，最终旨趣落脚于实现现代劳资矛盾关系的缓和，寻求改善劳工境遇的最佳制度安排。这些研究往往忽视了意识形态对劳动与资本的塑造，也淡化了劳资矛盾背后的物质利益这一更深层次的原因。正如卢卡奇力图重新探索马克思主义的哲学本体，通过聚焦于物化与阶级意识等理论主题，揭示无产阶级革命失败的内在原因——西方资产阶级意识形态对工人阶级的欺骗以及沉浸于"物化意识"之中的无产阶级对资本主义现实的顺从一样，福克斯从商品拜物教及建基其上的物化理论出发来阐明用户对打着"参与、分享"旗号的商业社交媒体趋之若鹜，实质上被一种用人与人的关系掩盖商品交换价值实质的意识形态所蒙蔽了。

微信扫码，立即获取

☆ PPT总结分享
☆ 更多延伸阅读资源

第三节　超越哈贝马斯"二元论"的辩证交往观

聚焦于福克斯的数字工作 / 劳动概念观，清晰可见，用户间的交往是发生于数字劳动过程中的一个重要环节，即交互性是附身于数字劳动的一种主导特性，甚至可以给出数字劳动即交往劳动这一论断。而交往行为理论的鼻祖哈贝马斯却认为，工具理性所支配的劳动与交往理性所支配的交往行为是显存差异的两种人类活动，且后者在价值上明显优于前者。哈贝马斯实质上是论断了交往与劳动是不能相互混淆与不能相互结合的两个概念，即否定了交往劳动存在的合法性。针对哈贝马斯交往思想中的这一劳动与交往二元论，福克斯展开以批判性地解读，并在马克思与威廉斯思想启发下构想用合作理性来替代交往理性，以建构起辩证的交往批判理论。

一、哈贝马斯劳动与交往二元论

众所周知，技术理性批判是 20 世纪西方马克思主义文化批判理论框架中不可或缺的主题维度，众多马克思主义代表人物不约而同地聚焦于多角度揭示技术理性统治的原因。哈贝马斯就是一典型代表，其在《作为"意识形态"的技术与科学》（1999）一书中指出，技术异化的根本原因在于，以科学技术为背景的劳动的"合理化"导致了交往行为的"不合理化"。因此，要消除科学技术的异化，必须用交往替代劳动在人类社会和社会历史理论中的核心位置，以此来实现交往行为的"合理化"。这也就是哈贝马斯在其系列著作中反复强调要明确区分交往（相互作用）与劳动范畴的根本性原因。

以哈贝马斯之见，作为人类与世界（主体与客体）相联系的两种最基本方式，劳动与交往之间存在有显著性差异。在界定层面，劳动关涉主体与客体世界之间的关系，是一种目的性行为，一种受工具理性支配的策略性行为，它"通过在一定情况下使用有效的手段和恰当的方法，行为者实现了一定的目的，或进入了一个理想的状态"①。可见，劳动着力于强调和实现行为目的、行为手段与行为结果之间的内在一致性。而交往关涉的是主体与主观世界之间的关系，是至少两个以上具有言语和行为能力的主体之间的互动，这些主体使用（口头的或口头之外的）手段建立起一种主体间关系。行为者通过行为语境寻求沟通，以便在相互谅解的基础上把他们的行为计划和行为协调起来。②在价值层面，较之劳动，交往行为在推动社会发展过程中体现出更加重要的价值。劳动蕴含的是人们通过技术占有或支配外部世界的旨趣，强调的是人对自然的改造和征服，显然其缺乏一种主体间的向度。随着现代资本主义社会科学技术的飞速发展，劳动"可以使明确的目标在既定的条件下得到实现"，满足和加快了资本对物质利益的不断追求，从而使得劳动的工具理性结构成为统治社会的基础。这既造成了人与自然之间关系的紧张化，也导致了人与人之间关系的异化，最终引发了资本主义制度的"合法性危机"。而与劳动截然相反，交往行为内蕴的是非支配性社交关系的真正形式，强调主体间的合理关系，面向于达成相互理解和达到一个合理化的社会。因而要克服资本主义的种种弊端，就必须除却劳动对交往的吞噬，促使交往理性成为社会发展的主导逻辑。哈贝马斯认为，交往行为实质上是一种言语行为，语言是交往行为的

---

① 哈贝马斯著，曹卫东译：《交往行为理论》（第1卷），上海人民出版社2004年版，第83页。

② 哈贝马斯著，曹卫东译：《交往行为理论》（第1卷），上海人民出版社2004年版，第84-85页。

核心要素，因而实现交往的合理化必须依靠语言。交往行为合理性的最显著衡量标准，就是在一定社会规范的框架内，以语言为媒介和以道德为原则的主体之间能否达成相互理解的一致性。除了语言，哈贝马斯还提到金钱与权力也同为交往的媒介，但与语言截然相反，金钱和权力是异化的交往媒介，它们殖民化与控制语言，使语言具有了强烈的意识形态性，剥夺了生活世界中本源性的交往行为。

福克斯针对哈贝马斯的交往行为理论指出，其实际上是建立于媒介二元论之上的理论，是一种工作／交往二元论，存在以下局限性：其一，误读了马克思的劳动／工作思想，将异化劳动看作为马克思工作思想的全部，将工具理性视为工作范畴所依据的唯一理性形式，忽视了工作作为创造性生产的重要性，从而贬抑了工作为解放人类而建立一个个体自由、全面发展的社会的积极潜能。其二，在理论层面，交往合理性并不能从根本上解决当代社会中的危机，不能成为真正促进社会发展的动力。福克斯基于自身对合理性与交往的理解指出，关于合理性方面，哈贝马斯将其理解为"具有语言能力和行为能力的主体的一种素质，它表现在总是能够得到充分证明的行为方式当中"[1]。换而言之，一种行为越具理性越经得起检验和批判。哈贝马斯采用这一合理性概念，是为了能够论证基于交往行为的社交关系比受金钱和权力调节的行为更具合理性。[2] 事实上，合理性一词的拉丁语词源（ratio）原指人类的行为是建基于推理与思想之上的。人类之所以能够区别于动物，很大程度上缘于其具有目标制定和预测性反思的理性，但人类的交往行为在伦理上并不总是呈现出善的结果。关于交往方面，哈贝马斯虽正确地区分了支配与自由的行为，但同时区分的目的行为

---

[1] 哈贝马斯著，曹卫东译：《交往行为理论》（第1卷），上海人民出版社2004年版，第22页。

[2] Fuchs C. *Critical theory of communication: new readings of Lukács, Adorno, Marcuse, Honneth and Habermas in the age of the internet*, London: University of Westminster Press, 2016, p.200.

与交往行为却令人难以信服。与哈贝马斯截然不同，福克斯指出，交往并不是天然或本质的善。交往与其他人类行为一样总是以目标为导向的。尽管交往对于人类社会性和社会是不可或缺的，但其并不是天然地具有神圣的、有启发作用的或解放的性质。交往也不会自然而然地在人们之间产生出共同一致的意见。换而言之，任何交往形式都具合理性的，但好与不好的交往之间显然有着根本性的区别。其三，在现实层面，当代社会中的交往领域并非世外桃源：语言和意义被高度工具化，交往形式始终被意识形态霸占着，导致剥削与统治合法化，交往被迫沦为统治的工具。在当下异化社会中，交往被扭曲的现象比比皆是。在交往研究视域中，一种被称为战略沟通的研究领域已经崭露头角。它研究交往之于按具体目的影响和说服特定受众的作用。战略沟通实质上就是服务于资本主义和官僚主义的宣传代名词。因此，交往（沟通）并不能置身于人类的工具化逻辑和支配话语之外，而是被利用于服务各种截然不同的目的。换而言之，就如有学者指出，将根除科技异化的弊病寄希望于理想的交往理性，使哈贝马斯的理论在转化为现实的过程中面临着难以逾越的屏障："交往行为是一种理想和价值取向，同时又具有客观的理性基础。在现实层面上，面对现实社会人际间存在的欺诈和扭曲的交往，哈贝马斯无法证明他的理想言谈情境其实已经存在或潜藏在现实的人际交往中。"[1]

二、福克斯辩证交往观

福克斯将交往界定为凭借符号生产与符号互动建构共同意义的社会过程，它是一切社会和社会体系的基础。福克斯眼中的交往与其他人类行为

---

① 郑召利：《寻找现代性困境的出路—哈贝马斯重建现代性的思想路径》，《求是学刊》2004年第4期。

一样总是以目标为导向的，更确切地说，它服务于通过语言符号与他人相联系并达成对世界的共同理解这一理性目标，其实质也是目的行为的一种形式。福克斯进一步辩证地阐述了工作所具有的交往性与交往工作之间的关系。首先，一切工作都具有交往的性质。工作是一种由交往所组织的创造新事物与满足人类需要的生产性社会活动，工作过程中所建立的不仅仅是人与客观事物组建的主客关系，还有人与人为了共同生产而结成的主体间社会关系，因此，在此过程中相互合作、协调是必不可少的，也就是说，交往是工作过程中的应有之义。就如威廉斯所言："交往及其物质途径是一切千差各异的人类劳动形式和社会组织所固有的。"① 其次，交往是人类工作。交往生产了以人类共有的词语、句子、论述、文本、谈话和一切语言为形式的社会意义，在此语境中，交往过程亦为交往工作，它是对社会信息的生产性、主动性、创造性的一个隐喻。马克思对此强调，符号领域是人们进行真正的现实的生产领域：人们是自己的观念、思想等的生产者，但这里所说的人们是现实的，从事活动的人们，他们受着自己的生产力的一定发展以及与这种发展相适应的交往（直到它的最遥远的形式）的制约。② 因此说，交往本身是生产性的，因而也是工作的一种特殊形式（交往工作）。福克斯基于对交往工作进一步入微分析指出，交往工作既是脑力工作也是体力工作，既生产信息也生产信息技术。原因在于一切工作都是建立在身体与大脑、体力活动与脑力活动的辩证关系基础之上的。体力工作生产了可以触摸和感觉到的有形产品，即在交往工作中生产了传播与接收信息的物理信息技术（如联网的计算机），而脑力工作生产了无形的产品，即在交往工作中生产了象征着其他事物的，发挥着存储和传播意义作用的符号信息。概而言之，交往工作是生产信息与信息技术的一种社

---

① Fuchs C. *Critical theory of communication: new readings of Lukács, Adorno, Marcuse, Honneth and Habermas in the age of the internet*, London: University of Westminster Press, 2016, p.198.

② 《马克思恩格斯全集》（第3卷），人民出版社1956年版，第29页。

会生产过程，体力工作与信息工作是交往工作中的两个相互联系面——它们分别生产了通信设施和交往本身。

但工作不单具有交往性，而交往也不仅仅指工作。一方面，工作不仅具有交往性，还具有预期性、创造性认知这一必不可少的要素，就如马克思所强调的："最蹩脚的建筑师从一开始就比最灵巧的蜜蜂高明的地方，是他在用蜂蜡建筑蜂房以前，已经在自己的头脑中把它建成了。劳动过程结束时得到的结果，在这个过程开始时就已经在劳动者的表象中存在着，即已经观念地存在着。"[1] 另一方面，交往也不仅仅指工作，它是主体间相互理解的基础：人们通过交往学会了理解世界，理解他人传达的信息及动机。迥异于哈贝马斯，福克斯认为理解并不是自然而然地意味着道德上的一致性，而只是为了赋予世界意义而对世界所作的解读。因此，交往在某种程度上是一种特殊的工作形式，但从它作为一种社会意义和理解世界的过程而言，其又超越了一般工作的基本范畴。福克斯对此总结到："工作与交往具有同一性和非同一性，也可称为工作／交往的辩证法。人类的生产是社会性的，因而也是一种交往关系（工作中的交往）。交往本身是生产性的，故而也是工作的一种特殊形式（交往工作）。工作是人类活动的生产方面，而交往是人类活动中社会关系意义建构的方面。"[2] 然而，就如索恩·雷特尔（Sohn Rethel）在其代表作《脑力劳动与体力劳动：西方历史的认识论》（1978）中所揭示的："在阶级社会中，属于脑力工作的交往工作与体力工作之间似乎横亘着不可填埋的鸿沟。"[3] 交往工作作为异化的交往劳动，往往被认为是资产阶级管理者、策划者、官僚和政客所完全

---

① 马克思：《资本论》（第1卷），人民出版社2004年版，第208页。

② Fuchs C. *Critical theory of communication: new readings of Lukács, Adorno, Marcuse, Honneth and Habermas in the age of the internet*, London: University of Westminster Press, 2016, pp.198–199.

③ Fuchs C. *Critical theory of communication: new readings of Lukács, Adorno, Marcuse, Honneth and Habermas in the age of the internet*, London: University of Westminster Press, 2016, p.200.

拥有的，他们通过直接暴力、结构性暴力和意识形态暴力来抑制现实的或可能存在的抵抗。而福克斯事实性地指出，随着 20 世纪文化产业的出现，交往也具有了商品的形式——大规模专业知识的售卖，如音乐、电影、软件、广告等，同其他一切商品一样，都是由劳动生产出的。现今，交往劳动在信息资本主义中已经被"无产阶级化"，以至于在各种不同的阶级关系中都能看到资本对交往劳动者的剥削现象。

如前所述，既然交往与工作一样是以目标为导向的，两者之间不是截然不同而是辩证交互的，一切的交往理性也并非都如哈贝马斯所说的是破解资本主义社会危机的良方妙药，那么，应该以何种标准来区分理性行为，基于何种理性的行为才是当今社会发展之所需呢？对此，福克斯在《批判的交往理论》一书的结尾简要地阐述了自己的见解。福克斯指出，关键是应该区别服务于统治的合理性行为与致力于超越统治的合理性行为。统治（domination）是一种社会关系，是一个群体通过支配和使用资源，对其他群体施加身体上、结构上或意识形态上的暴力，并且凭借这些暴力方式来为自身谋取利益。统治者通过劳动剥削取得经济特权，通过控制取得政治特权，通过意识形态统治取得文化特权。在维护统治的世界中，社会关系是按照一个群体工具化其他群体的组织方式进行的，是建立于工具理性和工具性交往之上的。剥削、控制、操纵和排斥是工具理性的具体表现形式，而工具性交往是基于工具理性的交往形式。交往领域中的交往工具理性具体表现为极权主义的、家长式的（Paternal）、商业的交往媒介及其组织形式（communications，亦称交往体系）。极权主义交往体系意味着媒介受国家控制、操纵和审查，这种系统的传播目的是在少数者权力之上保护、维护或发展社会秩序。家长式交往体系是有良知的极权主义交往体系，它将自认为对人们有利的道德等意识形态施加于"无知"公民之上。商业交往体系中存在着一定的商业控制。此三种交往体系都是基于工具理性的：使媒介成为控制与统治的工具。

与以维护统治逻辑为使命的工具理性针锋相对的是以超越统治逻辑为目标的合作理性。福克斯引用马克思在《德意志意识形态》中的观点：社会是一个真正的生产过程，在这个过程中，人们生产物质生活本身。而"生活的生产"表现为社会关系，"社会关系的含义是指许多个人的合作，至于这种合作是在什么条件下、用什么方式和为了什么目的进行的，则是无关紧要的"①。并主张，如果我们假定共同生产和合作构成了人类社会的基本特征，并且从社会的这种合作性中我们获得了伦理政治正确（ethico-political right），即人类必须共同控制经济、政治与文化②，那么，这就说明这些方面被某一群体统治而异化于另一群体是有悖于人类本质的社会状态。因此说，社会的发展应该是建立在合作理性基础之上的。合作理性的逻辑与工具理性的逻辑截然不同，其目的不在于创造、再生产或加剧统治，而是面向超越统治的社会关系并且创造为所有人谋利益、谋幸福的条件与环境。福克斯进一步指出，如果说一切社会的历史都是阶级斗争的历史，那也必然是一部工具理性与合作理性相冲突的斗争史。为了自身利益，占统治地位的群体总是在不断寻找工具化人类并传播这种统治合法性的意识形态的新方式，而被统治的群体则具有进行抵抗、组织替代方案的潜力——他们凭借合作的雏形及其社会体系挑战工具理性，共同表达针对统治阶级的反对意见和建立一个基于合作理性之上的社会诉求。在交往领域，与上述交往工具理性的三种表现形式迥异，建立于合作理性基础之上的合作交往表现为民主的媒介组织形式构成的交往体系，它使得人们摆脱交往工具理性而参与到共同讨论、共同创造、共同分享信息成果之中。

---

① 《马克思恩格斯全集》（第3卷），人民出版社1956年版，第33页。

② Fuchs C. *Critical theory of communication: new readings of Lukács, Adorno, Marcuse, Honneth and Habermas in the age of the internet*, London: University of Westminster Press, 2016, p.214.

三、评议交往理性与合作理性观

第一，我们不应仅局视于福克斯评论中的哈贝马斯交往理性观之局限性，而应该看到其对发展社交媒体时代交往关系的积极性一面，诚如福克斯所述，数字资本主义社会中社交媒体上的数字工作是一种异化的数字劳动，但这里的异化，一是指经济层面上的用户对其劳动力、劳动工具、个人经验、个人数据所有权的不可控制性，二是指精神文化层面上的用户与用户间关系的普遍异化——在匿名、开放网络空间中个体之间互为异己、相互攻击的不和谐关系，构成人与人之间的"不真诚"，三是指用户主体与自我意识的相异化——个人言论盲目跟从舆论，成为谣言的载体与传播者，从而脱离社会成员之间共同价值规范的约束，构成行为的"不正当"，四是指用户与人类语言的相异化——在虚拟网络背景中个人话语中的非理性因素不断凸显，往往是语不达意和言不符实，煽动性、蛊惑性的语言无处不在，使交往过程滑向"不真实"的深渊。这些不正当、不真实、不真诚的交往乱象驾驭着人的认知、情感与语言，促使数字用户沦为一个个彻头彻尾的异化劳动者。

为有效遏制数字工作在主体层面上的异化倾向，哈贝马斯提出了意义深远的交往理性三大有效性要求："一个追求沟通的行为者必须和他的表达一起提出三种有效性要求，即：（1）所作陈述是真实的；（2）与一个规范语境相关的言语行为是正确的；（3）言语者所表现出来的意向必须言出心声。也就是说，言语者要求其命题或实际前提具有真实性，合法行为及其规范语境具有正确性，主体经验的表达具有真诚性。"[①] 这里的真实性对应于由客观事物所构成的客观世界，正确性对应于由主体间一致认可的规范所构成的社会世界，真诚性对应于由主体主观性所构成的主观世界。将

---

① 哈贝马斯著，曹卫东译：《交往行为理论》（第1卷），上海人民出版社2004年版，第100页。

哈贝马斯的上述观点应用到社交媒体世界中，就要求用户应该提升自我对由客观网络信息所构成的网络世界的认知能力，摆脱非理性因素，确保网络信息发布与接收的真实性；就要求交往主体间应该提升语言的陈述、表达和践行能力，约束与调整个人主义行为，确保表达意愿与意图的真诚性；就要求特定社交媒体在交往主体之间制定共同认可的规范标准，并且力促遵章依循，从而以规范的形式加强主体与社会世界间的联系，确保交往行为的正当性。概而言之，哈贝马斯的交往理性观对于社交媒体上的数字劳动者摆脱异化状态，走向自由而全面发展的数字工作形态具有一定的理论指导意义。

第二，基于马克思主义的理性观来审视福克斯所提及的以合作理性为基础的辩证交往批判理论。一方面，福克斯通过数字劳动这一人与人之间交往关系的当代新形态，揭示了哈贝马斯交往理性的乌托邦倾向，具有一定的合理性。马克思认为，资本主义社会中的交往关系问题并非起源于技术理性或工具理性，而是由私有制生产关系所造成的："一个毫无疑问的事实是：机器本身对于把工人从生活资料中'游离'出来是没有责任的……这些矛盾和对抗不是从机器本身产生的，而是从机器的资本主义应用产生的！"[①] 因此，要彻底解决交往问题，是要从根本上改变资本主义的生产关系。而哈贝马斯把工具行为和交往行为相区别并对立起来，实际上就等同于把生产力发展和社会关系的进步对立起来。[②] 由于抽去了生产关系这一社会交往关系的实质，促使交往理性成为一个空洞的概念，从而也使得哈贝马斯重建资本主义理性观的政治追求带有些许乌托邦色彩。当今数字资本主义社会中的种种问题，表面上看似是不同个体、不同价值观、不同文化之间的矛盾，而隐藏其后的，最为根本的仍然是物质利益关系的

---

① 《马克思恩格斯全集》（第23卷），人民出版社1972年版，第483页。

② 刘怀玉：《马克思的交往实践观与哈贝马斯的交往理性观》，《中州学刊》1994年第4期。

矛盾，即媒体资本家与"一无所有"的数字劳动者之间的经济矛盾。因此，即使哈贝马斯的交往理性发挥作用，其所能解决的也只是资本主义社会内部的矛盾，而不能彻底改变人与人之间的经济关系，不能根除数字劳动的异化状态，即无法真正地实现人的理性的全面解放与发展。

另一方面，在质疑与批判哈贝马斯的交往理性观之后，福克斯为确立批判理论的科学理性根据，提出了与哈贝马斯迥异的新型人际交往关系——合作理性。这种分歧产生的缘由不仅仅是政治策略问题，更多的是源于各自对工具理性本质等深层理论问题的不同见解。在哈贝马斯看来，工具理性是理性的一种表现形态，它对应的是客观世界中主体与事件或事实间的关系，支配的是目的论行为，在认知客观世界方面起着不可替代的作用。而批判理论之所以要针对工具理性，是因为其逾越了自我界限并不断地入侵到生活世界之中。要扭转这种局面，并非势将工具理性弃而不用，而是要让它回到自己的系统之内。因此，哈贝马斯才提出了能够融合多种理性于一体的交往理性，以调和包括工具理性在内的不同理性的冲突，并为消解科学技术异化，挽救晚期资本主义开辟新的理论路径。但依福克斯之见，"工具理性意味着支配、统治和剥削"，"人类的历史就是工具理性与合作理性相互斗争的历史"。这说明，工具理性所支配的不是目的合理性行为，而是统治与剥削的行为。这实际上是承袭了霍克海默（Horkheimer）与阿多诺（Adorno）的工具理性批判思想。在他们看来，工具理性在文明史上可远溯至上古时期，它把世界抽象为"空洞的实在"，同时又排除了思维的批判性与否定性，使得"'对内部和外部的控制'成为生命的终极目标"①，究其本质就是维护统治的合理性。只不过与霍克海默与阿多诺仅将理性看作是工具理性，最终陷入对理性的悲观主义不同，

---

① 哈贝马斯著，曹卫东译：《交往行为理论》（第1卷），上海人民出版社2004年版，第362–363页。

福克斯提出了理想人类社会所需要的合作理性。应该说，合作理性在福克斯那里只是一个未加充分论证的理性概念雏形，它在理性观上是否能真正超越哈贝马斯，我们不得而知，但它如果要想真正解决当代数字媒体交往领域中的问题，就不能从抽象的理性出发，也不能止于从现实中引申出某种新的理性，而应该坚持马克思主义以生产实践和革命实践为基础的交往观，通过对现实的不断革新，实现人类理性成分的全面解放与发展。

第六章

福克斯数字劳动思想的内在矛盾与积极意义

回顾前述，福克斯首先以马克思劳动观与文化唯物主义为理论前提界定了数字劳动概念，接着，通过对马克思劳动价值论的再阐释建构了数字劳动价值论，并在生产方式理论框架中分析了跨国信息资本主义中的各种数字劳动形式，最后，以重构马克思主义阶级理论为基础探讨了数字工人阶级利用社交媒体挑战数字资本主义的具体现实。与此同步，笔者立足马克思主义基本理论，并在与国外马克思主义主要流派观点比较的视域中，针对福克斯数字劳动思想作了肯定性与批判性的评析。在本章节，笔者将再次聚焦于福克斯数字劳动思想中的具体观点与内在逻辑，进一步审视并指出其内存的矛盾之处，并从理论与实践层面提炼出福克斯的数字劳动思想对发展马克思主义理论和中国数字经济劳动关系的积极意义。

第一节　福克斯数字劳动思想的内在矛盾

一、拓宽的阶级观与劳动价值论之矛盾

福克斯指出，在跨国信息资本主义的今天，资本的逻辑已扩张至一切生产与非生产领域，生产与消费的界线已模糊难辨，一切直接或间接的劳动都成为生产劳动，且所有从事生产的劳动者都化身为与资产阶级对立的被剥削阶级。针对于此，福克斯立足于有必要拓宽马克思阶级范畴的致思路径，吸收了分析马克思主义者的剥削思想与自治主义马克思主义者的"诸众"概念，进而以剥削为基础来实现对马克思阶级分析的改造。另外，福克斯又意识到，劳动价值论及剩余价值论是马克思阶级理论的必要前提，为了不偏离马克思的理论路径，福克斯必须面对的问题是：只有通过阐释被剥削阶级（雇佣与非雇佣者）是为资本主义创造价值的生产劳动者，从而才能实现已拓宽的阶级分析与劳动价值论的对接。然而，这一表面是在坚守马克思劳动价值论的理论进路，实际上却适得其反地削弱马克思阶级与价值分析的意义。

在福克斯的阶级思想来源层面，其所吸收的奈格里与赖特的阶级观点，都是以抛弃马克思劳动价值论为前提的。其中，以奈格里为代表的自治主义马克思主义学派认为，马克思的劳动价值论是在以福特主义为特征的生产关系，以体力劳动为主导的工业生产力时代语境中创立的，所着重分析的是大工业时代以手工技能为主的简单劳动与价值的关系，以对专业工人（或熟练工人）直接控制为主的劳动与资本逻辑的关系。如今人类迈

入 21 世纪，"传统的工业制造业逐渐淡出人们的视野，取而代之的是消费主义的'后工业时代'——文化、通讯、信息技术和服务业"①。尽管工业生产劳动在资本积累体制中仍然发挥举足轻重的作用，但劳动本身以及劳动创造价值的形式，资本对劳动的支配形式已经明显地具有了时代的特征。在此背景下，自治主义马克思主义在发掘了马克思《大纲》中的"一般智力"思想的基础上提出，以工厂为中心的积累的福特主义机制正在向一种新型的信息或"认知资本主义"（Cognitive Capitalism）②过渡，他们尝试把握认知资本主义语境下劳动范式的新变化，肇创了替代马克思"劳动"概念的"非物质劳动"概念，试图超越马克思去把握当代资本主义价值生产的本质。

非物质劳动的主要特质是形成交往、社交关系与合作以及最终创造社会生活本身，所以说，价值更多的来源于使用了沟通和社交技巧的劳动，并且往往发生在协作过程和生产时空之外的，因此它是无法用固定时间单位来衡量的。如保罗·维尔诺（Paolo Virno）所认为的，以有利于创新的公司文化，或团队合作，或有吸引力的品牌为形式所创造的无形价值，涉及占用常识、符号、关系、能力或一般智力的"精湛技巧"③。这意味着无形资源的价值不再按照时间生产力的衡量的影响，而更多的是依靠吸引情感投资（如名气、声誉或员工激励）的能力。结果是，非物质劳动霸权带来了剥削形式的根本性变革："在非物质生产范式中，价值理论不能根据被计量的时间量来考虑，因此，剥削也不能根据这些方式来理解……我们必须试图将剥削理解为对共有性的征用（the expropriation of the

---

① 特里·伊格尔顿著，李杨等译：《马克思为什么是对的》，新星出版社2011年版，第8页。

② Boutang YM. *Cognitive capitalism*, Cambridge: Polity, 2011：57.

③ Virno P. General intellect, *Historical Materialism*, Volume 15, 3, 2007, pp.3–8.

common ）。" ①

　　金融资本正是这种征用的主要工具，它从外在于生产的地方攫取价值。当今的资本主义企业被认为是以金融为中心的积累体制，价值更多的是在公司间合作，以及公司与其他活动者（如消费者）的复杂网络中产生，大量的价值存在于资本的直接控制之外。这些关系越来越被金融化，主要通过对公司间信贷与消费信贷的证券化实现。这意味着在这些生产性过程所创造的价值或多或少直接地被引入金融市场，并作为金融租金被重新分配。由此，认知资本主义理论得出了利润趋向成为租金的结论。哈特与奈格里认为，利润主要地产生于生产过程的内在参与，而租金则通常是一种外在的攫取方式。当今的资本积累强烈地依赖于认知、情感与合作劳动，资本对"诸众"所作的价值攫取更多的是在其不干涉生产的情况下实现的。所以，对劳动力的剥削与剩余价值的积累必须按资本租金而非利润来理解。总而言之，自治主义马克思主义肯定了劳动仍然是价值的来源，但这里的劳动与价值形式已然发生转变，劳动是所谓的非物质或生命政治劳动（immaterial /biopolitical labour），价值形式是货币 / 金融的共同性表达。② 从而，他们指认了由劳动时间决定的价值规律在认知资本主义中的危机，最终取消了马克思劳动价值论在非物质劳动理论中的合法性，而非物质劳动所生产的关系乃至生活本身正是"诸众"成为新政治主体的理论根基。

　　福克斯认同"诸众"这一概念，但认为它处于一个高度抽象的层面而无法具体地指明哪些群体属于其覆盖的范围。因此，他在"诸众"概念的基础上进一步地划分了各个子阶级，将溢出传统雇佣工人阶级概念的群体，如家务劳动者、失业者、退休员工、学术团体等统统收编于"诸众"

---

① Hardt M, Negri A. *Multitude: War and Democracy in the Age of Empire*, London: Penguin, 2004, p.150.

② Hardt M, Negri A. *Multitude: War and Democracy in the Age of Empire*, London: Penguin, 2004, p.151.

名下。但众所周知，马克思与恩格斯眼中的无产阶级范畴是指：被剥夺生产资料而不得不向资本家出卖自己的劳动力以求生存的现代雇佣工人阶级。[①] 可见，"诸众"强调的是劳动主体生成的一面，而无产阶级概念凸显的是资本家对劳动者的剥削。为调和"诸众"与马克思主义意义上的阶级之间的关系，福克斯又进一步借鉴了赖特的以剥削为核心的阶级思想来构建当代阶级模型。

在马克思对资本主义生产方式的分析中，剥削通常意味着资本家对雇佣劳动所创造出的超出劳动力价值（工资）的部分——剩余价值的无偿占有。资本主义制度这种内在的剥削属性，使得整个社会日益分裂为两大相互敌对、直接对立的阶级：资产阶级和无产阶级，无产阶级（工人阶级）作为被剥削阶级，是资本主义制度的"掘墓人"。而在赖特看来，剥削是根据不同的财产关系而确定的。在资本主义社会，生产资料财产分配不平等构成了资本家剥削工人的基础，也就是说，人们一旦不拥有或控制生产资料及其所有的劳动成果，他们在经济上就是受剥削的。当这种基于生产资料所有权的剥削被消灭，资本主义社会演化为中央集权主义社会的同时，又会加剧另一种以组织财产分配的不平等为基础的剥削，由此分化为控制组织资产的管理者与官僚和无组织资产权的非管理者两个阶级。当阶级矛盾深化促使中央集权主义社会被社会主义社会所取代，已有的剥削形式又凸显为以技术财产分配不平等为基础的剥削，由此形成了专家与工人两个阶级。基于这一以剥削为核心的阶级分析框架，赖特按生产资料财产占有情况将资本主义阶级分为生产资料所有者和非所有者两大类，又根据资本主义两个隶属于剥削形式的组织财产和技术财产的占有状况，将工薪收入者划分为 12 个阶层。福克斯借鉴了赖特的剥削观，认为剥削是造成资产阶级与无产阶级对立的基础，只要剥削者剥夺被剥削者任何一种资源

[①] 马克思、恩格斯：《共产党宣言》，人民出版社2014年版，第27页。

的使用、生产及所有权，两者就形成相互对立的阶级。继而，福克斯又强调知识这一公共社会资源被资产阶级占有以谋取利润的事实，凸显知识于信息资本主义阶级构成之核心地位，并将知识生产者划分为直接与间接的知识工作者，使得其囊括直接生产领域内外的一切劳动者，也自然而然地包括了互联网以产消合一为特征的数字劳动者。

但是，福克斯在应用赖特的剥削观之时，却未提及其得以成立的重要理论前提——约翰·罗默（John Roemer）的非劳动价值论的剥削理论。罗默认为，劳动价值论是错误，而马克思以劳动价值理论为前提解释资本家对工人剩余劳动的剥削是狭隘的，无法解释其他社会形态下各种异质劳动被剥削的问题，也无法实现对资本主义彻底的道德批判。由此，罗默主张绕开剩余价值这一迂回的而且最终并不成功的路线①，代之以直接的财产关系来定义一般剥削，这意味着剥削是由社会财产原初分配的不平等所带来的社会成员在劳动付出与最终收入对比上的不平等。对此，伍德·艾伦（Wood Ellen Meiksins）就指出，罗默提出的实际上是一种分配的剥削理论。而以此为基础按分配与职能划分各个社会阶层的阶级理论与韦伯的阶级分析路径极为相似，却已与马克思的相去甚远。②

与赖特、奈格里等否定马克思劳动价值论以提出新的阶级理论不同，福克斯在拓宽马克思剥削与阶级内涵的同时，又肯定了马克思的劳动价值论及以之为基础的剩余价值剥削。由此，福克斯就必须证明被剥削阶级（包括雇佣与非雇佣、生产与非生产的）是被剥削剩余价值的。于是，福克斯通过论证互联网生产领域之中与分析互联网资本家资本积累的过程之中存在着广大数字劳动者（知识劳动者的一部分）无偿为资本家生产剩余

---

① 段忠桥：《约翰·罗默的非劳动价值论的剥削理论》，《马克思主义研究》2006年第3期。

② Roberts JM .Co-creative prosumer labor, financial knowledge capitalism, and Marxist value theory, *The Information Society*, Volume 32, 1, 2016, pp.28-39.

价值的事实。也就是说，如果互联网用户成为生产性网络 2.0 产消者，这意味着他们也就变身为生产劳动者，其生产出的剩余价值本能地会被资本剥削掉。因此，无酬性的互联网用户属同于其他雇佣劳动者，不自觉地就成为被商业平台剥削的劳动者，即跻身为工人阶级中的一分子，进一步证明了数字资本家与数字工人阶级在资本主义中分属两大对立阶级的事实。

二、对内在矛盾原因的揭示

然而，福克斯的论证过程及结论存在明显地违背了马克思劳动价值论与剥削观的整体性。马克思的劳动价值论所揭示的价值是由处于商品生产关系之下的抽象劳动所创造的，这种生产关系在资本主义社会中突现为以出卖劳动力商品为生的雇佣劳动者与资本家之间的关系。在此生产关系下，资本家无偿地占有了雇佣劳动生产的剩余价值，由此形成了资本主义生产方式下的剥削现象，促成了资产阶级与工人阶级之间的阶级对立现实。显然，福克斯割裂了马克思剥削观与劳动价值论之间的紧密联系。

具体而言，第一，福克斯混淆了具体劳动与抽象劳动的区别，从而未能区分出被占有的"知识"（"数据"）对资本的贡献与"知识劳动"（"数字劳动"）为资本创造价值之间的区别。马克思的劳动二重性理论指明，生产物质财富的劳动是具体劳动，而形成商品价值的劳动则是抽象劳动。抽象劳动之所以抽象，并不在于它耗费了无差别的人类劳动（原始人的劳动、奴隶的劳动、农民的劳动都耗费了一般的人类劳动，但并不被马克思当作抽象劳动），而在于它所具有的社会历史内涵。劳动只能在商品经济这一历史条件下，在商品交换的过程中成为社会总劳动的一部分，并按照彼此相同的社会尺度来进行商品交换，才具有抽象的属性。因此，马克思指出，商品的"价值对象性纯粹是社会的，那么不言而喻，价值对象性只能在商品同商品的社会关系中表现出来"①。也就是说，价值以及创造价值的抽象劳动是在商品同商品的社会关系中建构出来的。福克斯之所以认为"诸众"生产的信息、知识（包括数字劳动者生产的内容）被资本家占有了，因此一切的知识劳动都是被资本家剥削了的生产劳动，是因为他错将生产了知识的具体劳动当成资本创造了价值的具有抽象劳动属性的劳动。实际上，资本家为谋取利润对公共知识的占有，只说明了知识被吸纳入资本主义生产中，成为提高资本生产力有利于增加利润的工具，但未被纳入资本主义生产方式中而创造知识的具体劳动，并不具有抽象劳动属性，也就不创造价值。

第二，混淆了马克思对生产劳动与非生产劳动的区别，混淆了生产领域、流通领域的劳动与消费领域中劳动力再生产活动，以至于得出如下结论：资本主义中的所有劳动者都是生产性的，而且，并不存在不被吸纳的劳动和非生产劳动。马克思认为，在资本主义经济关系中，劳动力以特殊商品的形式存在，这是资本主义经济关系区别于以往社会的重要特征。资本自行增殖的秘密就在于资本购买到了劳动力这种特殊的商品，它的使用价值能创造出超过它本身价值更多的价值，即剩余价值。换而言之，资本家必须支付并购买到一定的劳动力，才能完成商品生产及资本增殖过程。在此基础上，马克思又探讨了资本雇佣哪一种劳动能够使其"变富"，雇佣哪一种能使其"变穷"，由此区分了增殖资本的生产劳动与消耗资本（可能有助于实现剩余价值）的非生产劳动。而福克斯显然模糊了马克思对生产劳动与非生产劳动的区分，将流通领域中有助于剩余价值实现的数字劳动看成是生产劳动，甚至也混淆了劳动与劳动力再生产活动的区分，将直接生产过程之外的互联网产消者的劳动力再生产活动看成是能为资本带来增殖的劳动，从而最终削弱了马克思剩余价值论剖析资本主义生产方式的

---

① 《马克思恩格斯文集》（第5卷），人民出版社2009年版，第61页。

重要意义。

第三，福克斯拓宽了马克思的阶级分析范畴，使得其几乎囊括了所有的人——至少是涉及每个与互联网相连接的个体，这使得几乎所有人——除了涉及每个与互联网相连接的个体之外，还包括社会上所有未受雇佣的群体，都被纳入阶级范围之内，然而这一观点恐怕会减弱阶级划分的意义，甚至福克斯本人也认为"在诸众与资产阶级之间没有清晰的差别"①。换而言之，尽管福克斯在"坚守"劳动价值论上发展阶级分析的路径与自治主义马克思主义的路径迥然相异，但二者都一致强调了以往马克思所构建的界限分明的同质化无产阶级概念已不复存在，一切个体都成为潜在的无产阶级，最终将避无可避地携手共赴无阶级神话的境地。

总之，福克斯着眼于当代资本主义新现实，洞察到了数字化技术以及信息生产已成为资本全面殖民的新领地，而身陷其中的劳动者，不仅在生产劳动时间，甚至在劳动力再生产时间，在整个生命活动的过程中都处于资本的监视之中，沦为资本统治的工具与对象。并且，福克斯试图恢复马克思的政治经济学批判分析路径来研究数字资本主义，而不是走自治主义马克思主义夸大主体与道德维度的生命政治学路径，从此角度而言，福克斯数字劳动思想具有重要的理论意义。然而，由于福克斯错误或片面地应用马克思的相关思想于数字劳动问题之中，反而削弱了马克思思想在数字经济时代的诠释力。

---

① Fuchs C.Labor in informational capitalism and on the internet, *The Information Society*, Volume 26, 3, 2010, pp.179-196.

第二节 福克斯数字劳动思想的积极意义

尽管福克斯数字劳动思想这一新理论体系存在不少缺陷及自相矛盾之处，但无论从理论层面还是实践层面，其对发展 21 世纪马克思主义理论和中国数字经济仍然具有一定的启示性作用。

一、对 21 世纪数字时代马克思主义理论之发展

基于政治经济学批判的基本立场，福克斯承前启后地考察、反思和批判了数字资本主义，他既不是"照着说"，也不是"否定说"，而是"接着说"马克思相关观点，进而初步构建起数字时代的劳动理论体系。这启发我们不仅应当借"马克思主义哲学与政治经济学批判"之矢，射"数字时代"之的，还应当借"数字时代"之机，创"马克思主义哲学与政治经济学批判"之新。

纵观国内牵涉数字时代或信息社会的相关研究，大多流于一种乌托邦式技术决定论的社会观和新自由主义经济学的视角，以及聚焦于数字经济中各种经济模式的运作机制与积极影响，其中鲜有着眼于唯物史观和政治经济学批判的视角考察数字经济的负面效应及其与资本主义之间的关系。这种研究趋势不仅来源于特定社会实践要求，还植根于媒体与传播学研究既定范式的连续性之中。一方面，通过追溯 20 世纪 50—70 年代的历史清晰可见，对电子信息技术的重视及其理论话语，实际上是脱胎并植根于 20 世纪新中国成立初期及其社会主义现代化建设的历史脉络之中。在托夫

勒、贝尔（Daniel Bell）等人的"第三次浪潮""后工业社会"观念风靡全球、席卷中国之际，以钱学森为代表的来自国家战略部门的武器与社会科学专家们，就曾立足于中国这一社会主义国家的生产关系和经济政策，提出了一套与美式信息主义观念相互协商与竞争的本土信息化理论。这些理论摒弃对信息普世抽象属性的描述，构想了通过作为物质力量的信息传播及其技术手段来实现社会主义经济和社会发展。在随后中国近20年来的发展进程中，信息社会的意识形态和信息经济的商业要求日益主导了中国信息化路径。[1] 如今，中国在工业化尚未高度发展的现实下，寄希望于把握数字技术革命契机以推动产业升级，由此摆脱处于全球价值链末端的"世界工厂"称谓，跃升为一个科技与文化大国。另一方面，数字经济本质上是建立于互联网这一新型传播媒介之上的，也就是说，数字经济的繁荣离不开互联网这一媒介的启用与发展，而对互联网的最早关注莫过于媒体与传播研究领域。但中国传播学界自20世纪80年代初从西方引进传播学之始，大体上遵奉着传统学派（亦称为行政学派）的思路和方法，研究目的是为政府、为媒介、为大工业出谋划策，研究取向避重就轻、舍大取小，具有明显的商业性和实用性特征。因而，关于互联网媒体研究仍依序遵循着此种研究范式。当然，其中也不乏对互联网等新媒体现象的反思，却大多是借鉴文化批判的视角，而鲜有政治经济学批判的视角。

　　然而，纵览当今之中国信息化社会进程，在国家层面，21世纪的中国正全面地置身于全球信息技术革命浪潮之中，数字经济发展已成为国家的战略性选择，并开始形成与先行发达资本主义国家同台竞争、同步领跑之态势。与此同时，数字产业劳工已构成为当代中国"新工人"的主体。在个体层面，民众日常生活已全面浸淫于电脑、手机、数字电视机等新媒体

---

① 王洪喆：《传播政治经济学对当代数字资本主义问题的启示》，《天府新论》2016年第3期。

之中，民众生活所需的经济系统已日渐被电子商务（淘宝、京东等）、虚拟支付（支付宝、微信等）、物联网架构起来。毋庸置疑，数字资本主义确确实实已悄然降临于我们之中，尽管大多数人美其名曰"共享经济"或"分享经济"，但这种"共享经济"在运作中本能地附带着资本属性。因此，作为马克思主义理论者，应该对于这一崭新的经济模式保持着清醒的认知，针对当下中国数字信息技术的发展与社会政治经济生活的变迁，用马克思主义唯物史观阐释这种变迁背后的哲学内涵，用政治经济学批判观点与方法揭示数字经济背后所隐藏的资本逻辑以及由资本引发的内在矛盾。

就如马克思所讲的"任何真正的哲学都是自己时代的精神上的精华"一样，真正的 21 世纪马克思主义理论是对数字化新时代问题的反思与解答。这就要求我们应该在数字时代语境中"接着讲"马克思主义理论。笔者认为此"接着讲"包括两层含义：其一，运用马克思已有的范畴和观点解析其未曾分析过的具有新特点、新形态、新趋势的资本主义，就如福克斯运用马克思的范畴和结论分析马克思未曾触及过的劳动新范式，基本上是在这一层意义上发展了马克思主义。其二，基于马克思主义的立场和方法，用新概念、新框架和新视野来补充与丰富马克思理论体系，使其能够更全面地用以剖析数字化社会的经济、政治、社会和文化现象。如福克斯用包括认知、交流、合作三重过程的信息工作补充马克思的劳动观，以及用阶级分析的新框架分析数字工人阶级。目前，国内已有学者对此作出了开创性的研究。如蓝江教授用"一般数据"替代马克思的"劳动一般"来揭示数字资本主义的本体论意蕴。他认为，在马克思看来，资本主义之所以与前资本主义不一样，是"由于有了劳动一般和作为具体抽象的货币"架构起了全球资本主义体系，而如今数字资本主义之所以与工业（或知识或信息）资本主义不同，是因为"一般数据"（由数据和云计算形成的庞大的关联体系）中介了数字时代的所有个体，架构起整个数字资本主义体系。马克思基于劳动一般的基础之上揭示出，资本主义的根本性问题不在于否定交换过程中货币的抽象化表现形式，而在于资本家在生产过程中攫取剩余价值作为资本。照此逻辑，数字资本主义的最终问题，不在于数字化的发明或一般数据的生成本身，而在于数字资本公司垄断了一般数据的交换，占有了用户生产出来的数据（其实也就是剥削了数字劳动）。而摧毁这种占有，并建立一个基于共同数据基础上形成的团结的共同社会，构成了数字资本主义批判的最终方向。蓝江教授用"一般数据""虚体"等新概念剖析了数字资本主义的哲学内涵，并引出了数字资本剥削数字劳动的现实，这都表明其事实上已经站在了数字时代政治经济学批判的入口处，然而在解析数字资本运作机制，探讨数字劳动与资本的矛盾性与对抗性方面，尚待进一步推进与充实。

福克斯数字劳动思想不仅启发我们在数字经济时代"接着讲"马克思主义理论的必要性，也为我们如何"接着讲"马克思主义理论指明了方向性。福克斯基于对资本主义社会数字经济本质的洞察，运用马克思的异化观、劳动价值论和阶级理论探讨了数字劳动商品化，数字劳动创造剩余价值，数字劳动阶级与资本家的对抗等问题。而在社会主义语境中，从理论上如何辨析形式各异的网络媒体平台利润的真正来源，如何解释媒体平台数据的私有化与商品化现象，如何分析数量庞大的网民群体及其网络活动与媒体资本之间的关系，这些都是 21 世纪马克思主义理论亟待回应的问题。

二、对以劳动者为本的社会主义数字劳动关系之构筑

聚焦于实践层面，受启发于福克斯对多种数字劳动形式的分析框架及结论，我们应当在发展我国数字经济过程中，着手于生产力、生产关系等方面构筑以劳动者为本的社会主义新型数字劳动关系。生产力方面，据中国信息通信研究院发布的《中国数字经济发展与就业白皮书（2019 年）》

测算表明，2018 年中国数字经济总量达到 31.3 万亿元，占 GDP（90.03 万亿元）总量比重为 34.8%①，由此可见，2018 年数字经济增速显著高于我国宏观经济景气指数，显然成为推动我国经济增长的重要引擎。但与发达国家信息社会指数相比，我国仍处于信息社会发展的初级阶段：由国家信息中心发布的《2017 中国信息社会发展报告》显示，中国信息社会发展指数为 0.4749（全球平均水平为 0.5748），全球排名第 81 位。显然，中国虽正处于从工业社会走向信息社会的加速转型期，但与发达国家信息社会发展程度还有较大差距。着眼于我国主要的数字经济产业类型，包括电子信息制造业、软件业、电信业、广播电视业、互联网行业等，从劳动密集型到知识密集型，再到资本密集型均有分布。但相比于其他产业，电子信息制造业依然占据着 GDP 的最大权重，而核心技术（如芯片技术）大多控制在发达国家手中（因而《国家信息化发展战略纲要》中才指出，到 2025 年，根本改变核心关键技术受制于人的局面，形成安全可控的信息技术产业体系），由此可见，我国仍未能摘下"世界工厂"之头衔。生产力是劳资关系的物质基础，生产力发展水平直接影响着分工与技术的水平。我国数字经济总体生产力不高，必然决定着我国在信息资本主义劳动分工中处于低端位置，从而也直接影响了数字劳动工人的利益。正如福克斯对富士康公司所分析的状况一样，我国的数字制造劳动者是受国际资本高度剥削的廉价劳动力群体，他们基本不具有高水平的专业技能，相互间可替代性强，相互间竞争性激烈，这类劳动关系无形之中强化了资本的力量而相对弱化了劳动者的利益，最终酿成了诸如富士康 N 连跳的悲剧。因此，我国仍需致力于提高劳动者素质与技能，实现数字核心技术的突破性发展，创新信息技术产业体系，改变依靠使用廉价资源以发展数字经济的国际分工定位与格局，推动我国数字经济向形态更高级、分工更优化、结构更合理的阶

---

① 《中国数字经济发展与就业白皮书》（2019 年），中国信息通信研究院。

段演进，这是从根本上改善我国数字劳动工人从业状态，提升我国数字劳动工人国际竞争力的首要举措。

生产关系方面，在社会主义初级阶段，我国实行的是以公有制为主体、多种所有制经济共同发展的基本经济制度和以按劳分配为主体、多种分配方式并存的分配制度。因此，在生产过程中，既有生产资料公有制经济中的劳动关系，又有生产资料私有制经济中的劳动关系，同时还包括外资经济中的劳动关系。不同性质经济制度决定着不同性质的劳资关系——私有制中的劳动关系具有对抗性，而公有制中的劳动关系具有和谐性。具体到我国数字经济发展之中，由于电信业关系到国家安全因素，因此是由实行公有制的国有企业（诸如电信、联通、移动等）进行控股与管理，在这些公有制主导的数字经济内部生产出的是社会主义性质的劳动关系。不过，由于公有制中的各种利益关系在市场经济条件下仍需要通过市场环节来调节，这样就有可能使公有制经济中存在着利益关系的不和谐问题，比如，不同电信国有企业之间的劳动报酬差异现象，即便在同一个国有电信企业，也会存在同工不同酬现象，这些都会影响劳资关系以及不同数字劳动者之间的和谐性。而在多种所有制经济并存发展的电子信息制造业、软件业与互联网业中，比如，现今的电子制造业"是众多外资企业和少数国内私企的天下"[1]，其中的制造数字劳动者面临"工资低、开销大、福利差"等问题，因而大多数劳动者不满意于所做工作。然而信息服务业在造就高收入人群的同时，也催生出了大量低收入、低专业技术含量的工作（如普通文员），还造就了具有中国特色的，无固定雇佣关系的"短信写手"和"网游代练"等数字服务劳动者。此外，互联网上的知识劳动者为满足自身兴趣而从事无偿性的非货币化与非契约化的工作，为各种新媒体贡献自

---

[1] 邱林川：《新型网络社会的劳工问题》，《开放时代》2009年第10期。

己的隐形劳动。① 总之，透过各个数字经济产业中的种种数字劳动形式，我们清晰可见，传统单一的劳动关系在新型数字经济形态中呈现出极其复杂的多元发展态势，旧有工业体制下的劳动关系模式已被打破，而新的数字劳动关系模式却尚未建立。与此同时，由于收入水平、发展需求等个体利益的多样化现实，劳动群体内部呈现出多极分化趋势。由此将产生出一系列的矛盾与问题：一方面，各类数字劳动者普遍受到高度的剥削与控制，劳资矛盾暗流涌动；另一方面，跨工种、跨行业的数字劳动者难以相互认同，从而难以凝聚形成与数字资本对抗的有生力量，劳动者权益频繁受到侵害。如此"强资弱劳"的生产关系压制了数字劳动者对自身经济与政治权利的诉求，势必会挫败劳动者的生产积极性，限制劳动者素质技能的提高和发挥，最终阻碍数字生产力的发展。因此，在当今高呼"中国已经成功实现从人口红利向网民红利的转变"，"网民优势酿造中国数字经济巨大潜能"② 的同时，也应不断完善公有制与私有制经济中的劳动关系，更应该通过制度和法律措施协调劳资力量失衡、劳资矛盾激化的现象，保护廉价、无酬劳动者权益，实现数字劳动关系的制度创新，凸显劳动者作为社会主义国家主人的地位，为数字经济发展构筑公正合理、互利共赢的均衡劳动关系，这也应是发展社会主义数字经济的题中应有之义。

在构筑以劳动者为本的社会主义新型数字劳动关系的方式与途径方面，马克思劳动伦理思想为我们提供了根本的理论依据与指导。首先，人的自由全面发展是建设数字劳动关系的根本目标。马克思认为，劳动是人的全面的本质的实现，是人的自由自觉的活动。资本主义生产方式较之以往的生产方式，虽然使人获得了一定的解放与自由，但又使劳动本身异化成为与劳动者异己、敌对的力量，继而导致人的生存与发展状态的全面异

---

① 张文燕：《新媒体语境下无偿性网络知识劳工的非物质劳动研究》，《山东大学》2015年第3期。

② 张新红：《数字经济与中国发展》，《电子政务》2016年第11期。

化。在社会层面，资本主义制度为维护资产阶级的利益，建构起了与实际的单个利益和全体利益相脱离的、完全虚幻的共同体，成为劳动阶级新的桎梏。[①]因此，要扬弃异化劳动，实现人的自由全面发展，就必须首先否定资本主义生产方式，推翻资产阶级的统治。在当今的社会主义社会中，仍然存在劳动与资本的关系，但其中的资本是打上了社会主义烙印的[②]，具有社会主义公有制属性的资本，而社会主义制度已实现对资本主义制度的否定，是维护广大劳动者利益的共同体，因此，在劳资关系依然存在的前提下，发展社会主义新型劳动关系的直接目标就在于扬弃异化劳动，实现人的自由全面发展。在发展数字经济劳动关系的过程中实现劳动者的自由全面发展就意味着：数字技术的发展提高劳动效率，使劳动者获得更多的自由时间；数字化虚拟空间使劳动者生产与生存方式的空间得以延伸，获得满足自身全面发展的物质与精神资源；虚拟与现实的多元融合推动劳动者形成新思想新观念，促成劳动者的个性化发展，等等。其次，实现民主生产、分配公平和权益保护是构筑数字经济中劳资和谐关系的主要方式。马克思不仅揭示了劳动与资本关系的对立冲突，也辩证地指出了劳动与资本关系的相互依存性。一方面，马克思强调了劳动之于资本的重要意义。马克思指出只有当活劳动与机器等生产资料相结合之时，才能够使过去劳动的产品"由死复生"地转化为新形态的和起作用的使用价值，也只有活劳动才能将自身凝结在新产品中，为占有这些产品的资本家带来新价值。另一方面，马克思也论及了在商品经济条件下劳动力被资本使用的必然性。马克思指出，资本与雇佣劳动互为前提，相互制约，"工人若不受雇于资本家就会灭亡。资本若不剥削劳动（力）就会灭亡"[③]。因此，在发

①《马克思恩格斯选集》（第1卷），人民出版社1995年版，第119页。

② 简新华、马迪军：《论社会主义资本理论的几个难题》，《当代经济研究》2003年第4期。

③《马克思恩格斯全集》（第6卷），人民出版社1961年版，第490页。

展社会主义数字经济中的劳资关系，需要着力解决劳资的矛盾冲突，促进劳资关系的和谐统一。在生产阶段，要改变资本垄断数字资源与技术的地位，搭建大众创业，万众创新的公共性网络平台，使得广大劳动群众能够共享到技术、知识以及管理方式等数字生产资源，成为数字经济发展的重要参与者；在分配阶段，要防止资本独享数字经济红利的局面，建构反映市场供求关系和企业经济效益的数字劳动力价格形成与增长机制；在流通阶段，数字化的知识、信息、大数据是数字经济发展的关键要素，要防止资本依靠大数据技术垄断挖掘数据隐私以谋取巨额利润，充分保障每个数字劳动者对自身信息、数据所享有的隐私权、所有权、采集权、知情权、保存权和使用权等权益，努力寻求数据的自由流储、透明应用、公平挖掘与隐私保护之间的平衡点。

与此同时，福克斯在跨国信息资本主义的背景下深入分析了各种生产方式之间的联系，这启示我们，发展中国数字经济应该立足于全球化视野。在数字经济全球化背景下，"数字技术""数据""媒体资本"等生产要素并不是资本主义国家所特有的，社会主义国家也可以充分利用这些要素所具有的变革生产和生活的巨大力量。通过发挥社会主义举国体制优势，在支持鼓励相关企业与群众参与到全球数字资本整合过程中的同时，注重数字资源安全与伦理治理，加强对涉及个人隐私、产业核心机密甚至国家战略安全的数字化成果的保护，不断提升数字经济竞争力。

结　语

在互联网政治经济学批判风起泉涌，而马克思劳动思想日渐式微的当今学界，大多西方学者沿用着"非物质劳动""社会工厂"等概念以理解数字时代劳动的新型范式，承袭着自治主义马克思主义思路以筹划政治经济学批判的创新路径。聚焦于中国学者的相关研究，在发展马克思主义理论方面，已有学者先行站在了数字资本主义政治经济学批判的入口，洞中肯綮地研究着数字时代资本主义的新变化，他们或思辨式地注目于"一般数据""虚体"等哲学概念，或实证式地调查于数字化领域中的种种具体劳动形式；在研究国外马克思主义理论方面，已有学者或介译着与数字劳动息息相关的学术成果，或直接拿用着"数字劳动""受众商品""产消者"等范畴以分析数字媒体领域中内蕴的生产现象。但对于马克思劳动思想在数字经济时代（尤其是互联网领域）中的应用性问题，以及国外数字劳动语境中牵涉马克思政治经济学批判思想的争论，迄今都鲜有人作深入的研究与相应的理论回应。机遇及面对于福克斯这一先锋者（其辩证地置身于自治主义马克思主义的思想之中，试图通过回到马克思思想本身，重启马克思哲学语境中的劳动概念和政治经济学批判语境中的相关范畴，以阐释数字经济领域中内蕴的劳动问题），本研究基于入微式地阐释与评析福克斯数字劳动思想之上，再次神会于马克思思想及交汇于国外马克思主义其他流派思想，力图将马克思主义理论在数字经济时代中的应用与发展问题跃然于纸上。

本研究采用文本阅读与现实问题相结合的方法，遵循历史与逻辑相统一的解释理路，始终围绕数字劳动这一轴心系统地、大量地解读福克斯的相关著作，其中主要聚焦于《数字劳动与卡尔·马克思》（*Digital Labour and Karl Marx*，2014）、《批判的传播理论：互联网时代的卢卡奇，阿多诺，马尔库塞，霍奈特和哈贝马斯》（*Critical Theory of Communication*：*New Readings of Lukács，Adorno，Marcuse，Honneth and Habermas in the Age of the Internet*，2016）、《社交媒体时代的文化与经济》（*Culture and Economy in the Age of Social Media*，2015）等著作。与此同时，还考察了大量涉及数字资本主义政治经济学批判的中外文献，着力于解决三个重点问题：一是系统性提炼福克斯的数字劳动概念，二是入微式解读福克斯的数字劳动思想内涵，三是科学性评析福克斯的数字劳动思想。最终得出如下结论：

第一，福克斯数字劳动概念的广义与狭义之二分论。本研究采用传播政治经济学受众商品论，自治主义马克思主义非物质劳动论以及产消合一资本主义理论的多维视角，在数字劳动与受众劳动、非物质劳动和产消合一概念的比较之中，阐释了"数字劳动"概念出场的必然性。而福克斯以"数字劳动"一词为继往开来之垫脚石，基于对马克思劳动观的再解读，论述了作为社交媒体上用户活动的狭义数字劳动是一种异化的劳动过程，又以威廉斯文化唯物主义理论为依据，论述了广义数字劳动是涵盖数字媒体技术和内容的生产、流通与使用所牵涉的一切脑力与体力劳动。狭义数字劳动概念的提出，不仅回答了当代理论家对马克思劳动概念的质疑，同时也回应了哈贝马斯的交往范式理论，并挑战了自治主义马克思主义理论者的观点。而广义数字劳动概念的提出既是对经济基础与上层建筑之辩证统一关系的理论复归，也是对数字产消文化中所蕴藏之政治力量的理论响应。

第二，福克斯数字劳动思想的多重内涵说。在纵向层面，"价值→形式→阶级"这一模式架构起福克斯数字劳动思想的内涵轮廓。具体而言，在政治经济学语境中，福克斯一方面以狭义数字劳动概念为起点，以马克思劳动价值论及受众商品论思想为基础，正面地构建起数字劳动价值理论，另一方面，又在与当代其他价值论的频频交锋之中，侧面地论证了互联网用户劳动是受资本剥削，并为资本家生产剩余价值的生产劳动。与此同时，福克斯以广义数字劳动概念为起点，以对马克思生产方式理论的阐释为基础，置身于信息资本主义的劳动分工体系之中，挖掘出数字劳动的种种其他形式，揭露出每一种具体数字劳动形式实质上都在共同书写着一部资本剥削劳动的血泪史。为最终实现否弃异化劳动，真正解放数字劳动的数字工作，建构基于共有逻辑的工人阶级数字媒体的理论旨趣，福克斯通过重释以剥削为依据的马克思主义阶级思想，勾画出当代数字工人阶级主体，并通过分析占领运动与数字媒体之间的辩证关系，探讨了数字工人阶级挑战资本主义数字媒体的现实之道。在横向层面，福克斯数字劳动思想始终贯穿着三维面向：一是探究马克思思想的重释与运用，二是寻求传播政治经济学内部的理论创新，三是探索马克思主义社会批判理论内部的新交融。如果说前两维面向侧重体现于"价值→形式→阶级"这一模式之中，那么后一维面向则集中体现于其在对相关西方学者观点的运用、发展与超越之中，形成了对"游戏数字劳动→异化数字劳动→合作理性"这一模式的阐发。

第三，对福克斯数字劳动思想的"肯定与批判"之二维辩证观。福克斯着眼于当代资本主义新现实，洞察到了数字化技术以及信息生产已成为资本全面殖民的新领地，而身陷其中的劳动者，不仅在生产劳动时间，甚至在整个生命活动的过程中都处于资本的监视之中，沦为资本统治的工具与对象，并且，福克斯试图在政治经济学批判的框架中揭示数字资本主义对劳动的剥削，从此角度而言，福克斯数字劳动思想具有重要的理论意义。然而，这一思想体系内蕴缺陷与矛盾之处：一是片面解读马克思的劳动观，提出"劳动只能是物质劳动"的观点，否定精神劳动的存在；二是曲解马克思的剥削观，使得剥削阶级囊括一切直接与间接劳动者；三是将马克思的劳动价值论延伸至分析非雇佣数字劳动形式之中，力图证明一切数字劳动都是受资本剥削剩余价值的生产劳动。这种解释路径明显混淆了生产有利于资本增殖的"数据"或"内容"的具体劳动与为资本创造价值的抽象劳动之间的区别，掩盖了马克思对生产劳动与非生产劳动的区分，由此削弱了马克思劳动价值理论的意义。由此观之，福克斯数字劳动思想至多就是一种空喊马克思之名的非马克思劳动理论。

马克思说："历史不过是追求着自己目的的人的活动而已。"[1] 同样地，恩格斯也指出："历史破天荒第一次被安置在它的真正基础上：一个很明显而以前被人忽略的事实，即人们首先必须吃、喝、住、穿，就是说首先必须劳动，然后才能争取统治，从事政治、宗教和哲学等等。"[2] 换而言之，人类社会发展的进程实质上就是一部劳动的历史，相应地，牵涉劳动的问题自然而然地贯穿于整个人类社会发展脉络的始终。自消费型经济现方兴未艾之势的 20 世纪晚期延至数字经济呈风起泉涌之态的 21 世纪，理论学者们就如同马克思、恩格斯一样，始终致力于从不同角度思考着牵涉劳动的种种问题。比如列斐伏尔（Henri Lefebvre）早在 20 世纪 70、80 年代就曾运用节奏分析理论对劳动与休闲合而为一的关系进行过深入思考。鲍德里亚提出了哲学层面的消费型劳动 —— 劳动不再是生产使用价值的生产劳动，而是变身成为"各种符号中的符号"[3]，它在消费符号中再生产出种种消费性需求。几乎同时期的鲍德里亚、斯迈兹提出了"受众劳动"概念，同样着力于强调劳动的无处不在之属性。约翰·班克斯（John Banks）与马克·德鲁士（Mark Deuze）共同提出了"共同创造性劳动"（*co-creative*

<hr/>

① 《马克思恩格斯全集》（第2卷），人民出版社1957年版，第118—119页。
② 《马克思恩格斯选集》（第3卷），人民出版社1995年版，第335页。
③ 鲍德里亚著，车槿山译：《象征交换与死亡》，译林出版社2009年版，第9页。

labour）概念以研究数字媒体中消费者的内容制作与传播。^①自治主义女性主义于 20 世纪 70 年代提出了"情感劳动"（affective labour）概念，当今不少学者热衷于引用此概念开展相关研究：伊丽莎白博士（Elizabeth）用其探究注意力价值（the value of attention）问题^②；凯尔西（Kelsey Cummings）用其探讨美国女性博客（如 mommy blogs）上的数字劳动现象^③，等等；赵月枝、吕新雨合译的《马克思归来》（上、下），姚建华博士主编的《制造和服务业中的数字劳工》《媒介产业中的数字劳工》等文献，无不为我们真正地揭示数字劳动性质与解决数字劳动问题提供着不断研究、探索所需的重要思想资源。

祖述有自，本研究立足于对福克斯数字劳动思想的系统性梳理与全面性解读，然学然后知不足，随着研究过程的推进及研究认知的提升，一些与数字劳动思想息息相关，但又限于时间、能力等原因而未能进一步展开的问题意识徘徊于笔者脑际之中，比如数字劳动与资本积累问题，数字资本主义经济特有的危机形式问题，数字劳动与社会主义问题，等等。对这些问题的进一步探究，无疑有利于我们更加清晰地认识数字经济时代中的数字劳动本质，以及有助于我们更加系统地、科学地构建数字经济时代中的数字劳动思想体系。

第一，数字劳动与资本积累。由前文可知，福克斯主张所有用户都为数字资本创造了剩余价值，这显然矛盾于马克思所揭示的资本主义利润率规律观，毫无疑问，数字资本剥削的是所有用户的剩余劳动，但如果用户剩余劳动不是为资本发挥剩余价值生产的作用，那么究竟该如何运用马克

① Banks J, Deuze M. Co-creative labour, *International Journal of Cultural Studies*, Volume 12, 5, 2009, pp.419–31.

② Wissinger EA.*The value of attention: Affective labor in the Fashion modeling industry*, New York: The City University of New York, 2004.

③ Cumming K. "But we still try": affective labor in the corporate mommy blog. *Feminist Media Studies*, Volume 10, 2017, pp.1–15.

思主义理论深入分析用户剩余劳动对资本积累的作用呢？笔者以为，马克思的原始积累理论以及卢森堡（Rosa Luxemburg）、哈维对其的创新性发展或许能有助于解答此问题。马克思眼中的资本原始积累是通过圈围公地、暴力剥夺与占有生产资料以迫使生产者与生产资料分离而实现的。卢森堡的帝国主义理论认为连续的资本积累中仍内蕴着"原始"的特性，即资本总是创造剥削的新地理空间。大卫·哈维认为晚期资本主义中的剩余资本与剩余劳动是无法相结合的，为了应对此矛盾，资本主义采取了"剥夺性积累"的策略，具体包括：将公共资产（公共的、集体的、国有的，等等）纳入私有制产权关系之中；对公共权力的压制；对财产（包括自然资源）行以殖民式的、新殖民式的或帝国主义式的占有；等等。① 启发于上述理论，笔者认为：用户（这里特指生成数据的 UGD 用户）的剩余劳动为数字资本创造了剥削的虚拟公共空间，而数字资本将此虚拟公共空间强行占为己有，并采取种种措施从中谋取资本利润，此时的用户实质上是处于剥夺性积累的过程与关系之中，而非剩余价值的资本化过程之中。当然，此观点有待于在后续的研究中行以充分的展开与论证。

第二，数字资本主义经济特有的危机形式。事实上，尽管福克斯明确反对非物质劳动概念，但其仍然深受自治主义马克思主义的影响，并致力于研究资本主义社会中的劳资关系，力图寻求反抗数字资本主义社会的主体力量，而非仅仅局限于揭示数字资本主义中的资本逻辑及其内在矛盾性。2000 年的互联网经济危机与 2008 年的全球金融危机都在不断地彰显着马克思《资本论》中的资本本性、基本矛盾和一般规律等原则性结论并非时过境迁。而金融危机之后传统经济的持续低迷和数字经济的异军突起，正在表明数字技术、数字产业、数字化空间、数据生产要素成为资本

---

① Harvey D. *Spaces of neoliberalization: towards a theory of uneven geographical development*, Stuttgart: Franz Steiner Verlag, 2005, p.32.

摆脱危机及实现其形态创新的主导路径。而马克思《资本论》所宣告的"被敲响丧钟""要炸毁"[①]的资本形态依然持续在场，数字资本主义除了具有资本主义基本矛盾之外，也避无可避地具有其特有的危机与矛盾形式，比如哈维认为当今的资本主义正面临着"过度积累"的危机[②]等。因此，解读数字资本主义不仅要揭露其剥削劳动的本性，还要挖掘其危机形式与内在机制，指明其灭亡的必然命运，后者有待于在今后的研究中得到进一步的阐明。

第三，数字劳动与社会主义。由前文可知，福克斯侧重于分析数字资本主义中的劳资关系，并构想起数字媒体与劳动的共产主义形态，却未曾论及从资本主义向共产主义过渡的社会主义阶段的数字劳动特征。原因在于福克斯认为，中国作为当今社会主义国家的典型代表，其各种社交媒体的政治经济状况与西方资本主义国家的别无二致。[③] 如今，尽管资本主义与社会主义一起跨入到了数字经济时代，同步具有了数字时代的新特征，但这并没有从根本上改变资本主义与社会主义的本质性区别。有目共睹的是，中国特色社会主义在缩小数字鸿沟，构建和谐劳动关系和实现共同富裕目标上具有资本主义社会无法超越的制度优势和特有模式。对此，我们有待于在后续研究中搭建一个基于马克思社会主义理论和中国特色社会主义理论的认识论框架，立足于理论与实践的二维视角，分析数字经济时代下资本主义和社会主义之间的本质性区别，系统阐述并构建社会主义数字劳动理论体系，为数字中国建设的社会主义道路搭建航标。

---

① 马克思：《资本论》（第1卷），人民出版社2004年版，第874页。

② 大卫·哈维著，初立忠、沈晓雷译：《新帝国主义》，社会科学文献出版社2009年版，第114页。

③ Fuchs C. Baidu, Weibo and Renren: the global political economy of social media in China, *Asian Journal of Communication*, Volume 26, 1, 2016, pp.14–41.

主要参考文献

一、中文著作类

1.《习近平谈治国理政》（第 3 卷），外文出版社 2020 年版。

2. 马克思：《资本论》（第 1 卷），人民出版社 2004 年版。

3. 马克思：《资本论》（第 2 卷），人民出版社 2004 年版。

4. 马克思：《资本论》（第 3 卷），人民出版社 2004 年版。

5.《马克思恩格斯全集》（第 3 卷），人民出版社 1956 年版。

6.《马克思恩格斯全集》（第 3 卷），人民出版社 2002 年版。

7.《马克思恩格斯全集》（第 16 卷），人民出版社 1964 年版。

8.《马克思恩格斯全集》（第 30 卷），人民出版社 1995 年版。

9.《马克思恩格斯全集》（第 31 卷），人民出版社 1998 年版。

10.《马克思恩格斯全集》（第 33 卷），人民出版社 2004 年版。

11.《马克思恩格斯全集》（第 49 卷），人民出版社 1982 年版。

12.《马克思恩格斯选集》（第 1 卷），人民出版社 2012 年版。

二、文件类

1. 中国信息通信研究院：《中国数字经济白皮书（2017）》，中国信息通信研究院，2017 年 7 月 13 日。

2. 中共中央网络安全和信息化领导小组办公室：《二十国集团数字经济发展与合作倡议》，2016 年 9 月 29 日。

三、外文文献类

1．Fuchs C. *Digital labour and Karl Marx*, New York: Routledge, 2014.

2．Fuchs C. *Critical theory of communication: new readings of Lukács, Adorno, Marcuse, Honneth and Habermas in the age of the internet*, London: University of Westminster Press, 2016.

3．Fuchs C. *Culture and economy in the age of social media*, New York: Routledge, 2015.

4．Fuchs C. Labor in informational capitalism and on the internet, *The Information Society*, Volume 26, 3, 2010, pp.179–196.

5．Fuchs C. Dallas Smythe today–The audience commodity, the Digital labour debate, Marxist political economy and critical theory. Prolegomena to a digital labour theory of value, *Triple C*, Volume 10, 2, 2012, pp.692–740.

6．Comor E. Revisiting Marx's value theory: a critical response to analyses of digital prosumption, *The Information Society*, Volume 31, 1, 2015, pp.13–19.

7．Arvidsson A, Colleoni E. Value in informational capitalism and on the internet, *The Information Society*, Volume 28, 3, 2012, pp.135–150

8．Robinson B. With a different Marx: value and the contradictions of web 2.0 capitalism, *The Information Society*, Volume 31, 1, 2015, pp.44–51.

后　记

　　拙作的初稿是我在西安交通大学博士学习期间，由导师燕连福教授指导下完成的学位论文。选择福克斯及其数字劳动思想作为论文研究对象之初，国内已有少数学者关注此议题，但可资借鉴的相关文献仍屈指可数。研究过程主要靠自己懵懂阅读马克思主义经典著作、福克斯的原著以及其他国外相关的社会批判理论著述，边翻译边梳理而一步一步朝前推进。"学而后方知，知而后必行。"在熟识和掌握了福克斯数字劳动思想之后，我与导师共同撰写并发表《简述国外学者的数字劳动研究》（2016），《福克斯数字劳动概念探析》（2017），《数字劳动内涵探析——基于与受众劳动、非物质劳动、物质劳动的关系》（2017）等系列学术论文，初步运用马克思主义理论阐释数字劳动这一新概念。这些内容共同构成本文的重要组成部分。随着研究的深入，我逐步搭建起了研究的整体框架，力求对福克斯数字劳动思想作全面而入微性地解析，既批判性地审视福克斯数字劳动思想内存的缺陷与矛盾，以期增强马克思思想于数字劳动问题中的诠释力，又积极地评价福克斯数字劳动思想的理论意义，并从中汲取有利于发展马克思主义理论和构筑社会主义数字劳动关系的启示。

　　值此论文付梓之际，谨向为本文的成稿提供诸多帮助的师长们致以最衷心的感谢。2013 年，我踏上前往西安交大的漫漫求学征途，从南到北，从粤东到陕西，叩拜于燕老师门下。恩师燕老师以严谨的治学态度与精益求精的工作作风不断地感染与启迪我：做学问，不仅仅是知识与理论积累的过程，也是不断提升自我素养，寻求身心合一的过程，更是知行合一，学以致用的过程。然而问学路上，犹疑过，沮丧过，畏惧过，是燕老师，以他作为一位智者、乐者、德者所具有的学识，态度与涵养，化身为我茫茫学海中的摆渡者，不断地指引我，教导我与鼓励我，帮助我不断走向成为一个学思用贯通、知信行统一的马克思主义者！感谢燕老师！同时，本论文的撰写过程亦得到了西安交大的王宏波教授，刘儒教授，李景平教授，北京大学的陈占安教授，清华大学的艾四林教授，北京师范大学的熊晓琳教授，中国社会科学院的冯颜利研究员，西安理工大学的廉永杰教授，西安政治学院的王军旗教授等师长的宝贵指导！周延云副教授在论文选题之时为我提供了宝贵的参考资料，陕西师大的张兵教授为论文的修订提供颇多启示，在此一并表达我最诚挚的感谢。

谢芳芳

2020 年秋于韩山师范学院